高等院校品牌管理系列

品牌质量管理

Brand Quality Management

（第二版）

沈志渔◎主编

图书在版编目（CIP）数据

品牌质量管理/沈志渔主编. —2 版. —北京：经济管理出版社，2017.1
ISBN 978-7-5096-4886-5

Ⅰ. ①品…　Ⅱ. ①沈…　Ⅲ. ①品牌—企业管理—质量管理—高等教育—自学考试—教材
Ⅳ. ①F273.2

中国版本图书馆 CIP 数据核字（2017）第 006897 号

组稿编辑：勇　生
责任编辑：勇　生　杨国强
责任印制：黄章平
责任校对：陈　颖

出版发行：经济管理出版社
（北京市海淀区北蜂窝 8 号中雅大厦 A 座 11 层　100038）
网　　址：www. E-mp. com. cn
电　　话：(010) 51915602
印　　刷：玉田县昊达印刷有限公司
经　　销：新华书店
开　　本：720mm×1000mm/16
印　　张：20.75
字　　数：373 千字
版　　次：2017 年 4 月第 2 版　2017 年 4 月第 1 次印刷
书　　号：ISBN 978-7-5096-4886-5
定　　价：40.00 元

编 委 会

专家指导委员会

主　任：金　碚　郭冬乐

副主任：杨世伟　赵宏大

委　员（按姓氏笔画排序）：

丁俊杰　中国传媒大学学术委员会副主任、国家广告研究院院长、教授、博士生导师
丁桂兰　中南财经政法大学工商管理学院教授
万后芬　中南财经政法大学工商管理学院教授
卫军英　浙江理工大学文化传播学院教授
王方华　上海交通大学安泰管理学院院长、教授、博士生导师
王永贵　对外经济贸易大学国际商学院院长、教授、博士生导师
王淑翠　杭州师范大学副教授
王稼琼　对外经济贸易大学校长、教授、博士生导师
甘碧群　武汉大学商学院教授
白长虹　南开大学国际商学院教授
乔　均　南京财经大学营销与物流管理学院院长、教授
任兴洲　国务院发展研究中心市场经济研究所原所长、研究员
刘光明　中国社会科学院研究生院教授
吕　巍　上海交通大学教授、博士生导师
孙文清　浙江农林大学人文学院教授
庄　耀　广东物资集团公司董事长、党委书记
许敬文　香港中文大学工商管理学院教授
吴波成　浙江中国小商品城集团股份有限公司总裁
宋　华　中国人民大学商学院副院长、教授、博士生导师
宋乃娴　中房集团城市房地产投资有限公司董事长
张士传　中国国际企业合作公司副总经理
张云起　中央财经大学商学院教授

高　闯　国务院学位委员会工商管理学科评议组成员，首都经济贸易大学校长助理、教授、博士生导师

高德康　波司登股份有限公司董事长

黄升民　中国传媒大学广告学院教授

彭星闾　中南财经政法大学教授、博士生导师

焦树民　中国计量学院人文社会科学学院副教授

蒋青云　复旦大学管理学院市场营销系主任、教授、博士生导师

谢贵枝　香港大学商学院教授

薛　旭　北京大学经济学院教授

魏中龙　北京工商大学教授

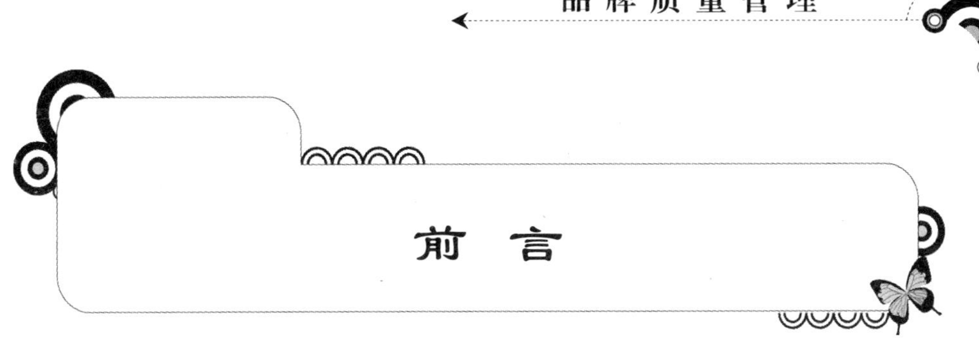

前言

随着经济增速的逐步下滑，中国经济进入了新常态！结构调整和产业升级成为供给侧结构性改革的主要方向。从宏观层面看，产业升级需要品牌战略的引领；从微观层面看，自主品牌成为企业获得市场竞争优势的必然选择。面对日益激烈的国内外市场竞争格局，中国企业是否拥有自主品牌已经关系到企业的生存和可持续发展。品牌越来越成为企业竞争力的集中表现。但是，目前的中国企业，绝大多数面临着有产品（服务）、没品牌，有品牌、没品牌战略，有品牌战略、没品牌管理的尴尬局面。其根源在于专业人才的匮乏！中国企业普遍存在品牌管理专业人员的巨大需求和人才匮乏的突出矛盾。从供给侧结构性改革的现实需求出发，我国急需培育出大批既懂得品牌内涵，又擅长品牌管理的专业人才，才能满足企业品牌管理和市场竞争的高端需求。

为解决这一现实中的突出矛盾，多层次、多渠道、全方位加快培养复合型品牌管理人才，促进企业健康可持续发展，中国企业管理研究会品牌专业委员会专门组织国内一流品牌专家和学者编写了这一套既符合国际品牌管理通则，又有国内特殊案例特征的大型系列教材。

本套教材不仅涵盖了品牌管理所需要的全部系统知识和理论基础，也包括了品牌管理的实际操作技能训练。其中，《品牌管理学》属于基础性通识教材；《品牌质量管理》、《品牌营销管理》、《品牌服务管理》、《品牌传播管理》属于专业性基础教材；《品牌形象与设计》、《品牌价值管理》、《品牌公共关系与法律实务》属于中高级管理人员必读教材；《品牌战略管理》、《品牌国际化管理》、《品牌危机管理》属于高级管理人员必修教材；《品牌案例实务》属于辅助教材。真正有志于品牌管理的各类人员，都应该全面学习、深入理解这些系统教材所包含的知识、理论，并掌握品牌发展的内在规律，运用相关知识和理论在实际的管理实践中不断提升自己的专业技能，使自己成为企业不可替代的品牌专家和高级管理人才。

本套教材的编写者虽然大都是在高校从事品牌教学与研究的学者，或是有着丰富实战经验的企业品牌管理与咨询专家，但是由于时间仓促，难免会有诸多不妥之处，敬请读者批评指正！

杨世伟

中国企业管理研究会品牌专业委员会主任

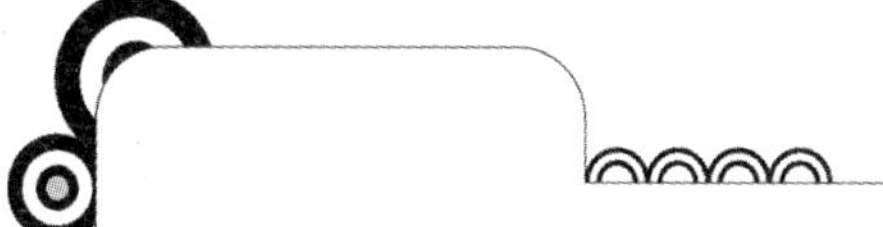

目 录

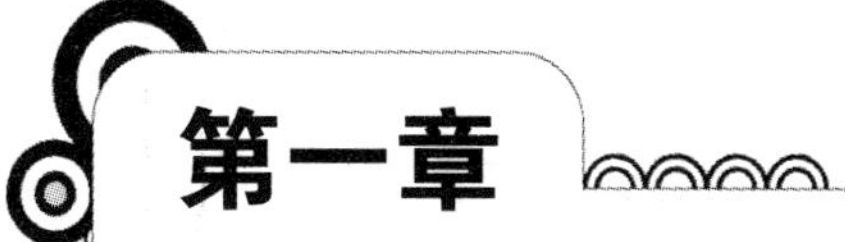

第一章 品牌质量管理概述

学习目标

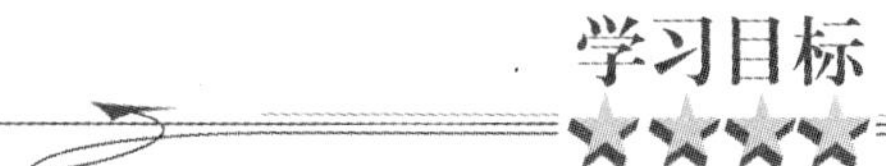

知识要求 通过本章的学习，掌握：

- 品牌及品牌质量的基本概念
- 品牌质量管理的基本构成要素
- 品牌质量管理的研究对象、内容和学习方法
- 品牌与质量之间的关系

技能要求 通过本章的学习，能够：

- 对品牌质量管理有一个总体的认识
- 了解品牌质量管理在品牌管理中的作用

学习指导

1. 本章的主要内容：品牌的概念、品牌质量的概念、品牌质量管理的构成要素、品牌质量管理的学习方法等。

2. 学习方法：掌握最基本的理论，结合案例理解概念，并进行知识延伸和讨论活动等。

3. 建议学时：8 学时。

第一节　品牌与质量的关系

丰田汽车“召回门”

2009 年 8 月 28 日，在美国加州圣迭戈的高速公路上，一名警察驾驶一辆雷克萨斯 ES350 轿车突然加速导致一家四口死亡。事发前，车上乘客曾报警称，他们乘坐的雷克萨斯 ES350 轿车不知何故突然刹车失灵，只能眼睁睁看着车辆以超过每小时 160 公里的速度撞车并起火燃烧，酿成大祸。经过美国媒体的轮番报道，丰田车的质量问题引发关注。美国政府部门介入，责令丰田公司对其汽车安全系统进行检查，爆发了丰田的“召回门”事件。

据统计，受丰田的“召回门”事件影响，当时丰田公司在美国市场销量同比下降 15.8%，市场份额环比下降 4.1 个百分点，降至 14.1%。

更为不利的是，召回事件对丰田的品牌造成了巨大的负面影响。据著名调查机构贝叶思的调查显示：在丰田公司经历了大规模的召回后，丰田品牌在美国国内消费者心目中的品牌影响力下降十分明显，其品牌影响力由召回事件发生前的第一位，下降至当时的第五位。由于油门踏板和脚垫的安全故障，丰田公司自 2009 年底开始在全球大规模召回车辆，总裁全球“巡回道歉”。

在“召回门”愈演愈烈之时，中国国家质量监督检验检疫总局就丰田车加速踏板等缺陷发出风险警示通告，希望消费者谨慎使用部分车型，同时在全国范围内搜集缺陷信息。

2010 年 3 月 1 日，丰田汽车公司总裁丰田章男在北京举行记者会，就大规模召回事件进行说明，并向中国消费者道歉，宣布召回丰田在中国销售的多款品牌汽车。过去 10 年一直高速发展的丰田公司，遭到了重大的打击，公司发展速度大受影响。

资料来源：林景新：《2010 年十大企业危机公关事件盘点》，新浪博客，2010 年 1 月。

思考题：

1. 除了日本丰田外，还有哪些汽车行业的知名品牌？

2. 收集相关材料，看看近年来还有哪些著名品牌因为产品质量问题而引起众人关注。

一、品牌的概念

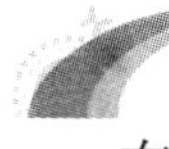

问题1：什么是品牌？

在讲品牌质量管理之前，我们有必要弄清楚的一个概念就是“品牌”。什么是品牌？它有哪些特征？

品牌的英文单词Brand，源出古挪威文Brandr，意思是“烧灼”。人们用这种方式来标记家畜等需要与其他人相区别的私有财产。到了中世纪的欧洲，手工艺匠人用这种打烙印的方法在自己的手工艺品上烙下标记，以便顾客识别产品的产地和生产者。这就产生了最初的商标，并以此为消费者提供担保，同时向生产者提供法律保护。

对于品牌，至今还没有一个统一的定义。在《牛津大辞典》里，品牌被解释为“用来证明所有权，作为质量的标志或其他用途”，即用以区别和证明品质。

关键术语

品牌

品牌被解释为“用来证明所有权，作为质量的标志或其他用途”，即用以区别和证明品质。

我们可以从不同的角度来认识品牌：

(1) 一般意义上的定义：市场营销专家菲利普·科特勒博士指出，品牌是一个名称、名词、符号或设计，或者是它们的组合，其目的是识别某个销售者或某群销售者的产品或劳务，并使之同竞争对手的产品和劳务区别开来。

(2) 作为品牌战略开发的定义：品牌是通过以上这些要素及一系列市场活动而表现出来的结果所形成的一种形象认知度、感觉、品质认知，以及通过这些表现出的客户忠诚度，总体来讲它属于一种无形资产。所以这时候的品牌是作为一种无形资产出现的。

(3) 品牌是企业或品牌主体（包括城市、个人等）一切无形资产总和的全息浓缩，而“这一浓缩”又可以以特定的“符号”来识别；它是主体与客体、主体与社会、企业与消费者相互作用的产物。

在认识品牌的时候，我们要特别注意两个误区：

(1) 品牌不等同于商标。“品牌”指的是产品或服务的象征。而符号性的识别标记，指的是“商标”。品牌所涵盖的领域必须包括信誉、产品、企业文化以及整体营运的管理。因此，品牌不是单一的象征，乃是一个企业总体竞争，或企业竞争力的总和。品牌不仅包括“名称”、“徽标”，还扩及系列的平面视觉体系，甚至立体视觉体系，但一般常将其窄化为在人的意识中，围绕产品或服务的系列意识与预期成为一种抽象的形象标志，甚至将品牌与特定商标画上等号。

（2）品牌不等同于产品。企业做产品或服务有其价值；做品牌，品牌也有品牌的价值。产品可以贩卖，品牌也能贩卖，消费者买一个产品，获得的是产品的利益，而如果消费者买的是有品牌价值的东西，就会获得品牌价值的利益。品牌给人们带来的满足感与产品带来的满足感是不同的。产品满足的是消费者利益的需要性或需求性；而品牌满足虽然也有需求性，但更多的是欲望性。

欲望就是心理需要，消费者为了自己欲望的满足也会掏钱消费，这种满足就是品牌带给消费者的。品牌带给消费者的是一种心灵需求的情感价值，这个价值也是利益。

品牌是市场经济的产物。自给自足的自然经济只是满足生存最低需求的产品，没有可供交换的剩余生产物，不需要用品牌来区分产品。在简单的商品经济活动中，交换的地域范围小且品种单一，交换不是经济活动的重要环节，具有偶然性、不固定性，因此，品牌对于交换而言是可有可无的奢侈品。

当经济形态发展成为以交换为纽带的市场经济时，一方面社会分工越来越精细，交换的范围迅速扩大，交换的品种日益繁杂；另一方面，企业在市场上的竞争如火如荼，顾客被不断地细分，顾客需求和产品之间的对应关系需要借助品牌来连接和实现。品牌既是企业维系市场的需要，也是消费者识别产品、实现消费的需要。

二、品牌的特征及其品牌的作用

问题 2：品牌有哪些特征和作用？

（一）品牌的特征

1. 品牌是专有的

品牌是用以识别生产或销售者的产品或服务的。品牌拥有者经过法律程序的认定，享有品牌的专有权，有权要求其他企业或个人不得仿冒和伪造。这一点也是品牌的排他性。然而我们国家的企业在国际竞争中没有很好地利用法律武器，没有发挥品牌的专有权。近年来，随着我国企业国际竞争力的不断增强，我国商标被国外公司抢注事件层出不穷。如大宝在美国、英国、比利时、卢森堡被抢注；全聚德、三鞭酒在韩国被抢注；红星在英国被抢注；大白兔在日本、美国被抢注；英雄和同仁堂在日本被抢注。此外，诸如红塔山、安踏、海尔、长虹、女儿红、杏花村、王致和等著名品牌都遭遇国外抢注……人们应该及时反省，充分利用品牌的专有权。

2. 品牌是企业的无形资产

由于品牌拥有者可以凭借品牌的优势不断获取利益，可以利用品牌的市场开拓力、形象扩张力，以及资本内蓄力不断发展，因此我们可以看到品牌的价值。这种价值我们虽不能像物质资产那样用实物的形式表述，但它能使企业的无形资产迅速增大，并且可以作为商品在市场上进行交易。2010 年世界品牌排名第一的是美国的可口可乐，其品牌价值为 679.83 亿美元，相当于其销售额的 4 倍。品牌作为无形资产，其价值可以有形量化，同时品牌可作为商品交易，比如有以品牌入股形式组建企业，有以品牌的号召特许经营，更有加盟到名牌门下，以图发展。

3. 品牌转化具有一定的风险及不确定性

品牌创立后，在其成长的过程中，由于市场的不断变化，需求的不断提高，企业的品牌资本可能壮大，也可能缩小，甚至某一品牌在竞争中退出市场。品牌的成长由此存在一定风险，对其评估也存在难度。对于品牌的风险，有时由于企业的产品质量出现意外，有时由于服务不过关，有时由于品牌资本盲目扩张，运作不佳，这些都给企业品牌的维护带来难度，对企业品牌效益的评估也会出现不确定性。

4. 品牌的表象性

品牌是企业的无形资产，不具有独立的实体，不占有空间，但它最原始的目的就是让人们通过一个比较容易记忆的形式来记住某一产品或企业，因此，品牌必须有物质载体，需要通过一系列的物质载体来表现自己。品牌的直接载体主要是文字、图案和符号，间接载体主要有产品的质量、产品服务、知名度、美誉度、市场占有率等。没有物质载体，品牌就无法表现出来，更不可能达到品牌的整体传播效果。优秀的品牌在载体方面表现较为突出，如“可口可乐”的文字，使人们联想到其饮料的饮后效果，其红色图案及相应包装能起到独特的效果；又如“麦当劳”，其黄色拱形“M”会给人们带来很强的视觉效果。

5. 品牌的扩张性

品牌具有识别功能，代表一种产品、一个企业，企业既可以利用这一优点展示品牌对市场的开拓能力，还可以帮助企业利用品牌资本进行扩张。

（二）品牌的作用

随着品牌作用的日益明显，品牌作为一种资产具有很强的识别作用，它越来越多地代表企业和消费者之间的识别关系。其作用表现在以下三个方面：

1. 有利于产品参与市场竞争

首先，品牌具有识别商品的功能，为广告宣传等促销活动提供了基础，对消费者购买商品起着导向作用。其次，有法律保护的商标专用权，将有力遏制不法竞争者对本企业产品市场的侵蚀。再次，信誉好的商标，有利于新产品进入市场。最后，名牌商品对顾客具有更强的吸引力，有利于提高市场占有率。

2. 有利于提高产品质量和企业形象

品牌是商品质量内涵和市场价值的评估系数和识别徽记，是企业参与竞争的无形资本。企业为了在竞争中取胜，必然要精心维护品牌的信誉，对产品质量不敢掉以轻心，害怕砸自己的牌子。创名牌的过程必然是产品质量不断提高和树立良好企业形象的过程。

3. 有利于保护消费者利益

品牌是销售过程中产品品质来源的保证，有助于消费者购买自己偏好的品牌，以得到最大程度的满足。当产品质量出现问题时，品牌有助于消费者的损失得到补偿。

三、品牌与质量之间的关系

问题 3：品牌与质量之间有什么关系？

汽车市场上的奔驰、宝马，计算机市场上的 Apple、Dell，通信市场上的诺基亚，软件市场上的微软，家电市场上的海尔等都是公认的成功品牌。那么它们为什么会成功呢？套用莎士比亚的一句话：成功的品牌是相同的，失败的品牌各有各的不同。

一个成功品牌是由很多因素决定的。外界的因素如市场环境、社会环境、法律环境、文化环境、道德环境等，这些外界因素对品牌经营者来说，只能尽可能地去适应，却难以有效控制。对企业而言，要使自己的品牌做成市场上的强势品牌，首先要有产品质量的保证。

质量就其本质来说是一种客观事物具有某种能力的属性。由于客观事物具备了某种能力，才可以满足人们的需要。具体到品牌中，质量是指产品整体满足消费者需求的属性，它不仅是在产品使用价值上的满足，更是人们心理上、情感上的一种满足。

质量与品牌之间的关系主要表现在以下三个方面：

（一）质量是品牌的必备条件

在竞争的全球化越来越明显的时代，国际市场上的品牌，无不是以上乘的产品质量作为市场竞争基础的。虽然产品的竞争表现为品牌的竞争，但是，品牌竞争所依仗的是产品的内在质量。一个品牌成长为名牌靠的是质量，一个品牌在市场上遭到抛弃也大多是因为质量出了问题。所以，质量是品牌的生命之所系。我们不能说产品质量好就一定是名牌，但是，质量差的肯定成不了名牌，甚至即使是名牌，也会因为质量有问题而倒牌子。质量不是现代企业品牌战略的充分条件，但是，却是一个不可或缺的必要条件。

（二）质量是品牌的本质

品牌的知名度、美誉度、忠诚度，品牌的市场占有率，品牌的成长性等都来自于品牌所代表的产品的质量。没有质量的保证，就没有品牌的市场影响力和这些表现品牌竞争力的经济指标。要保持品牌在市场竞争中的优势地位，产品的质量必须要自始至终有100%的保证。稍有不慎，就有砸牌子的可能。

在产品质量基础上的品牌战略，价格不是最重要的。很多人愿意为品牌多付成倍的价格，也是因为品牌下的产品有质量保证。品牌消费存在很多非理性的因素，品牌产品的性价比是理性消费的表现。

（三）质量是品牌的最重要的内涵

质量是反映实体、满足明确和隐含需要的能力的特性总和。换句话说，质量是指产品和服务的使用价值和价值的总和。即产品能满足消费者的使用功能，满足消费者可靠性、安全性、经济性的需要，从而培养消费者的满意度。质量不好，即使用广告赢得了一定的知名度和消费者，最终依然会销声匿迹。质量是企业和产品赢取满意度的重要手段。“质量就是生命”这是当前中国企业家常挂在嘴边的一句话，而且大家都认可这个理念，但是在实际生产生活中，仍有很多企业不能将这句话真正落到实处。“三鹿”这个经“中国品牌资产评价中心”评定，品牌价值达149.07亿元的庞然大物，因为质量问题而轰然倒地。自2009年开始的世界第一大汽车品牌“丰田”的“踏板门”引发的其他质量问题（“踏板门”事件包括油门踏板卡死导致车辆在松开油门的时候也会自动加速，以及由于真空助力泵质量问题导致刹车异常而致人死亡），使世界各大企业又一次重新认识质量在品牌中的重要性。

活动1：说出10种在日常生活中你耳熟能详的品牌，看看有哪些是属于中国的。

活动2：调查一下身边的亲朋好友，他们选择某一品牌的最重要的依据是什么？

双星，是流星还是恒星

双星一直是国人比较喜欢的品牌。双星鞋耐用，价格适中，而且还是中国人自己的品牌……好多好多的理由让人们成为它忠实的消费者。然而，进入新千年来，双星好像是有点止步不前了。

20 世纪 90 年代中期，双星和李宁在运动鞋的品质上没有多大差别，就拿运动鞋最为重要的部分——中底来说，两个公司采用的都是泡沫材料。然而到了 90 年代后期，李宁的主流产品已经大部分采用轻质材料、聚胺酯、气垫等新材料的时候，双星则还徘徊在泡沫材料的中底技术中无法自拔。进入新千年以后，虽然双星在一小部分运动鞋上采用了轻质材料、聚胺酯、气垫等新材料，但其主流产品还是没有摆脱泡沫材料的情结，更有甚者，居然有许多款式竟还在采用 80 年代流行的类似于现代皮鞋缓震的空格底技术。单从所采用的技术上讲，双星不但落后于李宁，可能还在安踏、德尔惠、特步这些运动鞋新贵之下。

双星曾经有过辉煌，双星能否走得更远，双星究竟是流星还是恒星？

资料来源：赵金涛：《双星：你是恒星还是流星》，《品牌》，2006 年第 10 期。

考试链接

1. 品牌概念。
2. 品牌的特征及其作用。
3. 品牌与质量之间的关系。

第二节 品牌质量管理的构成要素

“小天鹅”的品牌锻造之路

作为中国民族品牌的代表者之一，小天鹅 30 年来在洗衣机领域积累了强大的品牌号召力和雄厚的研发实力，曾创下了连续 13 年全国销量第一的奇迹。

让我们来看看小天鹅股份有限公司是怎样通过品牌质量管理来实现企业的飞速发展的。

1. 质量：从国家标准到用户标准

也许一些企业只围绕部标、国标组织生产，而小天鹅公司却把目光瞄上了国际标准、用户标准。20 世纪 90 年代初，小天鹅全自动洗衣机在荣获全国同行业唯一一块金牌后，员工们以为这下可以松口气了，但是小天鹅公司的领导层却将目标对准了洗衣机产品质量的世界高峰。当时，我国对洗衣机的质量标准是 4000 次无故障运行。经过两年的努力，对引进的大量国外先进技术消化、改造后，小天鹅成功地将无故障运行提高到了 5000 次的国际最高标准。其后公司根据 ISO9001 国际质量管理标准，在每条流水线上建立工序流转卡制度，每道工序完成后，由操作人员签字盖章，有了质量问题，随时都能查出责任人。厂内实行与之配套的质量效益工资，使每一次装配合格率从 88%提高到 99%。

视质量为生命，今天的质量就是明天的市场。国际标准要达到，但仅有国际标准还不够，因为市场取决于用户。小天鹅公司在按照国际标准生产产品的同时，不断研究用户需求，向用户标准靠拢。

针对国内部分用户住房无地漏的情况，小天鹅开发了有上排水功能的洗衣机；针对一些地区电压不稳的问题，小天鹅在电脑控制板上配置了稳压装置；针对一些运输单位的不文明装卸，小天鹅将洗衣机的抗撞击标准由 30 公斤提高到 50 公斤……凡此种种，目的只有一个——用户至上，用户标准是最终的标准。

2. 控制：从“被动控制”到“主动保证”

在质量管理方面，小天鹅从传统的事后检验向防患于未然的方式转变。小天鹅开始了零缺陷管理，就是重新设计、重新安排流程，生产无缺陷产品或服务。质量专家认为，80%的质量问题是因为设计有缺陷，或因为只认价钱不重质量致使采购过程出现问题。因此，消除绝大部分质量问题的有效手段，在于防患于未然，把问题消除在工序之外。

小天鹅注意从原材料进厂、加工到成品出厂全过程的防范，找出每个可能发生错误的可能，用科学的手段将其消除在每个段落或工序中。小天鹅还注重全员质量意识的提高和思想的转变，包括员工的工作态度，尤其是领导人思想上的盲点，消除有可能产生差错的温床。

几年的实践证明：在预防上花费代价比支付过失成本合算，生产无缺陷产品比返工和保修都要合算。

3. 承诺：从“简单承诺”到“接受监督”

小天鹅有一个著名的“产品销售三段论”，即产品出厂资金回笼为第一阶段，商店到用户为第二阶段，用户实际使用满意为第三阶段。市场经济，企业的销售关键在第三阶段，要对产品的终身负责，这就是信誉。小天鹅奉行不仅要让用户买得称心，更要使用户用得放心。企业在奉献一流产品的同时，不断完善遍布全国的售后服务体系，推出了一系列的举措：开展“花钱买意见”，“好坏你说了算数——小天鹅服务大家评”等活动，为每一位用户发“金奖信誉卡”，公开向用户作出“12345”的服务承诺。通过一系列的努力，小天鹅树立了企业信誉，使“小天鹅”这个品牌得到了广大用户的信赖。

4. 管理：从“传统管理”到“末日管理”

几年的发展，小天鹅公司从国内同行排名第 24 位跃升到前三位。对此，公司领导没有半点轻飘飘的感觉，相反，在公司内部推出了“末日管理”。小天鹅人提出：产品有末日，企业也有末日，而市场无末日，一种产品的销售越接近鼎盛期，也就意味着衰退的开始，企业最好的时候往往潜伏着最大的危机。

为了增强全体干部和职工的市场意识、用户意识，公司每年安排部分干部和职工到市场搞销售、走访用户。几年下来，全公司 60%的员工逛过市场，100%的干部上过市场。干部、员工目睹了市场的激烈竞争，聆听了消费者的呼声，领悟到了市场的命脉在于质量，在于服务。

小天鹅从以上四个方面加强了质量管理，在品牌的内涵上下了工夫，终于锻造出了“小天鹅”这个名牌。

资料来源：陈放：《品牌策划》，蓝天出版社，2005 年。

思考题：

1. 小天鹅是怎样通过一系列的管理来锻造自己的产品质量的？
2. 其他企业应从小天鹅的成功之路中借鉴什么？

一、品牌质量管理的内涵

问题 4：什么是品牌质量管理？

在理解什么是品牌质量管理之前，我们先来简单了解一下什么是品牌质量。

品牌质量目前还没有确切的定义。大多数学者都认同品牌质量是产品本身质量和品牌所体现的质量的统一，是二者的综合体现。品牌所体现的质量是由品牌质量所代表的，而品牌体现的质量则是由顾客消费品牌产品所获得的感受或体验来表示的。这两个方面是不可分割的，二者的有机结合直接决定了品牌质量的高低。提高品牌质量也就是把提高产品质量和提高顾客感知质量有机结合起来的过程。但必须指出的是，产品质量是建立品牌声誉、不断提高顾客感知质量的基础和前提，一旦产品质量出现问题，必将深刻影响到顾客感知质量。因此，企业必须首先保证产品质量，在这个前提下，才能不断提高品牌的顾客感知质量。

还有另外一种不同的定义，认为品牌质量的前提必然是建立在产品本身质量之上，但更侧重的是品牌本身的质量。产品本身质量毫无疑问指的是产品本身的使用价值，而品牌本身质量指的是它能满足顾客情感或心理上的使用价值。在本书中，我们采用的是后者。

所谓品牌质量管理，是对所有关乎品牌质量的过程进行有机地管理，使得品牌质量在整个品牌的运营乃至企业的运营中起到良好的驱动作用，不断提高企业的核心价值和品牌资产，为企业造就百年金字招牌打下基础。概括来说，品牌质量管理是企业以品牌质量为管理对象，确定质量方针、目标和责任，建立质量体系等途径所实施的全部管理职能的所有活动。实施品牌质量管理的目的一方面是为了确保产品本身的质量安全，另一方面是保证既有品牌的有效运行。

关键术语

品牌质量管理

品牌质量管理是企业以品牌质量为管理对象，确定质量方针、目标和责任、建立质量体系等途径所实施的全部管理职能的所有活动。

一个好的品牌质量管理，对于产品参与市场竞争并获胜有着至关重要的意义。它有助于提高产品质量和企业形象，使商品赢得好的商誉；有利于新产品进入市场，是企业参与市场竞争的无形资产。可口可乐在世界范围内保持着市场统治地位，90%要归功于公司对可口可乐这一品牌质量的精心运营和管理。

二、品牌质量管理的构成要素

品牌质量管理作为质量管理的一种，首先我们应理解质量管理的要素。曾有人做过这样一个形象的比喻，质量管理就好比骑自行车。车的两个轮子是技术和管理要素，而骑车者这个“人”的要素在其中起主导作用。没有人，这辆自行车只能如死物那样，停放在原地，不能发挥任何作用。还有另外一种比喻是把质量管理比做开汽车，汽车的四个轮子是“机器设备”、“物料”、“作业指导书”、“生产环境”四个要素，驾驶员这个“人”的要素才是主要的，没有驾

驶员，这辆汽车也就只能原地不动，用处全无了。

问题5：品牌质量管理有哪些构成要素？

品牌质量管理涉及企业经营活动的许多方面。从产品生产到进入市场经历了产品设计开发、产品生产制造、产品销售与服务。因此品牌质量管理的构成要素涵盖的范围很广，包括四个方面：

（一）产品设计开发的质量管理

产品设计开发的基本目的是为了满足消费者的需求。一般的产品设计开发都是在深入市场调查研究的基础上，运用新技术、新材料，根据消费者的需求，设计出不同品种、不同档次、不同规格、不同款式的产品。因此产品的功能设计质量管理和外观设计质量管理是这一阶段品牌质量管理的不可或缺的元素，需将二者统一起来。

（二）产品生产制造过程的质量管理

这一阶段是产品成型的重要阶段。产品生产制造必须严格按照产品设计开发要求来进行生产，由样品试生产变成经常性地大批量生产。这一过程的品牌质量管理包括两方面的内容：第一，生产技术的质量。生产技术的质量是生产制造质量和品牌质量的重要保证，主要包括人员的质量、物资能源的质量、装备的质量、工艺的质量等。第二，生产过程的质量控制。生产过程的质量控制的基本任务是严格贯彻设计意图和执行技术标准，使产品达到质量标准；实施生产过程中各个环节的质量保证，以确保工序质量水平；建立能够稳定地生产符合质量水平要求的产品的生产制造系统。

（三）销售服务过程的质量管理

品牌质量竞争的最后一个领域是服务的竞争。企业要锻造良好的品牌质量，就必须在重视产品质量的同时，遵循服务至上的经营宗旨，强化销售过程中的质量管理。美国哈佛大学商业杂志曾发表过一项研究报告：“公司只要降低5%的顾客流失率，就能增加25%~85%的利润，而在吸引顾客的众多因素中，首先是服务质量的好坏，其次是产品的本身，最后才是价格。”

（四）人力资源

人力资源是品牌质量管理的灵魂。在整个品牌质量管理体系中，上至企业老板，下至普通员工，对品牌质量管理的有效实现都起着非常重要的作用。领导制定目标，指引方向；员工爱岗敬业，完美执行，上下同心是品牌质量的有力保证。

三、品牌质量管理的基本职能

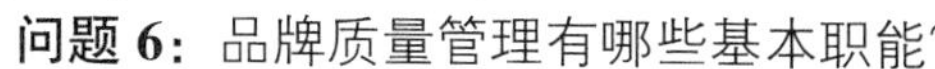

问题 6：品牌质量管理有哪些基本职能？

品牌质量管理的一切工作都是围绕品牌质量进行的，其核心目的是保证品牌质量的连续性、稳定性。具体来说，品牌质量管理的主要职能是计划、组织、领导和控制。

（一）计划确立组织所要达到的品牌质量目标，制定实现这一目标的策略

计划决定组织应该做什么，包括评估组织的资源和环境条件，建立一系列品牌质量目标。而一旦确立了品牌质量目标，管理者必须采取相应的战术实现这些目标，并建立监督运行结果的决策制定过程。计划有三个方面的内容：

（1）研究活动条件。包括内部能力研究和外部环境研究。

（2）制定业务决策。是指在活动条件研究基础上，根据这种研究所揭示的环境变化中可能提供的机会或造成的威胁，以及组织在资源拥有和利用上的优势和劣势，确定组织在未来某个时期内的方向和目标，并据此预测环境在未来可能呈现的状态。

（3）编制行动计划。将决策目标在时间上和空间上分解到组织的各个部门和环节，对每个单位和每个成员的工作提出具体要求。

（二）确定组织机构，分配人力资源

组织是决策目标如何实现的一种技巧，这种决策需要建立最合适的组织结构并训练专业人员，组织通信网络。管理者必须建立起与顾客、制造商、销售人员和技术专家之间的沟通渠道。组织要完成以下工作：

（1）组织机构和结构设计。

（2）人员配备，将适当的人员安置在适当的岗位上，从事适当的工作。

（3）启动并维持组织运转。

（4）监视运转。

（三）领导激励并管理员工，组建团队

领导是完成组织目标的关键，是利用组织赋予的权力和自身的能力去指挥和影响下属，是“创造一个使员工充分参与实现组织目标的内部环境”的管理过程。包括管理者为实现组织目标对员工的指导和激励，以及制订一系列计划，采取相应的措施来组织员工努力工作，保持良好的士气。

（四）控制评估执行情况，控制组织的资源

控制是为了保证系统按预定要求运作而进行的一系列工作，包括根据标准及规则，检查监督各部门、各环节的工作，判断是否发生偏差并纠正偏差。控

制职能在整个品牌质量管理活动中起着承上启下的连接作用。

活动3：以你熟悉的某个品牌为例，试用本节中的相关知识分析它的品牌质量管理中的一系列要素。

考试链接

1. 品牌质量管理的内涵。
2. 品牌质量管理的构成要素。
3. 品牌质量管理的基本职能。

第三节 品牌质量管理学的研究对象、内容与学习方法

一、品牌质量管理学的研究对象

问题7：品牌质量管理有哪些构成要素？

品牌质量管理学是品牌管理与质量管理的交叉学科，它的研究是品牌质量管理。它集中在品牌微观管理领域，是以个体品牌为研究对象，对影响品牌质量的一系列因素，从品牌的载体——产品的设计、制造，品牌的定位、营销，延伸到品牌后期的服务进行研究。

品牌质量管理学包括了两部分：第一部分是品牌质量管理的一些原理研究，如品牌定位、品牌延伸、品牌质量控制原理等，这是对实践中的品牌质量现象的解释，是机理或本质在实务领域的进一步探索和深化；第二部分是品牌质量管理的实务，以控制品牌质量在实践中的操作步骤为研究次序，是品牌管理学与质量管理学在品牌质量管理经营中的实践运用。

关键术语

品牌质量管理学

品牌质量管理学是品牌管理与质量管理的交叉学科，它的研究就是品牌质量管理，它集中在品牌微观管理领域，是以个体品牌为研究对象，对影响品牌质量的一系列因素，从品牌的载体——产品的设计、制造，品牌的定位、营

销，延伸到品牌后期的服务进行研究。

二、品牌质量管理学在品牌质量管理中的作用

问题 8：品牌质量管理学在品牌质量管理中有哪些重要作用？

品牌质量管理学在品牌质量管理中有重要的地位。科学技术的进步决定了社会生产力水平，从而推动社会发展的进程。但是，仅有先进的科学技术，没有先进的管理水平，没有相应的管理科学的发展，先进的科学技术是无法得到推广和有效运用的。它的作用也不可能得到充分的发挥，而且还会阻碍社会生产力的提高。因而在当代，人们普遍认为，先进的科学技术和先进的管理科学是推动现代社会发展的“两个车轮”，缺一不可。这一点，已为许多国家的发展经验所证明。还有人认为，管理是现代社会文明发展的三大支柱之一，它与科学和技术三足鼎立。19 世纪经济学家特别受欢迎，而 20 世纪 40 年代以后，世界成了管理人才的天下。这些都表明管理在现代社会的发展中占有很重要的地位并起着很大的作用。品牌质量管理学在品牌质量管理中的作用主要表现在三个方面：

（一）从哲学高度把握了品牌质量管理的基本问题

从哲学高度把握品牌质量管理学的基本问题，可以看做人们通常所说的理论意义、学术意义。一般来说，任何一门学科都由两大部分构成：一是基础理论部分，可以称为学科的哲学；二是实证部分，是对学科经验事实的研究。品牌质量管理学侧重于对经验事实的考察，目的在于为品牌质量管理的操作实践提供思路和技巧。

（二）把握品牌质量管理学的基本体系，领会各种见解、观念和学说

对于某种理论的系统学习与把握，具有十分重要的意义。我国著名的社会心理学家沙莲香曾说：“理论体系的深刻性，能使人具有提纲挈领、抓住本质的能力；理论体系的整体性，能使人具有把握个别与一般的能力，有高瞻远瞩的眼光；理论体系最后凝成的科学世界观和人生观，能够胸怀全局，有着眼于人类解放的大度。”学习品牌质量管理学理论的意义主要在于将理论的力量转化为自己的能力，转化为从事实际工作的能力、实践的能力，进而改造我国品牌质量的现状。

（三）培养认识和指导品牌质量管理实践的基本能力

学习理论的意义，还在于理论与人们的实际活动总是密切相关的。理论对实际的意义是多么重要，并不只是人们惯常理解的那种指导实际工作的意义，它还可以树立一种正确的观点和认识，有时候可以潜移默化地运用到其他领域

之中。

三、品牌质量管理学的研究方法

问题 9：品牌质量管理学有哪些研究方法?

品牌质量管理学和其他许多学科一样，其基本研究方法有三种，即归纳法、实验法和演绎法。

1. 归纳研究法

归纳研究的方法又称为实证研究，一种从典型到一般的研究方法。由于品牌质量管理活动的因素非常多，而且相互交叉在一起，人们所观察到的往往只是综合的结果，所以大量的品牌质量管理的问题只能用归纳法进行实证研究。但是归纳法在品牌质量的研究中具有很大的局限性，因为典型调查与实证研究必须有相当多的研究对象，同时研究对象的状态具有不重复性，实验的结论也往往难以适应于将来。

2. 实验法

实验法一般分为控制实验法和自然实验法两种。控制实验法是指研究在室内进行，而且在研究进行时对某些实验因素加以人为控制。而自然实验法指的是将实验放置在社会环境中自然进行。实验法可以得到接近于真理的理论，由于品牌质量管理的复杂性，这种方法在实践中很难操作，也不是理想的研究方法。

3. 演绎法

演绎法是从简化了的事实出发，通过建立起能反映某种逻辑关系的模型（或模式）来寻找一般性规律的方法。它与归纳法和实验法相互补充，对品牌质量管理学的发展作出了重要的贡献。随着学科的发展，品牌质量管理学还将继续吸收哲学、经济学、心理学和自然科学、质量管理学等的理论和方法，这将大大丰富品牌质量管理学研究方法的内容。

品牌质量管理学要解决的是整个市场或者社会中使品牌质量得到最优化的问题，因为品牌质量管理学所研究的对象具有个体特征，需要采取个量分析方法。

逻辑实证和经验实证同属实证研究，逻辑实证是对所研究的问题先提出若干假设作为分析前提，在此基础上再对相关变量间的关系进行逻辑推论，从而解释其因果关系的、在逻辑上前后一致的系统假说。经验实证是用这种尚属假说的理论解释现象和预测未来，使理论得到实践的检验，如果能够较好地解释现实，正确地预测未来，则该假设通过检验，成为科学理论。

规范分析是试图设立一些价值标准来确定好坏、是非，回答某些现象是否应该或应该怎样的问题，在一定的标准下才能进一步研究解决问题的方法。

活动 4：根据品牌质量管理学的相关知识，组织一次关于品牌质量管理学研究方法的讨论，并将它与品牌管理学和质量管理学进行研究对比。

案例分析

IBM 蓝色帝国制造神奇

1914 年始创于美国的 IBM 是全球最大的信息技术和电子商务供应商。它始终以超前的技术、出色的管理和独树一帜的产品领导着全球信息工业的发展，保证了世界范围内几乎所有行业用户对信息处理的全方位需求。IBM 正在用自己的神奇，将每一位用户带入网络服务的天堂。

IBM，即国际商业机器公司，1914 年创立于美国，是世界上最大的信息工业跨国公司，目前拥有雇员 30 多万人，业务遍及 160 多个国家和地区。2000 年，IBM 公司的全球营业收入达到 880 多亿美元。

一、品牌特征

IBM 一直致力于宣传企业的整体品牌效果，用最优质的服务、最卓越的工作，打造出 IBM 独特的品牌特色。

（一）IBM 品牌来源

IBM 原名 CTR 公司。到 1924 年，因公司发展壮大，总裁沃森把这家公司改名为国际商用机器公司（International Business Machines Corporation）。而 IBM 品牌的形成则是在 20 世纪 50 年代。

随着美国高速公路的快速发展，国际商用机器公司为了广告便于记忆，就把 International Business Machines 三个英文单词的开头字母取出，缩写成"IBM"，并将 IBM 定为品牌。

（二）统一品牌策略

IBM 拥有多种多样的产品，而所有的产品都统一使用相同的品牌。在广告宣传时，IBM 主要努力宣传企业的整体品牌效果。但需要注意的是，IBM 统一品牌的成功，不仅仅在于广告的宣传，更在于严格把握产品的质量与一系列产品的设计，而后者与前者的紧密结合才是塑造成功品牌的关键。

（三）IBM 品牌就是服务

IBM 一开始就把服务当成公司的宗旨之一。IBM 总裁沃森提出要使 IBM 服务成为世界第一的目标，这不仅是对 IBM 公司而言，而且要求每一个销售 IBM

产品的公司也要遵循这一原则。IBM 的一举一动都以顾客需要为前提。

无论顾客有任何问题，一定要在 24 小时之内解决；如果不能解决也会给予一个圆满的答复。IBM 在全球所属公司投下了大量钱财，为员工提供优质的训练与教育，有时甚至定期邀请顾客前来一同上课。IBM 认为，只有老顾客的反复惠顾才能使企业成长，因此一定要设法抓住每一位顾客。

最佳的服务、卓越的工作，IBM 为自己的品牌形象奠定了基础。

二、市场细分和定位策略

IBM 对市场进行了细分，并在此基础上以市场为导向，采取了不同的定位策略，从而获得了丰厚的市场回报。

（一）IBM 市场细分标准

IBM 采取差异性营销的市场覆盖战略，对市场进行细分和选择。IBM 分别对自己的大型计算机和微型计算机进行了分析。按顾客的规模进行细分，把顾客的规模分成大、中、小，然后再分别了解各种顾客需要的产品。大用户当然用大产品，小用户一般用小型计算机。

IBM 还根据产业特点对产品进行了细分。根据目标顾客的需要，IBM 的营销策略更有针对性。

（二）IBM 的目标市场选择和定位

IBM 在对市场进行细分和选择的基础上，还对目标市场的需求进行了进一步的了解，不同的市场采取不同的策略，由此形成了以市场为导向的定位策略。

IBM 这种“为所有人提供所有东西”的策略，为 IBM 赢得了市场，获得了巨大成功。

三、IBM 的产品与服务策略

IBM 对产品质量、设计、服务的高标准、严要求是成就 IBM 这一优秀品牌的重要因素。

（一）产品质量策略

产品的质量是企业竞争的源泉，任何企业要想创名牌、保名牌都必须有良好的质量形象。IBM 对于产品质量一直坚持精益求精、“尊重个人，让顾客满意，持续提高质量”的基本原则，几十年来一直贯穿于 IBM 的发展历程中。

IBM 为了确保产品质量和服务质量，积极利用监测手段保证质量；定期对客户进行调查，不断获取客户对产品质量的反馈信息，并依据具体的情况进行改进。

1990 年，IBM 开发的 AS/400 被授予美国国家质量奖，它为用户提供的产品达到了 99.99%的质量标准。

（二）产品组合策略

IBM 非常注重产品组合，这一点在设计时就被充分考虑到了，必须坚持以

下原则：

（1）必须使独立的产品具有兼容性，并纳入一个系列中。

（2）必须超出原有产品的应用范围，使新产品真正具有通用性。

（3）构成系列的每个机型，都具有输入输出设备准接口，使之能互相连接。

1993 年，IBM 推出了一大批网络产品，其中包括集成器、交换机、集中器以及用于移动计算机的无线器件，为用户铺平了一条平坦、方便、高速的电子商务之路。

（三）IBM 的服务策略

优质的服务，塑造了良好的企业形象，而良好的企业形象更是优秀品牌的基础。IBM 在服务上有着非凡的表现，这是 IBM 从创建到现在一直坚持的。

1. 服务组合

IBM 提供全方位的服务，但又善于制造差异，IBM 的售后服务更是与众不同。IBM 不会与顾客交易之后就与之失去联系，相反，他们通过客户卡等方式与客户保持着密切的联系。

2. 服务策略方式

IBM 的服务贯穿于产品的整个过程，任何新产品决不在服务工作未考虑好或尚未通过检验之前就推销给顾客。

在出售产品之后，IBM 也有一套相应的服务规程。服务代表定期访问用户，并检查设备、进行保养或预防发生问题；有时只是常规检查，做些试验证明机器是没问题的，让用户能够放心使用。可以说 IBM 提供了一系列优质服务，这是靠一套完善的服务体系和制度作保障的。

3. 远程服务方式

当用户需要资料或设备出了问题，但又不能及时赶到服务现场时，IBM 设置了免费长途电话，直接与技术人员联系，技术人员会迅速从中心数据库中寻找，是否同类设备在别的地方出现过类似或相同的问题，然后进行长途诊断。另一个远程服务系统是一台安装在公司的计算机与用户计算机相连的分析程序，用户在这种方式指导下可自行解决问题。

四、IBM 的价格策略

在产品定价上，IBM 根据产品和行业发展的特点，根据市场需求情况不断调整产品的定价。例如，在产品推广普及时，IBM 依靠自己的高质量、高信誉一般采取获取适当利润的成本导向定价法。而在 20 世纪 80 年代末 90 年代初，IBM 为了保持公司的竞争优势，也果断地采取了降价策略。

资料来源：世界品牌研究室：《世界品牌 100 强：品牌制造》，中国电影出版社，2004 年。

问题讨论：

1. 从以上案例中，找出 IBM 成功的一些关键性要素。

2. 查阅相关材料，了解 IBM 在品牌质量管理方面的做法，并思考对国内企业有什么样的借鉴作用。

本章小结

产品质量是企业的生命线，企业永续经营的基石在于产品质量，企业经营发展的战略目光，首先要放在产品质量上。品牌质量已经成为解决经济问题的关键武器，是国际竞争的标准，国际竞争已把品牌质量置于最前沿。

品牌质量是产品本身质量和品牌所体现的质量的统一。品牌产品的质量是品牌所代表的产品质量，品牌所体现的质量是品牌在消费者心目中感受的质量。因此，品牌质量比产品质量的含义要广，它是以产品质量为基础，拓展到消费者心目中的评价和感受。品牌质量是产品质量和消费者所感受质量的有机结合，二者结合的好坏与否，关系到品牌质量的高低。

品牌质量管理的目的是保障品牌质量的持续性和稳定性，它涉及企业经营活动的许多方面。从产品生产到进入市场经历了产品设计开发、产品生产制造、产品销售与服务等一系列过程。

品牌质量管理学研究的主要对象是品牌质量管理，它的侧重点在品牌的微观管理层面，更多的是以个体品牌为研究对象，以及对影响品牌质量的一系列因素，包括从品牌的载体——产品的设计、制造，品牌的定位、营销、延伸到品牌后期的服务。品牌质量管理学包括了两个部分：一是品牌质量管理的一些原理研究；二是品牌质量管理的实务，以控制品牌质量在实践中的操作步骤为研究次序，是品牌管理学与质量管理学在品牌质量管理经营中的实践运用。

深入学习与考试预备知识

企业如何进行品牌质量管理

第一步：建立品牌质量负责制。作为企业的领导，站在企业长远发展的角度，必须要有强烈的品牌质量意识，必须坚持“质量第一”的原则，并通过言传身教让全体员工都有全面质量管理意识。产品出了质量问题，首先要处罚高层，从上往下追究责任，这样才能将质量工作落到实处。

第二步：制定严格的质量管理标准。企业对质量管理的标准，应该宜高不宜低，宜严不宜松。企业的质量标准应高于国家、行业所规定的标准。因为企业质量工作的开展，在标准定下来之后，必须经历多个层级传递，首先是高层，其次是质量主管部门，然后是采购、研发、制造等部门，再往下是生产车间、班组、生产线上的工人，按照传递效能递减的规律，如果最初的标准不高，在经历层层递减之后，最终达到的可能是一个很低的标准，而各种低标准重叠到一起，就会酿成质量事故。

第三步：加强质量管理的过程控制。加强质量管理的过程控制，不单是要在产品的制造过程中加强质量控制，而是要将此延伸到制造的上下游环节。比如对材料采购、技术研发、物流、售后服务等环节进行控制。实践表明，产品质量事故的酿成，单纯地由制造环节造成的只占很小的比例，主要是由于技术研发不过关、原材料不合格造成的。加强技术研发的把关、原材料采购的把关，是加强质量管理控制的关键环节。

第四步：强化质量管理的执行力。质量管理工作牵涉的面广，要使其落到实处，除了要领导重视、严格标准、严厉处罚以外，还需要全体干部员工自觉维护执行。从某种意义上讲，企业就是一个执行的团队。

知识拓展

红牛品牌的三角模型诊断案例分析

“困了累了喝红牛”，国际功能饮料红牛的这句广告语在中国一打就是八年。在这八年中，中国市场的变化是巨大的，国内饮料的市场状况也已今非昔比，消费者的消费心理与消费品位也在不断调整，变得越发喜新厌旧。与近年来强势出击的饮料界相比，红牛一直不温不火。

20 世纪 90 年代，一个来自泰国的国际品牌红牛，以功能饮料的身份带着当时颇为壮观的广告声势向人们扑面而来。当时无论是广告或报道，红牛的宣传都集中在产品功能属性的介绍，而且当时市场上的功能饮料又只是红牛这一个品牌，这句简单、明确的广告语让消费者清晰地记住了红牛的功能，也认可了红牛的功能。应该来说，红牛的品牌知名度是相当高的，已经可称为一个知名品牌。但知名度带来的不是美誉度和亲和度。红牛在消费者心目中知名度高是指当这个品牌被提及时，大家对这个品牌的来龙去脉都知道，不会拒绝这个品牌，但并不能使消费者主动、频繁地去购买这个品牌。而对于红牛目前的忠诚度来说，虽然红牛仍然拥有一群比较忠诚的消费者，他们对红牛的功能属性非常认可，“困了累了”就喝红牛；但它的消费群体无法扩大，有绝大部分人因为对这个功能没有这个需要，因此坚决不喝或基本不喝；还有一部分“游离”的机会消费者，他们都知道红牛，但认为它就有这个功能，只有在特定的时间内、特定的环境能喝，另外就不能喝了，不会主动地、频繁地、有意识地去消费。由此可见，红牛的忠诚度是很低的，属于模型中的第一种情况。

造成红牛品牌这种情况的原因是什么？它缺的不是品牌的知名度，而是如何才能将这个知名度向美誉度转换，将知名度变成品牌的忠诚度。首先要争取红牛相当一部分的游离消费者。这些消费者之所以游离是由于红牛多年来的宣传策略造成的，消费者认为红牛的产品功能性太强，而在消费者心目中，功能性太强的产品一定具有某些程度的负面影响。因此，首先，要将阻碍消费者购买的心理障碍除掉；其次，要赋予红牛一些特定的品牌含义，创造消费者的消费欲望；最后，使消费者从拥有消费欲望转变为购买冲动。而且，由于品牌的美誉度、忠诚度无法靠简单的广告手段来建立，也不是通过品牌的包装和概念炒作形成的。红牛必须借助于企业自身的行为，通过不断为消费者提供优质、有特色的产品，并与消费者形成良好的沟通，逐渐改变以往狭窄的品牌定位，逐渐取得消费者对品牌的认同，最终赢得消费者的好感。这是一个长期的过程，需要红牛持之以恒地坚持下去。

从以上案例中我们可以得出一个品牌三角形模型假设。

品牌三角形模型假设，指的是品牌知名度、美誉度和忠诚度作为三角形的三边即可构建一个三角模型。根据三者关系，可以得到三种类型的三角形，这三种类型的三角形即分别对应着品牌的不同阶段。以三角形三条边 A、B、C 分别代表品牌知名度、美誉度与忠诚度，三种情况分别为（如图 1-1 所示）：

情况一：$A > B > C$；

情况二：$A = B > C$；

情况三：$A = B = C$。

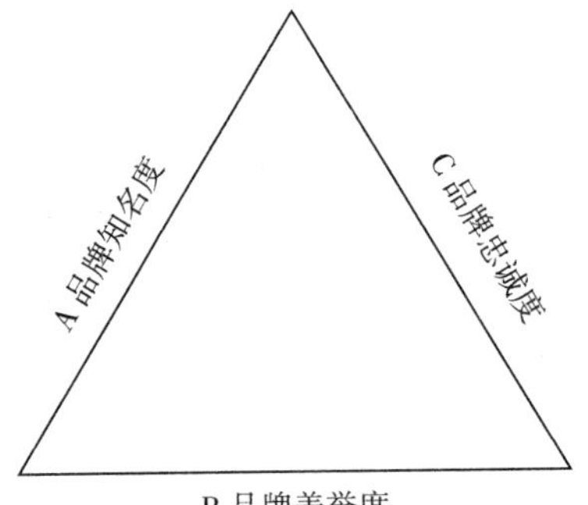

图 1-1　品牌三角诊断模型

在情况一中，品牌知名度大于美誉度，美誉度大于忠诚度。这是大多数企业面临的问题。企业把知名度与美誉度等同起来，以为品牌知名度提高了，美誉度与忠诚度自然就会相应提高，但实际上，品牌知名度与美誉度和忠诚度并不一定存在正相关的关系，有时因为品质差或服务存在问题，知名度的提高却造成了美誉度和忠诚度的下降。

在情况二中，品牌知名度等于美誉度并大于忠诚度。此种情况下，企业已经认识到美誉度的重要性并通过建立良好的企业信誉、树立良好的企业形象和注重品牌宣传情感化而建立起较高的品牌美誉度，但还没有让消费者对品牌产生依赖进而形成品牌忠诚度。

在情况三中，品牌知名度与品牌美誉度和品牌忠诚度等同。这是企业品牌较理想的状态，它表明企业已经实现了从知名度、美誉度到忠诚度的跳跃，拥有一批忠诚的顾客消费群，达到了品牌所要追求的最终目标。

和产品具有生命周期一样，品牌也会经历不同的发展阶段。品牌处于导入阶段会出现情况一的状态，在此阶段，品牌刚刚面向市场，为了让更多的消费者认识品牌，企业会加大对品牌的广告与宣传投入，这就大大提高了品牌知名度。由于导入期的重点是让消费者了解产品相关信息，所以美誉度和忠诚度在该阶段比较低是很正常的。在建立广泛知名度以后，企业可通过树立良好形象、加强品牌宣传情感化而让消费者认可和喜欢，使品牌美誉度等于知名度。但由于品牌定位不明确等原因还没有建立起消费者对品牌的忠诚度，介于成长期和成熟期之间，品牌处于情况二状态。当企业实现了从知名度、美誉度到忠诚度的跳跃，拥有一批忠诚的顾客消费群时，品牌便进入情况三的状态，它表明品牌已处于成熟和理想阶段。此时品牌已经获得较高的知名度、美誉度和忠诚度，企业要加强对品牌的维护和管理，注意竞争对手的变化，要防止品牌老化而进入衰退期，要通过品牌更新策略使品牌保持活力进入连续循环上升的周期。

资料来源：刘蔚：《红牛：从知名品牌到强势品牌》，《成功营销》，2003 年第 11 期。

答案

第一节：

（1）略（本道题目是开放性答案，学生可以自行调研得出结论，证据充足，言之有理即可）。

（2）略（本道题目是开放性答案，学生可以自行调研得出结论，证据充

足，言之有理即可）。

第二节：

（1）小天鹅通过以下四个方面的管理来锻造自己的产品质量：一是制定独特的用户标准。小天鹅公司在按照国际标准生产产品的同时，不断研究用户需求，向用户的标准靠拢。用户至上，用户标准是最终的标准。二是从“被动控制”到“主动控制”，小天鹅在质量管理方面，变传统的事后检验向防患于未然的方式转变，注重从原材料进厂、加工到成品出厂全过程的防范，找出每个可能发生错误的机会，用科学的手段将其消灭在每个段落或工序中。三是从“简单承诺”到“接受监督”。小天鹅奉行不仅要让用户买得称心，更要使用户用得放心。企业在奉献一流产品的同时，不断完善遍布全国的售后服务体系，推出了一系列的举措：开展“花钱买意见”，“好坏你说了算数——小天鹅服务大家评”等活动，为每一位用户发“金奖信誉卡”，公开向用户作出“12345”的服务承诺。通过一系列的努力，小天鹅树立了企业信誉，使“小天鹅”这个品牌得到了广大用户的信赖。四是实施“末日管理”，小天鹅人提出，产品有末日，企业也有末日，而市场无末日，一种产品的销售越接近鼎盛期，也就意味着衰退的开始，企业最好的时候往往潜伏着最大的危机。

（2）其他企业应从小天鹅的成功之路借鉴到以下四点：首先要重视质量在品牌锻造中的重要作用，领悟到市场的命脉在于质量。其次要通过一套科学有效的管理体系来确保产品质量。再次要重视产品的售后服务，这是品牌质量不可或缺的重要部分。最后要在企业内部树立起危机意识，时时刻刻如履薄冰。

案例分析：

（1）从以上材料中，我们能了解到一些 IBM 成功的要素：一是统一品牌策略。IBM 拥有多种多样的产品，而所有的产品都统一使用相同的品牌。在广告宣传时，IBM 主要努力宣传企业的整体品牌效果。二是重视服务。IBM 一开始就把服务当成公司的宗旨之一，无论顾客有任何问题，一定要在 24 小时之内解决；如果不能解决也会给予一个圆满的答复。三是 IBM 对市场进行了细分，并在此基础上以市场为导向，采取了不同的定位策略。四是重视产品质量，IBM 对于产品质量一直坚持精益求精、“尊重个人，让顾客满意，持续提高质量”的基本原则，几十年来一直贯穿于 IBM 的发展历程中。

（2）略（本题为开放性题目，答案无限制，要求每个学生都能提出自己的一些思考）。

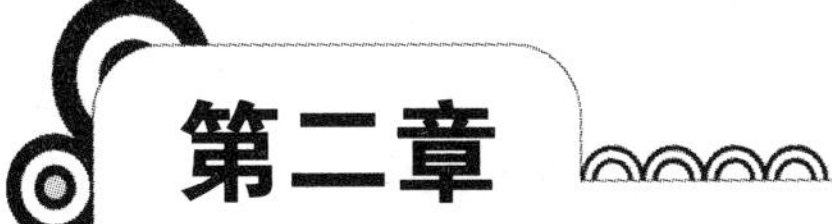

第二章 品牌的质量基础与保证

学习目标

知识要求 通过本章的学习，掌握：

- 品牌质量的基本概念
- 品牌创立的质量基础
- 品牌影响力的概念
- 品牌影响力的质量保证

技能要求 通过本章的学习，能够：

- 对品牌质量的基础有一个总体的认识
- 了解品牌质量在整个品牌战略中的作用

学习指导

1. 本章的主要内容：品牌质量的概念、品牌影响力的概念、品牌创立的质量基础等。

2. 学习方法：掌握最基本的理论，结合案例理解概念，并进行知识延伸和讨论活动等。

3. 建议学时：8 学时。

第一节 品牌质量的含义与特征

奔驰——汽车行业的王子

戴姆勒—奔驰公司创建于 1883 年，是德国最大的汽车制造公司，素以生产“梅赛德斯—奔驰”（Mercedes- Benz）品牌汽车闻名于世。公司生产 160 多个车种，3700 多个型号。产品从一般的小轿车到 2150 吨大型载重汽车，以及各种运输车、大轿车、多种用途拖拉机、越野车等，其中“奔驰-600”是世界上许多国家元首和知名人士首选的坐骑。在世界品牌实验室独家编制的 2010 年度（第七届）《世界品牌 500 强》排行榜上公司排名第十，品牌价值由去年的 238.67 亿美元上升至 251.79 亿美元。

为什么“梅赛德斯—奔驰”在世界名牌中能位居前列？原因就在于“梅赛德斯—奔驰”有着无可比拟的质量优势，因而成为公认的高档车和名誉地位的象征。

奔驰的质量看得见、摸得着。在德国，大部分出租车都是奔驰车。尽管它的售价很昂贵，出租车司机仍然愿意买，这是因为与其他牌子汽车相比，一辆中档奔驰车可开到 20 万公里，换一个发动机后可再开 20 万公里，平均下来并不贵，而且奔驰车修理少，误工少。

有人曾讲，奔驰车确有独到之处，在高速公路上行驶，可称得上急似下山猛虎，缓似行云流水，该超车时能迅速冲上去，而均速行驶时则显得轻柔、稳当、毫不费力；这种车尽管昂贵，却十分结实耐用，只要定时保养，平时几乎无须侍候，路上很少“抛锚”捣乱。

凡是参观过奔驰汽车生产工厂的人都会有一种印象，即车间里干净整洁、有条不紊。即使是一颗小小的螺丝钉，在组装至车上前，也要先经过检查。每一个组装阶段都有检查，最后要经专门技师检查签字，车辆才能开出生产线。许多笨重的劳动如焊接、安装发动机和挡风玻璃等都采用了机器人，从而保证了质量的统一。

为了保证产品的高贵品质，奔驰公司的检查制度是十分严格的。公司下属的辛德尔芬根分厂，日组装汽车 1600 辆。该厂从事生产的 3.4 万名职工中，有1/7的人员是进行质量控制检验的。检查部件的人员有1300余名，他们负责检查协作关系的2.6万家厂商提供的零部件，如果厂外提供的零件一箱里有一个不合格的，就要把这箱零件全部退回，该厂生产的引擎要经过42道关卡检验，连油漆箱有划痕，都必须全部返工。

此外，每一个班组都有人员负责质量检查，最后还有人负责总检查。厂里有定期质量抽查制度，由董事会、车间代表和技术人员组成检查小组，每隔14天对9个单位进行检查，遇上问题立刻解决。在一辆奔驰汽车的制造工程中，大约有5%~10%的汽车零件是从别家公司购买的，其余都是由自己的分公司按指定的设计、原材料、生产规格的详细范本制造。除了对本身产品质量的精益求精，奔驰汽车公司还严格要求采购人员以消费者家庭成员的身份，设身处地为顾客着想。各个采购部的经理，要对其经营范围的商品品种、规格和质量全部负责。

不言而喻，“奔驰”对主要供货厂家相当了解，并要求他们按消费者的要求及市场动向提供质量高的原料及零部件，因此，经理们同采购人员及供货厂家的技术管理人员保持着密切的联系。

不仅如此，奔驰汽车公司为了检验新产品的质量和性能，除有一套由计算机控制的设备外，又建造有占地8.4公顷的试验场。试验场有不同路面组成的车道15公里，快车道上拐弯处最大斜坡倾角达90度。

公司每年都要拿出新车在试验场内做破坏性的实验测试。例如，公司每年不惜用100辆崭新的汽车以时速35英里的速度猛撞坚固的混凝土厚墙，以检验前座的安全性能。

为了进一步把好质量关，奔驰公司在欧洲、拉丁美洲、亚洲等地，专门设有质量检测中心。“中心”内有大批的质检技术人员及高质量的设备，每年要抽检上万辆奔驰汽车，层层把关，严格检验。由于采取了多种措施，奔驰车在人们的心目中树立了高品质形象，于是赢得了全世界人们的青睐。因此，当奔驰车昂首跃居“世界十大名牌”第三位时，别的汽车厂家只有羡慕和钦佩了。

正是因为有此卓越的品质做后盾，戴姆勒—奔驰公司对自己的产品才十分有信心：“如果有人发现奔驰牌汽车发生故障被修理车拖走，我们将赠您1万美金。”——这就是公司的广告用语。

资料来源：白光：《品牌经营的故事》，中国经济出版社，2005年。

思考题：

1. 在激烈的市场竞争中，奔驰是靠什么立足于市场的？
2. 戴姆勒—奔驰公司是怎样保证自己的产品质量的？

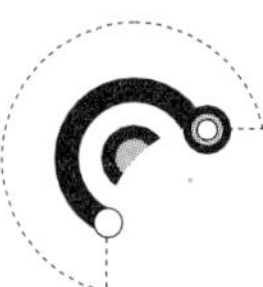

一、品牌质量的定义

问题 1：什么是品牌质量?

在前面的章节中我们提到了品牌质量。究竟什么是品牌质量，目前这一概念还没有定论，下面选取了几个比较有代表性的定义，帮助我们加深对它的认识：

中国品牌营销学会副会长张世贤在他的专著《品牌经营与管理》一书中是这样解释的：所谓品牌质量，是品牌本身的质量（所代表的产品质量）和品牌体现的质量（品牌在消费者心目中感受的质量）的综合体现。产品质量和品牌质量在一定条件下可以实现互补。在保证产品高质量的前提下，必须提高消费者对品牌的认知度和忠诚度，使品牌形象在消费者心目中永远美好，永不降低。这样品牌质量才有保障。

品牌质量是广义上的质量概念，包括企业经营中各个环节、各个方面的质量控制标准，其必须是全员参与的质量监控，而不是等到销售后或生产后才发现质量问题。任何一个细节的质量出现问题，都会影响到品牌的整体质量。

著名品牌营销实战专家郭汉尧在他的文章中曾给过品牌质量定义：品牌质量包括品牌本身的质量和体现的质量，是二者的综合体现，品牌本身的质量是由品牌质量所代表的，而品牌体现的质量则是由顾客消费品牌产品所获得的感受或体验来表示的。这两个方面是不可分割的，二者的有机结合直接决定了品牌质量的高低。提高品牌质量就是把提高产品质量和提高顾客感知质量有机结合起来的过程。

从以上两种定义，我们不难看出，所谓的品牌质量是一个宏观的概念，它既包括作为品牌依托的产品的物质属性，即产品本身的实用价值；又包括品牌本身这一符号标志化的精神属性，即品牌满足消费者情感心理上的价值。品牌质量是精神属性和物质属性的统一。

提高品牌质量是把提高产品质量与提高品牌体现的质量有机结合起来。提高产品质量的同时必须把提高消费者心中感受的质量放在突出的位置，并使真正的质量转化为品牌体现的质量，这样才能取得更大的成功。如果品牌体现的质量下降了或者丧失了，也就是说消费者对这个品牌失去了信任感，是很难恢复在消费者心中的位置的，即使再重新树立品牌也于事无补。因此在保证产品高质量的前提下，必须加大消费者对品牌的认知度，只有使品牌形象在消费者心中被认可，品牌质量才有保障。

关键术语

品牌质量

所谓的品牌质量是一个宏观的概念，它既包括作为品牌依托的产品的物质属性，即产品本身的实用价值；又包括品牌本身这一符号标志化的精神属性，即品牌满足消费者情感心理上的价值。品牌质量是精神属性和物质属性的统一。

二、品牌质量的特征

问题 2： 品牌质量有哪些特征？

1. 客观性

品牌体现的质量即品牌质量，它离不开品牌本身的质量。品牌本身的质量是品牌商品或服务的质量，它是客观存在的，需要以商品的实用价值作为依托，一个不具有使用价值的商品是无论如何也不会具备品牌质量的。因此，它具有客观性。

2. 主观性

品牌是消费者对品牌所标示商品或服务的质量或优势的感性认知，是对品牌的无形的、全面的感知。消费者对品牌体现的质量是一种感性认识，不同的消费者会对同一品牌做出相同相似、不同甚至完全相反的判断。因此，它具有主观性。

三、影响品牌质量的因素

问题 3： 影响品牌质量的因素有哪些？

既然品牌质量是一个宏观的概念，那么在整个商品经济活动中的各个环节都会给它带来影响。总结一下，它有以下六个方面：

1. 品牌产品设计

每个企业都希望自己的品牌具有较强的市场竞争力，能赢得消费者的青睐。产品在生产之前，企业就已对它进行了精心的设计。

产品的设计包括产品的功能、结构、组合方式、造型色彩、包装等。在包装设计上，最著名的就是 1915 年由瑞典设计师 Samuelson 设计的可口可乐玻璃瓶。据说这传奇的瓶身是 Samuelson 根据《大英百科全书》中的一页有关可可豆的曲线形状设计发展而来的。尽管现在大批量的可口可乐已经以罐装或塑料瓶装出售，但在电视广告上可口可乐却永远以玻璃瓶的形式出现。这经典的诱惑曲线几乎与神秘的可口可乐配方同等重要，成为可口可乐的代名词。也正是因为这个神奇的瓶子，Samuelson 得以在设计史上留有一席之地。

2. 优质的原材料

产品质量是品牌质量的基础，而产品质量的基础则是原材料。优质的原材料是决定产品质量和品牌质量的基本因素。为了保证品牌的质量，世界上的知名企业都在原材料的选择上下足了工夫。创建于 1702 年的同仁堂能够历经 300 多年而不衰的原因之一就是对原材料的严格把控。比如，人参用吉林的，陈皮用新会的，大黄用西宁的，蜂蜜用河北兴隆的……而麦当劳在原材料选用上，严格保证“爱德荷”马铃薯生产的土壤条件，以保证其质量特色和质量水平。

3. 先进的技术和设备

质量上乘的产品不单单需要优质的原材料，没有先进的技术和设备同样也生产不出好的产品。因此，只有采用新技术、新设备、新工艺、新方法，才能实现产品质量的提高和产品的升级换代。20 世纪 90 年代末全国范围内的“砸锭”行动，砸掉了落后的设备和纺锭，为更新设备、摆脱困境创造了条件。

4. 优秀的人才队伍

人才是创造一切的根本。不仅经营者、管理者必须具备高素质，普通员工也必须是高素质的。只有员工具备了先进的思想、优秀的文化、严明的纪律、丰富的科学技术知识、现代化的操作技术，才能充分利用先进的技术设备、优质的原材料，也才能生产出高质量的产品。微软公司把重视人才的管理理念视为公司的核心财富。在信息时代里，人才的价值尤为重要。在工业时代里，一个优秀技工和一个普通技工的效率差异可能是 3 倍，但在信息时代里，一个高级程序员和一个普通程序员的效率差异可能高达 10 倍以上。例如，微软公司有一位编程高手，一次，他对一位经理说，你们的产品里还缺少一种重要的功能。那位经理说，我也想做这个功能，但至少要 50 个人半年时间，现在已经来不及了。编程高手什么也没说就走了，第二个星期开会时，他对那位经理说，你要的功能我已经帮你做完了。因为这样一位编程高手可能知道很多其他程序员所不知道的解决问题的捷径，他在一个星期里就能做完 50 个人半年的工作。可见，这样的人才对公司来讲是有特殊意义的。公司必须善于追踪、挖掘、面试、聘请、评估、培养、重视和留住这样的人才，而且要把人才相关的工作视为公司最重要的任务之一。

5. 严格的管理

将人才、技术、设备等有机结合起来，成为整体，是品牌质量的保障。长虹集团是军工企业出身，历来有严格管理的传统。四川长虹电器股份有限公司董事长兼总经理倪润峰一直认为，公司的管理制度最好不要给员工犯错误的机会。以上下班制度为例，早晨只要广播声一停，公司的大门立即关闭，迟到者会被守候在门口的纪律检查人员记入考勤簿，下午下班的广播音未响，任何人不得提前离岗，否则以早退处理。凡是连续3次迟到、早退或旷工者，公司予以辞退。长虹企业文化的一个重要特点是实行“早课”制度，据说这一做法来自于日本松下公司。全体员工每天早晨上班必须提前10分钟到岗，然后由各部门经理人员或班组长组织员工列队站立，齐声朗诵公司的规定用语，比如长虹精神、长虹厂风、长虹宗旨、长虹目标等。在这之后，由部门经理负责布置当天的工作，并对上一天的任务完成情况进行总结。

6. 消费者的心愿、希望和满意度是品牌质量的体现

世界上任何一种高品质的产品的产生都是一个不断改进的过程，而这个改进过程一定少不了顾客的参与。只有做到“产品质量的好坏由顾客说了算”，才能真正提升产品的品质以及增加顾客的满意度。正如全球最大的零售企业沃尔玛的创始人沃尔顿先生所言：“顾客才是真正的老板。”也正如人们常说的那样：“好的品牌是消费者用人民币选出来的。”

四、品牌质量在整个商品经济活动中的作用

问题4：品牌质量在整个商品经济活动中有哪些作用？

在如今这样一个品牌为王的时代，无论是什么企业，在市场竞争中，都把品牌质量置于最前线，品牌质量成了销售额、利润、生产率的推动力。品牌质量在整个商品经济中的作用有以下三个方面：

1. 社会生活的重要保障

世界著名质量管理专家朱兰博士首次提出“在质量大堤的保护下生活”。而菲根堡姆博士用“没有选择余地”（用技术名词来说就是“零冗余”）来刻画品牌质量管理的社会意义。他指出：“当代，人们的日程生活和日程安排，完全取决于产品的性能或服务运转是否令人满意；大城市的电力网、医疗服务和药品、自动洗衣机，以及小汽车等都毫无例外地对人们的日常生活和日程安排有影响。这种‘没有选择余地’基本上是社会出现的某种新情况。这相当大地提高了消费者对产品或服务在持久性和可靠性方面的要求。”为此，全社会都要关心品牌质量，从自身做起提高质量，维护质量大堤，在质量大堤的保护下更好地生活。

从社会角度来看，朱兰博士提出了“质量和综合生产率”的概念以说明质量的经济意义。他认为：现代工厂企业和办公室中新的工作形式，以及现代市

场对质量的要求，日益扩大着生产率概念的范围。传统的生产率概念主要是以工厂为主，着重注意“用单位资源的投入得到更多产品或服务的产品”。现代的生产率概念则是以市场为主着重于“用单位资源的投入得到更多、更适销、更好的产品或服务的产出”。这二者在经营管理目标，衡量经营管理绩效的单位，以及生产率规划的重点等方面都有根本的差别。当代质量安全性的费用额占国民生产总值的比重愈来愈高。这笔费用以质量成本的形式增加了制造商的负担，大约占其总销售额的10%，质量问题对于购买者和商人都有强烈的影响——购买者维护和使用产品的费用可能等于或大于利润率，保护消费者权益是品牌质量的社会意义最集中的体现。现代经济社会，在涌现大量优质产品和服务，极大地改变人们生活方式的同时，也有假冒、伪劣产品和服务充斥市场，严重损害了消费者的权益。因此，越来越多的社会公众去关心质量已经成为一种时代的最强音，它将改变我们长期坚持的经济、法律和政治形式。

从政治角度来看，品牌质量也关乎着整个国家的生产率水平。早在20世纪70年代，虽然美国的生产率仍居于世界领先地位，但生产率增长明显缓慢，有些国家的年增长率已经超过了美国。美国在国际上的领导力地位遇到了来自其他国家强有力的挑战。特别是日本从资源贫乏的小国一跃而成为第二大经济强国。这一现象引起了各方面的关注。其实日本取得成功最重要的原因是以质量立国、科教兴国为武器开拓世界市场的。提高生产率的最重要的潜力同品牌质量有着非常密切的关系。产品或服务质量不仅是当代决定企业素质、企业发展和企业经济实力和企业竞争优势的主要因素，也是决定一国竞争能力和经济实力的主要因素。

2. 提高经营绩效

品牌质量可以有效提高产品的销售水平。因为在质量管理的条件下，各种质量管理水平和保持这种水平的成本是在市场计划中加以权衡比较而确定的。所以制造出来的产品能够真正做到既能满足消费者对产品质量的要求，又使消费者付得起那样的价格。

品牌质量可以促进生产。因为品牌质量可为设计工程师（在研制新产品时）和制造工程师（在制定工艺时）提供有经验依据的指导。这样的指导可采取多种形式，比如说，需要考虑新的设计标准同制造工厂的质量能力之间的相互关系等。

品牌质量可以提高生产率。由于品牌质量的管理以预防为主，不是事后挑出废品，这样就可以在不需增加生产成本或在提高单位产品生产率的情况下增加可供销售的产品数量。进一步说，对于进厂材料采取积极措施常常会提高生产率，因为杜绝不合格的材料进入生产线，就不至于浪费熟练工人的工时。

由此可见，品牌质量对于影响营利性的三个要素都有强大的推动力。通过认真分析消费者的欲望和需要，就可以提供质量水平适中的产品，诱发消费需求，从而提高可销性。如果按照可生产的要求来确定产品的设计质量和制造工序的质量，那么制造成本就可能大大降低，还可以降低返修费或产品责任诉讼费。因为制造能力同设计质量相适应，所以生产率会随着单位产品成本的降低而提高。因此，企业经营者就在品牌质量经营中得到了一种能够提高营利性和加速现金流量的有效工具。

劣质产品不能满足消费者的价值要求，自然没有销路；同时，劣质产品不可靠也不安全，必须从现场召回、召修或者返修、退货。所有这些，对公司来说都是非生产性支出，是经济效益的负数，影响公司的产出效率。这样看来，我们必须以消费者为中心来衡量生产率的高低，而实现以消费者为中心的生产率就需要重视质量，这正是品牌质量经济意义的中心。它有助于促进销售和产品计划工作，促进传统的生产管理、工艺方法以及品牌经营等方面的变革。

通过品牌经营，可以使企业提高产品质量，改善产品设计，加速生产流程，鼓舞员工士气，增强质量意识以及改进产品售后服务和提高市场占有率，从而给企业带来较高的投资回报率。实践还证明，开展品牌经营能够给企业带来降低质量成本、减少经营亏损、降低现场维修费用和减少责任事故的经济成果。

3. 提高竞争优势

决定企业竞争优势最重要的因素是质量。品牌质量是市场竞争战略中最关键的项目。谁能够用灵活快捷的方式提供给客户（区域性和全球范围内）满意的产品或服务，谁就能赢得市场的竞争优势。

美国麻省理工学院的战略计划研究所，建立了著名的“市场战略对利润的影响数据库”。研究人员研究发现，市场占有率是利润的主要来源。但是，对数据进行再分析，却得出了一个令人惊异而更为坚定的结论：市场占有率高确实带来利润，但是，持续的市场占有率主要来自“客户感觉到的产品或服务的相对质量”的领先地位。“相对”是指和竞争者比较，“可感觉”是指站在客户立场上而不是站在生产厂商的立场上看问题。“市场战略影响利润”研究人员称，相对的质量是“影响一个经营单位（长期）成就的最重要因素”，并且“当我们研究采取何种方法来维持价值的领先地位时，我们发现，对市场占有率来说，相对质量的变化比价格的变化具有大得多的影响”。“质量 = 利润”不仅指品牌质量对企业内部的经济效果，更说明品牌质量对国际竞争力的决定性。

1985 年，盖洛普民意测验为美国质量管理协会调查消费者愿意为质量额外付多少钱，结果是令人惊异的。大多数用户只要产品质量满意，就愿意花钱……一般说来，用户如认为一辆汽车质量较好，那么多花 1/3 的钱也愿意；为一台质量更好的影碟机愿多花 50%的钱；为质量更好的电视机、沙发愿多花 70%的钱；为一双高质量鞋子愿多花一倍的钱。

因此，市场竞争已经决定性地从“价格竞争”转向“质量竞争”。影响购买品牌的三因素：价格、质量、交货方式（交货期和地点），其排列次序已经变为质量、交货方式、价格。品牌质量已成为决定客户购买的首要因素。“质量竞争”在某种程度上取代了“价格竞争”。出现这种趋势的主要原因是国际市场的高度细分化。市场营销战略已经从大规模市场、大规模广告、为提高市场份额激烈搏斗等转到创造市场、侧重局部创造市场、以接近市场获取创新的源泉、靠市场细分与定位求发展，以及对任何产品的不断差别化。具有独家特色，亦即在不断增多的竞争对手、产品或服务中崭露头角是企业的生存之本。20 世纪 80 年代以来，一年一度发表的世界竞争能力报告，用大量数据分析当今世界与地区的竞争能力及其优势所在。其最重要的结论就是：不断改进，努力适应客户需求的质量水平和为达到顾客满意的质量水平持续地进行质量创新是世界竞争能力领先的两个基本条件。美国《幸福》杂志一年一度评选“最受尊重的十佳公司”，八大基本指标中首要的就是产品或服务的质量。

“质量竞争”代替“价格竞争”反映了世界性经济基础的根本变化。如果说未来世界还会发生全球性大战的话，将可能不再是以摧毁生命为目标的战争，而是以争夺世界市场为目标的全球性经济大战，经济大战的最锐利武器就是品牌的质量。这一战争事实上早已开始。这正是“品牌质量的市场意义”的核心所在。

五、品牌质量的表现形式

问题 5：品牌质量有哪些表现形式？

品牌质量的优劣有一系列的综合指标，通常包括使用性能、可靠性、可维修性、经济性或环境等。我们从以下五个方面来评价某一品牌的品牌质量：

1. 安全可靠

安全性是指产品在使用、储运、销售等过程中，保障人体健康和人身、财产安全免受侵害能力。目前，汽车、家用电器、医药、食品安全性是消费者颇为关注的。随着市场经济的发展，可供消费者选择的同类商品有很多，商品的安全性也越来越引起人们的重视。日本汽车为了打入美国市场，最初将重点放在车身款式和车速上，收效甚微。后来在安全上做文章，为用户提供巧妙的意外保护和过硬的安全保障，结果销量大增。

2. 坚固耐用

诺基亚之所以被广大的手机用户所喜爱，其中最重要的原因之一就是它的耐用性。小天鹅全自动洗衣机在国内市场上的占有率一直处于领先地位，这与其商品耐用性有关。其核心部件控制器，可以在水中连续煮三个小时，温度为100℃，湿度为100%，仍保证完好无故障。

3. 独特新颖

全新产品的独特性、新颖性可以看成是产品的功能设计，而某一个零部件的设计也能使产品质量明显提高。曾经人们所用的冰箱门是在外面用插销插上的，但这样的设计曾导致日本多次出现儿童被闩在冰箱里的悲剧。为了解决这一问题，三洋电机发明了自动关闭的磁性冰箱门，并在门上安装盛物架，扩充了冰箱的使用空间，不仅解决了冰箱的安全性问题，又使冰箱开合自如、灵活美观，产品销量大增，而且这一技术很快被世界各冰箱厂家采用。

4. 用户感受

随着人们生活水平的不断提高，消费者越来越重视某一产品所带来的使用感受，特别是在电子数码产品的市场上。2010 年，苹果掀起了一股购买热，消费者彻夜排队去购买苹果的最新产品。消费者之所以如此热衷于苹果的产品，其中最重要的原因除了它时尚靓丽的外观设计，就是苹果产品特别注重用户的使用感受。

5. 服务质量

服务质量是品牌质量的有效延伸。IBM 之所以能够在计算机行业内一直保持领先地位，除了一流的产品质量外，更主要的是注重提供一流的服务。他们努力做到向顾客提供一套完整的计算机应用体系，包括硬件、软件、安装、调试、传授使用方法以及维护技术等一系列附加服务。

活动 1：组织班级同学，就大家熟悉的某一品牌的品牌质量进行分析和讨论。

考试链接

1. 品牌质量的内涵。
2. 品牌质量的特征。
3. 品牌质量在整个商品经济活动中的作用。

第二节 品牌创立的质量基础

引导案例

"一夫当关"的质量管理体系——康佳品牌之盾

家电行业是我国市场化程度最高的产业之一，经过几十年的风雨洗礼，家电行业成长起了一批具有较强市场竞争优势的大企业集团，也成就了一批深受消费者喜爱的著名品牌。康佳集团就是在这场市场洗礼中崛起的中国家电业的龙头企业之一。

康佳集团成立于1980年5月，是我国改革开放后诞生的国内首家中外合资电子企业，经过20多年的市场探索，康佳已从一家电子加工小厂逐步成长为一家拥有彩电、移动电话两大主导产业，年销售额达上亿元的大型电子集团。作为中国的驰名商标，"KONKA康佳"不仅在国内家喻户晓，在国外同样具有较高的知名度。

康佳是如何打造品牌的？康佳用什么秘诀在残酷的市场竞争中铸就起了"KONKA"这一块闪光的金字招牌？答案很简单，质量、服务和诚信是打造强势品牌的"三驾马车"。诚信是康佳的经营之本，它贯穿了企业经营管理的全过程，而过硬的品质和优质的服务则是康佳打造品牌的强有力后盾。

1993年，康佳集团在我国电子行业率先通过ISO9001国际质量体系认证。据康佳的有关领导人介绍，由于历史的原因，康佳走的是一条"从出口转内销"的路子。康佳从一开始就要面对激烈的市场竞争，当时我国彩电行业还处在起步阶段，相对于世界家电行业领先的各大巨头，无论在核心技术还是营销手段上都没有任何的优势可言，只有在产品质量上下工夫，才能保证企业在竞争的国际竞争中生存。可以毫不夸张地说，质量是康佳的品牌之盾。

康佳集团一贯认为，质量管理不是一项孤立的工作。从设计到生产再到销售再到售后服务，只要是涉及产品的全过程，都应该处于质量管理流程的监控之下。在这个流程中，康佳实行的是被称为"一夫当关，万夫莫开"的"一票否决制"，无论在哪个环节发现质量问题，无论在哪个岗位上出现质量纰漏，这之前做的所有的工作都被否定，产品必须无条件返工。康佳公司质量主管经理曾说："质量第一、信誉为本"是康佳质量方针的根本所在。康佳历来以提

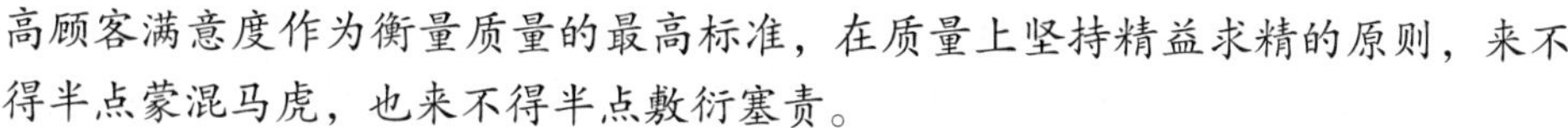

高顾客满意度作为衡量质量的最高标准，在质量上坚持精益求精的原则，来不得半点蒙混马虎，也来不得半点敷衍塞责。

前不久，欧盟宣布解除实施15年之久的对华彩电反倾销，占全球份额1/3的欧盟市场终于向中国彩电企业全面开放。面对这突如其来的巨大而又陌生的市场，许多企业既兴奋又紧张，康佳集团却赶上了头班车，成为首批获准进入欧盟市场的7家中国彩电企业之一。康佳集团总裁侯松容公开表示，康佳彩电早已通过了欧盟通行的CE标准认证，为进入欧洲市场做好了充分的准备。据了解，经过在质量管理和质量监控等方面长期不懈的努力，康佳先后取得了美国UL、加拿大CSA、德国FTZ、美国BS、澳大利亚SAA等标准认证，产品得以免检进入国际市场。1998年、2002年，康佳又在国内彩电和手机行业率先通过ISO14001环境管理体系——国际国内双重认证，从而将质量管理、环境保护和社会责任在更高的层次上统一起来，正因为严把质量关，康佳彩电被国家检验总局评为首批免检产品，并荣获中国品牌称号；康佳手机被评为“国家检测移动电话机质量、服务放心六佳品牌”和“中国质量·诚信经营企业（品牌）”。由于连续五年荣膺全国“质量效益型先进企业”称号，康佳集团还被授予“全国质量效益型先进企业特别奖”。

资料来源：《“一夫当关”的质量管理体系——康佳品牌之盾》，中国家电在线，2003年3月。

思考题：

1. 从以上康佳的案例中，你能想到中国产品在国际市场上屡屡失败的原因是什么？

2. 中国品牌该如何走出国门，在国际市场上争得一席之地？

、品牌诠释质量的概念

问题6：如何用品牌来诠释质量的概念？

质量是品牌的生命。质量构成品牌的全部价值，包括成本、附加成本和品牌的附加值。良好的质量需要在严格的管理和控制之下才能形成。蒙牛在品质控制方面采取了如下措施：①为保证奶源的清洁卫生，建起了“运奶车桑拿浴车间”，这在国内属于首创。通过这一措施，可以最大限度地防止奶源污染，保持草原牛奶的原汁原味。②为使蒙牛牛奶达到一定的黏稠度和产生浓香的气味，引进世界最先进的“ALFAST闪蒸”工艺，虽然由于蒸发掉一部分水分而减少了利润，却赢得了消费者的心。③成立质量控制中心，对产品质量进行“源头控制”、“过程控制”、“终端控制”的全方位、全过程控制，从而确保产品出厂合格率达100%。在蒙牛厂区，你会看到这样的标语：“产品质量的好坏就是人格品行的好坏”，从而使质量意识深深扎根于员工心中。由于蒙牛对产品质量的严格控制，早在2000年蒙牛即通过了中国绿色食品认证、ISO9002国际质量认证，以及英国本土NQA质量保证审核。

品牌的核心是具有能够让消费者满意的产品质量，因此建立品牌的第一要素是：严格的质量管理体系生产出让消费者“用着放心”的产品。“万丈高楼平地起”，产品质量是品牌的基础，如果没有好的产品质量做支撑，构建的“品牌大厦”便无异于空中楼阁。

二、提高品牌质量的方法

问题7：提高品牌质量的方法有哪些？

提高品牌质量不是一项孤立的工作，涉及方方面面的系统性的工作。提高品牌质量应从以下几个方面把握：从生产者角度来看：首先，必须有一套科学合理的品牌质量管理体系。管理在商品经济活动中的重要性不言而喻。举个简单的例子：要生产出一支好烟，在前期不仅要有好的烟叶原料、先进的生产技术和生产设备，还需要有一批高效精明的管理者和尽职尽责的员工。同时，在制作的每一道工序上都必须一丝不苟，不容许有丝毫的差错。在后期同样也需要先进的营销理念和勇于开拓市场的人员，要达到这一系列的工作完美结合、密切衔接，就必须建立完善的品牌质量管理体系。

当前在中小企业中被广泛采用的一种管理模式是全员品牌管理。全员品牌管理是指品牌建设过程中，企业整个价值链上的所有人员都需纳入到品牌建设体系中，共同参与品牌的建设。

在提高品牌质量的管理中，我们也应该借鉴这一管理模式：品牌质量关系员工生存与发展，让员工与企业荣辱与共，自觉维护品牌质量，提升员工自我品牌价值。在品牌质量提升过程中，不管遭遇风吹雨打，始终不离不弃。品牌是员工的，要为品牌大厦的建设打下坚实的地基。

品牌质量关系着经销商，要让经销商视品牌为己出，努力去经营品牌质量，与企业风雨同舟，从“露水夫妻”转变成“天长地久”。

品牌质量关系供应商，让供应商与企业共患难，当品牌质量出现危机时，他不会无情地抛弃品牌。

品牌质量是企业价值链上所有人共同努力铸就的，只有每个环节都同心协力，才能形成品牌合力，让品牌屹立不倒。

其次，作为生产者，要深知自己应承担的社会责任。应当深刻地认识到品牌质量是伴随着产品的质量而产生的。生产者是质量的“第一责任人”，必须向社会提供符合法律法规和顾客要求的、符合产品质量约定的产品，并在提供产品的过程中，不能给环境和社会带来危害和影响，保证资源的可持续利用，实现与社会的共同发展。在生产的实践过程中，应不断提高技术，提高员工的技术和生产能力以促进产品质量的提高。同时，逐步影响上下游相关组织质量水平的提高，直至促进所处行业的整体质量水平得到提高。

在产品生产方面为了保证品牌质量，企业应严格遵循 ISO9000 标准。ISO9000 实施标准现已在世界许多国家和地区直接采用，成为国际通用的技术基础和质量保证能力确认的形式。企业要想占领国际市场，提高市场竞争力，必须有适销对路的优质产品。而 ISO9000 实施标准为品牌质量的保证提供了需求和动力，它对企业加强质量管理，提高产品质量，创名牌产品有着巨大的作用。

从消费者角度来看，消费者在提高品牌质量问题的过程中起着至关重要的作用。一方面，产品生产的目的是为了满足消费者的物质或精神方面的需求，消费者的需求是提高品牌质量的根本动力；另一方面，消费者归根到底是质量问题的最直接受害者，产品最终是用于满足消费者需求的。如果每个消费者都能熟知自己应享有的合法权益，在参与社会生活和经济生活中依法行使自己的权利，依法提出对产品的要求，当合法权益受到侵害的时候能够拿起法律武器维护自身的利益，那么生产者将不得不依法经营，减少对消费者的侵害，从而逐步提高品牌质量。

为此，应加大力度想方设法提高消费者关注质量的意识，切实提高消费者依靠法律维护自身权利的能力，实现消费者懂质量、会维权，通过消费者主动提高对质量的要求，促进质量问题的解决。各级政府应该通过各种渠道，让消费者以最方便快捷的途径获得有关质量的各种知识，在各种媒体、网络、销售渠道、学校、图书馆普及各种商品知识，让消费者提高质量意识。同时，当消费者遇到质量问题和受到侵害的时候能够及时得到法律援助。

从社会角度来看，社会组织要引导相关群体提高质量意识，充分发挥衔接相关群体与政府之间桥梁的作用，促进社会整体质量意识的提高，在解决质量问题中起到积极作用。与质量相关的社会组织至少有三类，一是产品生产者组成的行业组织；二是维护消费者利益的消费者组织；三是对质量进行检验、鉴定、检测和认证的中介组织。行业组织要组织本行业的生产者提高技术研发能力，将成熟的技术运用到行业的生产之中，提高掌握产品的核心技术能力的水平。消费者组织要切实利用法律武器帮助消费者维护其合法权益，通过多种多样的形式，普及产品知识、质量知识、法律知识，使消费者知道该购买什么样的产品、什么样的产品是质量合格的产品，当自身利益受到侵害的时候该如何依法维护自身的权益。对质量进行鉴定和评价的中介组织，应当依法向社会提供真实、客观、公正的检验结果。在技术上要不断提高检验检测的技术能力，攻克技术难关，超前研发检验手段为社会服务，超前于生产企业预见产品的质量缺陷，满足社会的潜在需求。在服务上要向产品的生产者提供新技术、新方法、新标准，将检测技术应用到生产过程中，促进生产企业生产出符合质量的产品。

活动 2: 组织班级同学参观当地的知名企业，请企业的管理者为大家讲述是怎么保证品牌质量的?

第三节　品牌影响力的质量保证

引导案例

"波音"传奇

美国波音公司的"波音"这两个汉字对许多中国人来说是一个充满磅礴气势、洋溢无尽动感且极富震撼力的名字，不得不让人对波音公司所从事的蓝天白云间的伟大事业浮想联翩。"波音"是波音公司的创办人威廉·爱德华·波音的姓氏，"波音"二字是英文"Boeing"品牌精妙的汉译。从一开始，波音就十分注重产品的质量，而卓越的产品质量，也为波音书写了一段又一段传奇。

在波音 707 的历史上，曾经历了数次传奇般的事件，也充分证明了波音 707 的优异性能。

1965 年 6 月 28 日，一架飞往旧金山的波音 707 客机在飞经太平洋上空时，发动机突然爆炸起火，一侧机翼炸断了 25 英尺，而这架"独翼"飞机居然平安地降落在旧金山机场。连波音的工程师们也感到惊讶。他们在设计飞机的结构时考虑到了一切可能发生的空气动力学上的问题，但像这样被炸去了 25 英尺的机翼还能飞行并安全降落的事是他们无法想象的。这充分说明了波音飞机的性能优异。

1965 年 12 月 4 日，一架世界航空公司的 707 客机与一架刚从纽约国际机场起飞的东方航空公司的"星座"号客机在 11000 英尺的高空相撞。这次波音

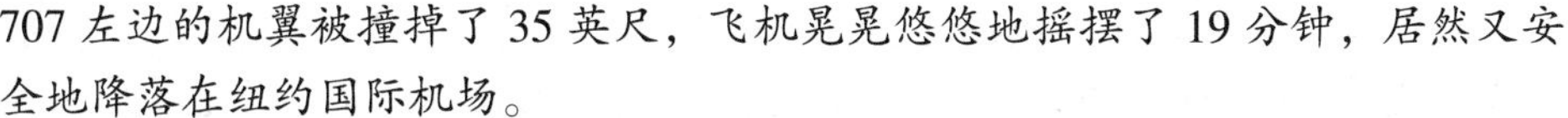

707 左边的机翼被撞掉了 35 英尺，飞机晃晃悠悠地摇摆了 19 分钟，居然又安全地降落在纽约国际机场。

这同一年里发生的两次意外事故，让世人在惊讶之余不由得深感钦佩。这些意外的事故丝毫没有损害波音的声誉，反而使波音更加名扬四方。

波音 707 最辉煌的经历是被选作“空军一号”——美国总统的座机。

在此之前，罗斯福总统的座机是道格拉斯的 DC-4 型机；杜鲁门总统的座机是道格拉斯的 DC-6 型机；艾森豪威尔总统的座机是“星座”机，而这还是一架螺旋桨飞机。国务卿杜勒斯认为总统坐螺旋桨飞机有失体面，出访各国也不能体现超级大国的威仪，他建议总统改用喷气式飞机。

1959 年 5 月 12 日，一架波音 707-320 型机被改装为“空军一号”总统专用飞机。机长是三军空运特勤级的阿伯塔斯中校，他也是波音航空学校毕业的高才生。

空军方面挑选波音 707 作为总统座机，根本原因就是波音 707 质量优良，坚固无比，在喷气机中口碑最佳。可以说，这是一次完全符合市场经济行为的选择。这一选择对波音来说既有荣誉性、象征性的意义，又有开拓性、历史性的意义。

在某种意义上说，不仅仅是美国总统选中了波音 707，而是历史选中了波音 707。从 707 开始，波音全方位地迈上了新的历史进程。

1994 年 6 月 12 日上午 11 时 45 分，这是一个令人激动的历史性时刻。在西雅图波音埃弗雷特厂，第一架波音 777 飞机在人们目光的关注下，在发动机的隆隆轰鸣中飞入蓝天。

第一架波音 777 飞机升空飞行了 3 小时 48 分钟，飞行高度 5846 米。这是跨世纪的一款新机。

波音 777 计划测试 4800 次，这仅仅是第一次。1995 年 5 月 17 日，在西雅图飞行博物馆举行了特别的庆祝仪式，波音公司将第一架 777 飞机交付给下第一张订单的美国联合航空公司。由于这架飞机是波音公司和联合航空公司共同联手设计制造的，所以飞机被命名为“携手合作”号。

波音 777 的另一个值得骄傲的地方是：新机一交付，就可以马上投入服务。在这架飞机交付之前，已经完成了民用喷气机史上最全面的飞行测试计划。截至 1995 年 5 月 8 日，5 架装上普惠发动机的波音 777 已完成了 1751 次飞行，共 3379 小时。为反映航空公司的正常操作环境，其中有 90 次飞行是由联合航空公司负责，以模拟日常的飞机维修及营运程序。此外，两架装有通用电气 GE-90 发动机的 777 亦已进行 1000 次飞行测试。

为了保证每一架飞机的安全及质量，波音专门成立了测试部门，对产品进行测试检查。在乘客踏进机舱之前，新机几乎要接受近一年的严格飞行测试。首先在机舱内进行测试的，不是乘客或其他人员，而是一批水桶。20 多个容量为 250 公升的灌满了水的封闭水桶按照乘客的座位布局安放，其目的是改变飞机的重心，或者说是模拟乘客和行李的重量。这比空载测试当然更准确、更真实。诸如此类的测试一个接一个，数不胜数。

波音 777 一飞上蓝天，便展现出不凡的身手，赢得了人们的广泛好评。1995 年 5 月 30 日，波音 777 又成为航空历史上首次获得美国联邦航空局（FAA）批准，在投入服务后可以马上进行延程双发飞行（ETOPS）的飞机。ETOPS 是一种飞行方式，它为乘客提供了飞越大洋两岸城市间的最直接的航线。在此之前，双发飞机至少要完成两年营业性服役才能执行 ETOPS。波音 777 获此批准，在航空界是史无前例的，它再一次有力地证明波音 777 是一种人们可以给予特殊信赖的当今最优秀的飞机。

研制一架新飞机，是何等不易。只有实力雄厚的大公司，才能有如此气势宏大的壮举，波音公司做到了。波音公司之所以有如此气势宏大的壮举，完全在于波音公司的技术创新与产品质量的过硬，因此在航空业中称霸世界是顺理成章了。

资料来源：白光：《品牌经营的故事》，中国经济出版社，2005 年。

思考题：

为什么有的品牌只是昙花一现，而波音公司却能长盛不衰？

一、品牌影响力的内涵

问题 8：什么是品牌影响力？

能否成为品牌，品牌影响力是关键。那么什么是品牌影响力？品牌影响力是指品牌开拓市场、占领市场并获得利润的能力。同时也是一个国家经济发展的缩影，折射着经济实力的增长和各个产业的发展趋势。

关键术语

品牌影响力

品牌影响力是指品牌开拓市场、占领市场并获得利润的能力。同时也是一个国家经济发展的缩影，折射着经济实力的增长和各个产业的发展趋势。

中国品牌研究中心主任王齐国对于品牌影响力有过这样的定义：品牌开拓市场、占领市场并获得利润的能力。诚然，现如今，品牌影响力已成为左右顾客选择商品的重要因素。那么怎样评判一品牌是否具有影响力，王齐国老师也给出了这样三个基本指标：

（1）市场占有率。如奇瑞汽车，到2008年，奇瑞年产整车65万辆；实现销售35.6万辆；市场占有率3.8%，继续占据中国乘用车（包括合资品牌）排行第五的位置。其中，海外出口突破13万辆大关，同比增长10%，并连续6年保持我国汽车出口量第一的位置。这是在全球金融危机的冲击下实现的目标。这就是品牌是否有影响力的基本指标之一。如果一个品牌在市场份额里面连万分之一都占不到，也就谈不上什么品牌影响力了。市场占有率是第一个硬指标。

（2）品牌忠诚度。这是一个软指标，即消费者的联想度，消费者能否认同品牌，能否对品牌产生忠诚是由消费者的自我联想来决定的。品牌忠诚度既是一个软指标，又是一个硬指标，所谓软是因为它没有一个硬性的数据来支撑；所谓硬是因为如果没有这个品牌忠诚度，就不能成为有较强影响力的品牌。品牌忠诚度是品牌影响力里面最重要的要素之一。

（3）品牌的领导能力。要做成一个品牌，至少在某个区域内，有一定的市场占有率，这样在这个区域里面，才有一定的影响力。如果不能成为一个世界品牌，不能成为一个中国品牌，可以成为一个省的品牌，一个市的品牌，这就是品牌影响力的硬指标。品牌一定要有影响力，有了影响力才能称得上是一个品牌。

其中，品牌忠诚度是核心指标。因为品牌忠诚度决定着顾客对品牌的选择偏好，更重要的是品牌忠诚度决定着顾客对品牌的关注程度，品牌忠诚度会使顾客对公司、品牌的相关背景主动探究或主动关注，满足受众需求的资讯获取。受众往往因为对于上述信息的向往而去主动寻找。触发这个寻找动因的因素有很多，对于企业来说，企业品牌背后的财富数字和创业故事对顾客极具吸引力。而企业在被关注的这个过程中，也就对公众产生了深远的影响——企业的创业精神、创富经历和财富品质，这种传播是一种榜样力量的传递，无形中影响着公众的经济群体生活。

二、测算某一品牌的品牌影响力的方法

问题9：如何测算某一品牌的品牌影响力？

（1）网络媒体，按特定频率进行系统搜索，计算出相关频段搜索值，将不同周期的搜索值分别相加，得到年度搜索总值参数A。

（2）报纸媒体，按特定频率进行系统监控，计算出相关频段搜索值，将不

同周期的搜索值分别相加，得到年度搜索总值参数 B。

（3）品牌影响力的测算公式：$\sum = A + B$，对$\sum$值进行必要的技术处理后，所得结果即为品牌被提及次数，单位为“次”。

三、打造某一品牌的影响力及确保既有品牌的影响力的方法

问题 10： 如何打造某一品牌的影响力及确保既有品牌的影响力？

品牌影响力的打造不是随意而无规律的，需选择某一方向作为其主打模式。比较常规的方法有以下三种：

（一）以过硬的质量锻造品牌影响力

质量指的是品牌产品或服务的质量，是满足人们需要的效能，是品牌的核心。为了锻造出高质量的品牌，首先，在设计时就要有高标准，这就需要深入市场了解；其次，在品牌的成长道路上，不断创新，维持质量；最后，要运用科技，完善服务，促进质量飞跃，实现品牌的进一步提升。

（二）以优质的服务锻造品牌影响力

为用户提供优质、完善的服务是打造品牌影响力的重要保证。服务应从售前的了解市场需求开始，包括售前调研、宣传；售中咨询；售后维修、保修、送货等。世界知名企业在打造品牌影响力时，无不把服务作为一个重要的手段。美国著名的管理学家托马斯·波得斯和罗伯特·沃特曼在广泛调查了解了全美国最杰出的 43 家企业之后，总结出这样的成功经验：“服务至上”是这些企业的共同特征，“我们调查研究的最主要的结论之一，就是不管这些公司是属于机械制造业，或者是高科技工业，或者是卖汉堡的食品业，他们都以服务业自居。”这句话一语道破杰出品牌是靠服务扬名天下的。

（三）以广告宣传锻造品牌影响力

品牌具有了优秀的质量和服务后，还应加强对自身的宣传。在当今激烈的市场竞争中，“好酒也怕巷子深”。在打造品牌影响力的过程中，需要强化宣传的方式，把品牌尽早灌输给消费者，以提高品牌知名度、认知度、美誉度，从而促进和扩大产品的销售，树立品牌形象。

关于广告作用，据国外的一项研究表明：创造一个名牌至少要投入 1 亿美元的广告费，而成为名牌后，每年投入的广告费又是不断递增的。这就是说，品牌的扬名、品牌影响力的打造，广告的投入是必不可少的。

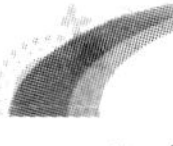

活动 3:

1. 周末时跟同学们一起逛逛周围的购物中心，体验一下一些知名品牌的服务态度。

2. 查阅相关材料，了解近年来中国比较具有影响力的品牌。

考试链接

1. 品牌影响力的内涵。

2. 品牌影响力的测算方法。

3. 影响品牌影响力的因素。

阅读材料

产品的差距让人们追求品牌

现象一：几年前，街头的冰水专柜上，第一排摆的是“旭日升”茶饮料，后边挨着是“康师傅”；今天，“康师傅”各项产品仍劲力十足地大量充斥着超市的柜架，然而身旁却少了“旭日升”的身影。

现象二：采用同样的法国面料，同样的工艺技术，同样的车间设备生产出来的优质西服，所卖的价钱却还不足“皮尔·卡丹”的 1/10。

现象三：高路华彩电在 2001 年的年销量为 180 万台，到了 2003 年则完全停产；而长虹彩电多年来一直保持着不少于 1200 万台的年销量，且势头正猛。

现象四：三株口服液在一次“8 瓶三株要了一条命”的错误报道后形神俱损，从此在市场上销声匿迹；而美国约翰逊公司在经历了“泰诺”中毒事件后，却可以重回市场，如今风光依旧。

现象五：在美国，大约有 62%的企业寿命不超过 5 年，只有不到 2%的公司能够存活 50 年。就在这样的“企业寿命规律”下，可口可乐公司 2009 年已有 114 岁的高龄。

面对竞争跃上新平台和入世后国际品牌虎狼环伺的新挑战，有心创业之士开始徘徊、迷茫：如何才能使自己的产品卖得比别人久，卖得比别人快，卖得比别人多，并且卖得比别人贵呢？一系列的问题看似复杂，答案却很简单，那就是：我们只需要打造出一个个性鲜明、联想丰富、高威望、高价值感、高美誉度与忠诚度的强大品牌。但是目前中国的大部分企业对于品牌管理依然十分陌生，在品牌战略管理上的知识还十分贫乏，对品牌管理究竟具体需要做哪些工作，又应该怎样去做不大了解或了解得不深、不完整，甚至不少销售额达几十亿、上百亿的企业的营销高层人士都无法清晰地回答创建一个强势品牌的关键要素是什么；更有急功近利者存在着“只要把产品卖出去就是做好了一个品牌”的错误思想。

说到这里，你可能会有这样的疑问：为什么像麦当劳、西门子、伊莱克斯、可口可乐、宝洁等一些知名企业品牌能够经久不衰，消费者对其的忠诚度、热度一贯不减呢？其中有什么规律或者品牌战略的高招吗？

在大量的调查和研究之后我们不难发现，这些知名企业在创建品牌的战略上是有一套行之有效的方法和规律的。因为品牌相对于企业的实质始终是相同的，它或者是企业与消费者之间的一种关系，或者是一种有价值的标识及价值系统，或者是企业依据自身的内在属性在外部环境创建起来的一种使企业长期生存的资源。一句话——“万变不离其宗”，不一样的只是一些表面的文字与形象而已，所以在企业如何建立一个好的、长久的品牌的问题上同样有规律可循。

这个规律可以简单地描述如下：“在品牌建立和管理过程中，企业要用 5 份的气力提升自己的素质；3 分的气力构筑自己的文化；2 分的气力完善自己的形象。”这段话的意思是：一个企业要打造一个品牌或打算使自己的品牌长青，应该遵循这样的规律——把 50%的精力放在提升自身素质上，把 30%的精力放在构筑企业文化上，把 20%的精力放在完善自身形象上。简单地说就是“品牌建设要靠 5 分素质、3 分文化和 2 分长相”，又简称“532 法则”。

资料来源：郭汉尧：《产品的差距让人们追求品牌》，博锐管理在线，2009 年 7 月 8 日。

“傻子”也能成名

提及“傻子”品牌，人们自然就知道这是指“傻子”瓜子，自然就会联想到“傻子”品牌的创立人年广九，也就会想到改革之初“傻子”作为个体经济代表的风风雨雨，继而会想到中国改革的伟大领袖邓小平视察南方时讲的那一段文字：“农村改革初期，安徽出了个‘傻子瓜子’问题。当时许多人不舒服，说他赚了一百万，主张动他。我说不能动，一动人们就会说政策变了，得不偿失。”一个个体经营者的品牌，竟然会引起我们党和国家最高领导人的关注，固然和当时的改革形势及政治需要有很大关系，但“傻子”瓜子成名，凭其高质量成为同行业的佼佼者，并成为个体经济的代表，还有着自身的重要因素。

“傻子”瓜子是安徽芜湖市个体经营者年广九为谋生而于 1972 年开始研制的。事关生存，这就决定其瓜子必须以优良的质量赢得消费者和市场。由于时代的原因、技术的原因，开始时每天仅炒制十余斤，但年广九的瓜子却以外观均匀、果仁饱满、口味上佳的上乘质量赢得了一大批稳定的顾客。在改革开放初期的1981年春天，年广九专程赴九江、武汉、南京、无锡、扬州、上海等地，采购了数十种不同品种的瓜子，一一进行了品尝揣摩。在取长补短的基础上，年广九不断调整着配方进行试制，并不断找过路行人品尝、提意见，终于他炒出了一嗑三开、甜咸交融、味美生津、香气浓郁、风味独特的奶油瓜子。

消费者是商品最权威、最公正的评判者，富有特色的高质量的“傻子”瓜子一上市，立即就受到顾客的青睐。在推销“傻子”瓜子的商店，顾客排起了长队。在那个时候，产量有限，为了使排队的顾客都能买到瓜子，年广九不得不做出每人每次只能买2斤的限购规定。1982年，“傻子”瓜子销往上海，精明的、见多识广的上海人，居然也在销售“傻子”瓜子的商店前排起了长队。由此可见上乘的质量给品牌带来的效益。

确实，“傻子”瓜子的加工炒制，从选料配方、火候、沾卤等均有一整套程序和要求，并且把年广九摸索的特有经验加了进去；再加上“傻子”瓜子在价格方面的优势，为其成名奠定了牢固的基础。1982年“傻子”牌在国家工商局注册，年广九成为个体经济的典型，“傻子”瓜子也以其质量受到广泛传播。

由此可见，质量是产品或服务的基石和生命线，品牌锻造，品牌成名均要以质量可靠为前提。

资料来源：陈放：《品牌学》，时事出版社，2002年。

问题讨论：

怎样理解“质量是产品或服务的基石和生命线”这句话？

本章小结

品牌质量，是品牌本身的质量和品牌所体现的质量的综合体现。品牌质量包括品牌本身的质量和体现的质量，是二者的综合体现。品牌本身的质量是由品牌质量所代表的，而品牌体现的质量则是由顾客消费品牌产品所获得的感受或体验来表示。品牌质量涵盖的范围很广，包括企业经营中的各个环节及各方面的质量控制标准，必须是全员参与的质量监控，而不是等到销售后或生产后才发现质量问题。

提高品牌质量是把提高产品质量与提高品牌体现的质量有机结合起来。提高产品质量的同时必须把提高消费者心中感受的质量放在突出的位置，并使真正的质量转化为品牌体现的质量，这样才能取得更大的成功。如果品牌体现的质量下降了或者丧失了，也就是说消费者对这个品牌失去了信任感，是很难恢复在消费者心中的位置的，即使再重新树立品牌也于事无补。因此在保证产品高质量的前提下，必须加大消费者对品牌的认知度，使品牌形象在消费者心中被认可，这样品牌质量才有保障。

品牌影响力是指品牌开拓市场、占领市场并获得利润的能力。影响品牌影响力的因素有很多，但品牌质量是其最重要的影响因素，因此，要想获得品牌的影响力，必须在品牌质量上下足工夫。

深入学习与考试预备知识

品牌质量决策

品牌质量决策即为了保持公司品牌在目标市场上的地位，公司在确定品牌名称过程中，还需要就品牌产品的质量水平进行决策。

品牌质量决策的步骤如下：

1. 决定品牌的最初质量水平

品牌产品的最初质量水平，可以是低质量、一般质量、高质量或优质量。这里所说的高质量品牌、低质量品牌，只是档次上的一种差异；低质量品牌的产品也必须达到一定的质量标准或质量水平，而不是指根本没有使用价值的劣质产品。应注意的是，企业不应盲目地争相搞高质量的品牌，大家都这么做，高质量品牌领域的市场竞争必然激烈，而低档次品牌的市场需要又得不到满足，经营效果并不一定好。因此，企业在决定品牌最初质量水平时，要同目标市场策略、市场定位策略、市场营销组合策略等方面联系起来。

2. 决定品牌的未来质量水平

企业决定其品牌的最初质量水平后，随着时间的推移还要决定如何管理其品牌质量。在这方面有三种可供企业选择的方案：①增加研究与开发投资，提高品牌产品的质量水平，以提高销售量、市场占有率和投资收益率；②除了发现品牌产品质量存在缺陷、市场需求有所改变、竞争形势发生变化等情况之外，品牌的质量水平保持基本不变；③随着时间的推移逐步降低品牌产品的质量水平。

品牌塑造

品牌塑造就是企业依据自身的资源和外部的市场环境，采取一系列针对性营销活动，不断为品牌输送新鲜成分、创造品牌形象和活力的过程，这一过程需要企业遵循品牌成长规律。

1. 科学性原则

品牌塑造不是随心所欲、毫无目标的活动，它需要企业深入市场调研，了解市场需求变化趋势。只有这样，企业才能寻找到科学的方法，制订出可行的行动方案。有些企业不对市场做科学的调查分析，一相情愿地认为：产品＋广告＝品牌，只要对产品投放大量的广告，品牌的价值就会提高，品牌也迟早会成为名牌。“巨人”品牌的倒下，“旭日升”品牌的陨落，就是搬起石头砸自己的脚。

2. 个性化原则

美国著名的品牌策划大师奥格威认为，决定品牌市场地位的最终力量是品牌自身的个性特征，而不是产品间微不足道的差异。品牌的个性特征使产品或服务这种无生命的东西变得具体、形象，并赋予人格特征。消费者对品牌的接受，是基于消费者对品牌的感知和理解，因而使得消费者对品牌有了喜欢的理由，就像一个人对另一个人有感情一样。由于产品的同质化现象越来越严重，品牌的个性化就能在品牌间起到隔离作用，形成品牌差异，使得个性差异明显的品牌容易脱颖而出。品牌的个性化一般是通过企业的品牌定位发掘和塑造而成。透过品牌塑造，使得品牌的内涵越丰富，个性化特征就越明显，品牌的优越性就越好，吸引消费者的能力也就越强。

3. 全面系统原则

所谓全面，是指品牌塑造设计企业与经营活动的相关部门以及社会其他部门有着分不开的关系，如产品、包装、广告、社会舆论、公众，它们都和品牌在市场上的表现有着种种联系。这就要求企业在品牌塑造过程中，注意与这些相关者协调好关系。所谓系统，是指品牌营销活动、过程是不可以割裂开来的，任何单打独斗的营销活动与系统组织、有机协调的营销活动相比，只能是事倍功半，不利于构造完美的品牌形象，结果只能是延误品牌崛起的有利时机。

4. 持之以恒原则

品牌培育不是权宜之计，品牌塑造也不是一朝一夕、一蹴而就的事情。它是一项复杂、长期性的工作，需要企业常抓不懈，员工上下齐心协力。所以，塑造品牌是一项长期艰苦的工作。企业经营者要树立长期观念，从长考虑，统筹兼顾，制订长期计划，有条不紊地狠抓落实，用点点滴滴、感人的营销事例点缀、装饰品牌。品牌是一个与时间有关的概念，但并不是品牌建立起来以后，随着时间的延长其影响力就会与日俱增。只有制订切实可行的品牌营销计划并付诸实施，才能使得品牌随着时间的推移，最终发展为名牌。在长期的品牌塑造过程中，创新是核心，是品牌的生命力所在。海尔的氧吧空调、变频冰箱，为海尔品牌源源不断地注入了活力，此乃“流水不腐，户枢不蠹”，是品牌不断成长、壮大的驱动力。

资料来源：韦明：《品牌营销：中国人的品牌课堂》，中国致公出版社，2008年。

答　案

第一节：

(1) 奔驰之所以能在众多的世界名牌汽车中位居前列，能成为世界上许多国家元首和知名人士的首选坐骑，与它有着无可比拟的质量优势是分不开的。奔驰公司对自己的产品十分有信心：“如果有人发现奔驰牌汽车发生故障被修理车拖走，我们将赠您1万美金。”——这就是公司的广告用语，这也是奔驰之所以成功的秘密。

(2) 为了保证奔驰产品的高贵品质，奔驰公司的检查制度是十分严格的。如厂外提供的零件一箱里有一个不合格的，就把这箱零件全部退回，该厂生产的引擎要经过42道关卡检验，连油漆箱有划痕，都必须全部返工。

此外，每一个班组都有人员负责质量检查，最后还有人负责总检查。厂里有定期质量抽查制度，由董事会、车间代表和技术人员组成检查小组，每隔14天对9个单位进行检查，遇上问题就地解决。奔驰汽车公司为了检验新产品的质量和性能，除有一套有计算机控制的设备外，又建造了一个占地8.4公顷的试验场，试验场有不同路面组成的车道15公里，快车道上拐弯处最大斜坡倾角达90度。

公司每年都要拿出新车在试验场内做破坏性的实验测试。如公司每年不惜用100辆崭新的汽车以时速35英里的速度猛撞坚固的混凝土厚墙，以检验前座的安全性能。

为了进一步把好质量关，奔驰公司在欧洲、拉丁美洲、亚洲等地，专门设有质量检测中心。“中心”内有大批的质检技术人员及高质量的设备，每年要抽检上万辆奔驰汽车。

第二节：

（1）对比康佳在国际市场上的成功，我们可以看出中国产品在国际市场上屡屡失败的原因是：在国内，中国企业大多以价格为主要竞争的手段，企业的盈利能力较低，这极大限制了企业在研发、品牌建设以及海外市场开拓方面的投入。另外，质量标准无法与国际标准接轨也是限制中国企业在国际舞台上发展的重要因素。

（2）为了能够走出国门，在国际市场上赢得立足之地，中国企业必须高度重视产品的品牌质量，加大企业在产品研发、质量管理和品牌建设的投入力度，积极主动地与国际标准接轨，唯有如此，才能获得国际消费者的认可与信任。

第三节：

波音公司之所以能够长盛不衰的秘诀在于：首先，产品质量过硬，在为数不多的几次空难事件中，波音飞机凭借着优良的质量化险为夷，使得波音名扬四海。波音飞机被选为美国总统的座机，这是对其品质的莫大的肯定。其次，波音飞机在投入使用前有一套全面的飞行测试计划，是给人们强有力的安全保障。

案例分析：

质量是产品或服务的基石和生命线。在市场竞争越来越激烈的今天，国际市场上的品牌，无一不是以良好的质量作为市场竞争的基础的。品牌竞争所依仗的是产品的内在质量。只有那些能经得起消费者使用的产品才能换来消费者的信赖和市场上的美誉。质量是现代企业品牌战略的必要条件。

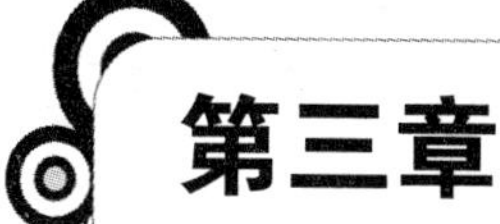

第三章 品牌质量的体系标准

学习目标

知识要求 通过本章的学习，掌握：

- 质量的概念
- 产品质量的概念
- 产品质量的特性
- 产品质量的标准
- 我国现行的质量标准
- ISO9000 标准
- ISO9000 标准的特点
- ISO9000 标准推行的积极作用
- 品牌定位的内涵
- 品牌定位的意义
- 品牌定位应遵循的原则

技能要求 通过本章的学习，能够：

- 对品牌质量体系标准有一个总体的认识
- 了解质量标准在品牌质量中的作用
- 了解品牌产品的质量标准与一般产品质量标准有什么不同

学习指导

1. 本章的主要内容：质量的概念、产品质量的概念、产品质量的标准、品

牌产品的质量标准、我国现行的质量标准、ISO9000 标准、品牌定位等。

2. 学习方法：掌握最基本的理论，结合案例理解概念，进行知识延伸和讨论活动等。

3. 建议学时：10 学时。

第一节　产品质量的公共标准

引导案例

“露露”饮料建立起现代化的质量管理体系

露露集团是中国最大的 10 家饮料企业之一，是以生产“露露”品牌系列天然饮料为主业的现代企业集团。集团下属 17 个企业，总资产 13.2 亿元，无形资产已达 19.36 亿元，始建于 1950 年。1999 年 1 月 5 日，“露露”品牌被认定为驰名商标。

露露集团坚持以“名牌战略”为经营原则，引进国际最先进的设备，利用自有的专利技术，以“品牌营销”开拓市场，为消费者提供最好的服务。他们清楚地认识到：质量，是企业的生命；优秀的品质，出自先进的管理，加之先进的生产设备。因此，露露集团实行全面质量管理，建立现代化质量管理体系，确保质量 100%合格，将优质的产品奉献给消费者。现在露露已成为消费者信得过的名牌产品，在 1997 年全国市场竞争力排行榜上获得果蔬饮料第一名，并荣摘当年全国果蔬饮料销售量、销售额和市场占有率三项第一的桂冠。

露露集团十分注重企业文化建设。以“员工要有志气，产品要有名气，企业要有生气”的“三气”作为企业精神，把“良好的形象，开拓进取的思想，勤奋的工作，理想的效果”作为露露人的行为准则，激励全体员工奋发图强，努力拼搏。正是如此优秀的企业文化奠定了露露集团名牌战略的基础。

建立现代化质量管理体系，要正确处理质量、成本和名牌之间的关系，搞好品牌定位工作。名牌产品应是与高质量、高价格相联系，其实这是一种误解，名牌也存在一个定位的问题。建立在高质量、高造价基础上的名牌对中小企业来说是不现实的。因此，中小企业不应盲目在高档次产品上搞名牌战略，应着眼于小产品、低档产品。在这些产品上企业只要表现出特色，能集中某方面的优点，依旧可以实现名牌效应。

名牌战略实际上涉及两个方面的工作，即产品开发和市场开发。一般而言，企业如果不具备产品开发和市场开发能力则不宜实施名牌战略。在有好产品的同时还应制定有效的市场开发策略。因中小企业实力有限，在市场开发中不能搞处处开花的办法，应当结合产品定位集中企业的资源重点开发一个目标市场。露露集团就是以“露露”饮料为重点开发，由小做大，进而实施名牌战略，从而发展为企业集团的。

资料来源：白光：《品牌经营的故事》，中国经济出版社，2005年。

思考题：

想一想，露露集团是怎样打造高质量的品牌产品的？

一、质量的概述

问题1： 什么是质量？

1. 质量的概念

人们从不同的角度或范围使用“质量”这一概念，就会有不同的定义。从狭义和广义两种不同的范围去理解：狭义上的质量指的就是产品质量；广义上的质量不仅包括产品质量，还包括工程质量、服务质量、工作质量等。20世纪60年代，美国的质量管理专家朱兰（J.M.Juran）提出了“质量就是适应性”的定义，在他看来，企业应该更多地从用户或消费者的立场看待质量。

国际标准化组织（ISO）对质量含义作了多次修改，1994年对质量作了进一步的完善，引进“实体”的概念。质量被定义为反映实体满足明确的或隐含的需要能力的特性的总和。所谓的“实体”，是指产品、服务、活动或过程、组织、体系、人员及其综合；“需要”是指感受到的贫乏状态而引起的期望，其中包括性能、合用性、可信性、安全性、环境、经济性、美学。“能力”是指实体进行指定活动并获得符合规定要求的结果；“特性”即质量属性，是用以区分实体，确定其合格或不合格；满足需要则指符合相关规定，满足顾客或社会的需要。

随着ISO9000标准在企业的广泛应用，ISO9000关于质量的定义逐渐为越来越多的人所接受。在ISO9000：2000中质量的定义为：一组固有特性满足要求的程度。在这个定义中，产品质量是指产品满足要求的程度，即满足顾客要求和法律法规要求的程度。因此，质量对于企业的重要意义，可以从满足顾客要求，满足法律法规的重要性角度来加以理解。在这里，顾客要求是产品存在的前提。其中`“固有的”（其反义是“赋予的”）特性是指在某事或某物中本来就有的，尤其是那种永久的特性。

关键术语

质量

质量是指一组固有特性满足要求的程度。在这个定义中，产品质量是指产品满足要求的程度，即满足顾客要求和法律法规要求的程度。

2. 质量的两个方面

一般来说，质量可以从两个角度去理解。站在生产者的角度来看，质量是衡量产品的各个方面是否达到规定标准的指标，称为“客观质量”。对产品的客观质量有一系列专业技术指标，可借助仪器仪表等科学手段衡量。站在消费者的角度来看，质量是客户对一种产品、服务或品牌的整体优势的认识，即“主观质量”。受个人主观性的影响，不同消费者对同一种品牌的质量判断也不一样，特别是当消费者的经济地位、文化水平相差很大时，对某些产品的质量判断差异很大。

质量作为产品的属性，往往具有多个质量特性。其中一些质量特性可以用客观标准来进行认识和判断，而另一些质量特性却不是客观标准就能完全能够认识和判断的。诸如美学的、感官的、行为的之类质量特性，往往就带有强烈的主观性。事实上，在市场上我们经常发现，同样的产品，顾客甲认为好看，而顾客乙认为不好看，两个顾客对同一产品的美学质量特性可能得出完全相反的结论。从这个角度来说，质量也是客观性与主观性的统一。

质量的客观性，为我们认识质量提供了基础。如果质量没有客观性，质量就没有一个客观公正的判断标准。但是，在产品质量交换过程中，质量往往不能得到充分显示，加上交换的双方均有各自的目的和利益，因而对质量的判断也就存在差异，甚至存在对立。为了解决差异或对立，就只能够“请”出质量的客观性来“校正”供需双方对质量的主观认识。也就是说，把质量“交”给相应的检测设备、检测仪器来进行检测。在符合相关技术条件要求的前提下，检测设备、检测仪器对质量的检测具有客观性，往往可以使供需双方都能够认可。

二、产品质量的概述

问题 2：什么是产品质量?

产品质量也就是产品的性能及其达到或满足需求的水平和能力。这是传统的产品质量概念，它侧重的是产品的使用价值。产品的使用价值越大，产品的质量就越高。但随着时代的发展，这个定义已不符合要求了，特别是在全球生态危机日趋严重和绿色经济迅速兴起的新时代，产品质量的新定义应当不仅仅指产品具有使用价值，更重要的是符合生态安全的要求。生态安全是决定产品质量的第一要素。随着产品质量概念的这种历史性转变，必然引起企业经营管理上一系列的重大变革，其中较突出的是企业绿色经营的新思路、新潮流已在一些发达国家中兴起。我国的企业应尽快跟上这个时代前进的步伐，积极应对各种绿色冲击波的冲击。只有这样，才能在国际、国内的竞争中立于不败之地。

对于产品质量有两个衡量的尺度：

（1）产品的质量级别，即产品的性能质量，包括产品的耐用性、可靠性、精密度、使用和维修的方便程度，以及其他有价值的属性。

（2）产品质量的一致性，即产品符合某种质量标准。

关键术语

产品质量

产品质量不仅仅指产品具有使用价值，更重要的是符合生态安全的要求，生态安全是决定产品质量的第一要素。

三、产品质量的特性

问题 3：产品质量有哪些特性？

不同类别的产品，质量特性的具体表现形式也不尽相同。

1. 硬件产品的质量特性

性能：性能通常指产品在功能上满足顾客要求的能力，包括使用性能和外观性能。

寿命：寿命是指产品能够正常使用的年限，包括使用寿命和储存寿命两种。使用寿命指产品在规定的使用条件下完成规定功能的工作总时间。一般来说，不同的产品对使用寿命有不同的要求。储存寿命指在规定储存条件下，产品从开始储存到规定的失效的时间。

可信性：可信性是用于表述可用性及其影响因素（可靠性、维修性和维修保障性）的集合术语。产品在规定的条件下，规定的时间内，完成规定的功能的能力称为可靠性。对机电产品、压力容器、飞机和那些发生质量事故会造成巨大损失或危及人身、社会安全的产品，可靠性是使用过程中主要的质量指标。维修性是指产品在规定的条件、时间、程序和方法进行维修，保持或恢复到规定状态的能力。维修保障性是指按规定的要求和时间，提供维修所必需的资源的能力。显然，具备上述“三性”时，必然是一个可用，而且好用的产品。

安全性：安全性指产品在制造、流通和使用过程中保证人身安全与环境免遭危害的程度。目前，世界各国对产品安全性都给予了最大的关注。

经济性：经济性指产品寿命周期的总费用，包括生产、销售过程的费用和使用过程的费用。经济性是保证组织在竞争中得以生存的关键特性之一，是用户日益关心的一个质量指标。

2. 软件产品的质量特性

功能性：软件所实现的功能，即满足用户要求的程度，包括用户陈述的或隐含的需求程度，是软件产品的首选质量特性。

可靠性：是软件产品最重要的质量特性，反映软件在稳定状态下维持正常工作的能力。

易用性：反映软件与用户之间的友善性，即用户在使用软件时的方便程度。

效率：在规定的条件下，软件实现某种功能耗费物理资源的有效程度。

可维护性：软件在环境改变或发生错误时，进行修改的难易程度。易于维护的软件也是一个易理解、易测试和易修改的产品，是软件的又一个重要的特性。

可移植性：软件能够方便地移植到不同运行环境的程度。

3. 流程材料的质量特性

物理性能：密度、黏度、粒度、电传导性能等。

化学性能：耐腐蚀性、抗氧化性、稳定性等。

力学性能：强度、硬度、韧性等。

外观：几何形状、色泽等。

4. 服务质量特性

无形性：是指服务的抽象性和不可触知性。即服务作为无形的活动，不像实体产品那样展示在顾客的面前，而是看不见、摸不着，不易在头脑中成形，从而对服务质量的评价往往凭自己消费后所获得的满意程度做出，主观随意性较大。

储存性：服务是：“一个行动，一次表演，一项努力。”它只存在于被产出的那个时间，“生产”一旦结束，服务作为产品也就不存在了。即一旦在限定的时间内丧失服务的机会，便不再复返。

同步性：服务的生产和消费过程在时间和空间上同时并存，具有不可分割性。顾客是参与其中的，必须在服务的过程中消费服务。因此，服务质量是顾客对服务过程和服务结果的总评价。

异质性：即可变性或波动性。即使是同一种类型服务也会因服务人员、顾客及环境不同而不同，难以始终如一的提供稳定、标准化的服务。由于不稳定的服务会给顾客带来不公平的感觉，因此，提高服务的稳定性是服务组织提高质量的重点，亦是难点。

四、产品的质量标准

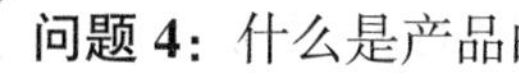

问题 4：什么是产品的质量标准？

1. 产品质量衡量标准

产品的质量是企业的立足之本。随着世界经济一体化和竞争的纵向发展，不少国际知名的大企业都以质量和标准体系作为冲锋陷阵的强有力武器。竞争从某一角度来看，也可认为是质量的竞争，即标准竞争。

所谓标准，指的是衡量某一事物或某项工作应该达到的水平、尺度和必须遵守的规定。而规定产品质量特性应达到的技术要求，称为“产品质量标准”（Product quality standard，Target level of product quality）。对企业来说，为了使生产经营能够有条不紊地进行，则应从原材料进厂，一直到产品销售等各个环节，都必须有相应标准作保证。它不但包括各种技术标准，而且还包括管理标准以确保各项活动的协调进行。

产品质量标准是产品生产、检验和评定质量的技术依据。产品质量特性一般以定量表示，例如强度、硬度、化学成分等；对于难以直接定量表示的，如舒适、灵敏、操作方便等，则可以通过产品和零部件的试验研究，确定若干技术参数，以间接定量反映产品质量特性。

2. 产品质量的制定标准

目前，对于产品质量的评定，主要靠第三方认证。国际上通用的质量认证标准主要采用 ISO9000 系列，ISO9000 是质量管理和保证标准，规定了产品质量的选择和使用指南；ISO9001 是质量体系标准，规定了设计、开发、生产、安装、服务的质量保证模式；ISO9002 也是质量体系标准，指出最终检验和试验的质量保证模式；ISO9004 则为质量管理和质量体系要素标准，是质量的指南。

3. 产品质量的检验

产品质量的检验是对产品或者服务的特性进行测量、试验、计量，并将这些特性与标准规定的要求进行比较，从而确定其是否符合规定的活动。常见的质量检验管理制度有：三检制——就是实行操作者的自检、工人之间的互检和专职检验人员的专检相结合；重点工序上岗制——操作者在进行重点工序加工时检验员在场；留名制——在生产过程中，从原材料进厂到成品入库出厂，每完成一道工序，改变产品的一种状态，包括进行检验和交接、存放和运输，责任者都应该在工艺文件上签名，以示负责；质量统计分析——品种、成品抽查合格率与返修率等。

4. 产品质量监督

产品质量监督，是指由产品质量监督机构、有关组织和消费者，按照技术标准，对企业的产品质量进行评价、考核和鉴定，以促进企业加强质量管理，执行质量标准，保证产品质量，维护用户和消费者利益。产品质量监督包括：企业对产品质量的自我监督；社会监督，包括舆论、消费者及消费者组织等社会团体对产品质量进行的多种形式的监督；国家监督，包括国家质量监督部门对产品质量的监督检验等；行业监督，主要是行业主管部门对产品质量进行的监督。

五、我国现行的质量标准

问题 5：我国现行的质量标准有哪些？

我国现行的产品质量标准，从适用范围和领域来看，主要包括国际标准、国家标准、行业标准（或部颁标准）和企业标准等。

1. 国际标准

国际标准是指国际标准化组织（ISO）、国际电工委员会（IEC），以及其他国际组织所制定的标准。其中 ISO 是目前世界上最大的国际标准化组织，它成立于 1947 年，到 2002 年已有 117 个成员，包括 117 个国家和地区。ISO 现已制定 10300 多个标准，涉及各个行业各种产品的技术规范。IEC 也是比较大的国际标准化组织，它主要负责电工、电子领域的标准化活动。

2. 国家标准

国家标准是对需要在全国范围内统一的技术要求，由国务院标准化行政主管部门制定的标准。1988 年，我国将国际标准化组织在 1987 年发布的《质量管理和质量保证标准》等国际标准仿效采用为我国国家标准，编号为 GB/T10300 系列，它在编写格式、技术内容上与国际标准有较大的差别。从 1993 年 1 月 1 日起，我国实施等同采用 ISO9000 系列标准，编号为：GB/T19000—ISO9000 系列，其技术内容和编写方法与 ISO9000 系列相同，使产品质量标准与国际同轨，以利于适应“复关”形势。目前，我国的国家标准是采用等同于现行的 ISO9000：2000 标准，编号为 GB/T19000—2000 系列。

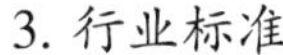

3. 行业标准

行业标准又称为部颁标准，由国务院有关行政主管部门制定并报国务院标准行政主管部门备案，在公布国家标准之后，该项行业标准即行废止。当某些产品没有国家标准而又需要在全国某个行业范围内统一的技术要求，则可以制定行业标准。

4. 企业标准

企业标准主要是针对企业生产的产品没有国家标准和行业标准的，且制定企业标准作为组织生产的依据而产生的。企业的产品标准须报当地政府标准化行政主管部门和有关行政主管部门备案。已有国家标准或者行业标准的，国家鼓励企业制定严于国家标准或者行业标准的企业标准。企业标准只能在企业内部适用。

六、ISO9000 标准

问题 6：什么是 ISO9000 标准?

ISO9000 标准是国际标准化组织在 1994 年提出的概念，是指由 ISO/Tc176（国际标准化组织质量管理和质量保证技术委员会）制定的国际标准。ISO9001 用于证实组织具有提供满足顾客要求和适用法规要求的产品的能力，目的在于增进顾客满意。

科学技术的进步和社会的发展，使顾客需要把自己的安全、健康、日常生活置于“质量大堤的保护之下”；企业为了避免因产品质量问题而巨额赔款，要建立质量保证体系来提高信誉和市场竞争力；世界贸易的发展迅速，不同国家、企业之间在技术合作、经验交流和贸易往来上要求有共同的语言、统一的认识和共同遵守的规范；现代企业内部协作的规模日益庞大，使程序化管理成为生产力发展本身的要求。这些原因共同使 ISO9000 标准的产生成为必然。

1979 年，ISO 组织成立质量管理和质量保证技术委员会 TC176，专门负责制定质量管理和质量保证标准。1979 年，英国标准协会 BSI 向 ISO 组织提交了一份建议，倡议研究质量保证技术和管理经验的国际标准化问题。同年 ISO 批准成立质量管理和质量保证技术委员会 TC176，专门负责制定质量管理和质量保证标准。TC176 主要参照了英国 BS5750 标准和加拿大 CASZ299 标准，从一开始就注意使其制定的标准与许多国家的标准相衔接。

ISO9000 的诞生，人们并未等太长时间，在各国专家努力的基础上，国际标准化组织在 1987 年正式颁布了 ISO9000 系列标准（9000~9004）的第一版。ISO9000 标准很快在工业界得到广泛的承认，被各国标准化机构所采用，并成为 ISO 标准中在国际上销路最好的一个。

截至 1994 年年底，ISO9000 已被 70 多个国家一字不漏地采用，其中包括所有的欧洲联盟、日本和美国等。有 50 多个国家建立了国家质量体系认证/注册机构，开展了第三方认证和注册工作。有些国家，等待注册的公司队伍如此之长，要等上几个月甚至一年才能得到认证。ISO9000 标准被欧洲测试与认证组织 EOTC 作为开展本组织工作的基本模式。欧洲联盟在某些领域如医疗器械的立法中引用 ISO9000 标准，供应商在某些领域必须取得 ISO9000 注册。许多公司得出的结论是，要想与统一起来的欧洲市场做生意，取得 ISO9000 注册是绝对有好处的。许多国家级和国际级产品认证体系如英国 BSI 的风筝标志、日本 JIS 标志都把 ISO9000 作为取得产品认证的首要要求，把 ISO9000 结合到产品认证计划中。

七、ISO9000 标准的特点

问题 7：ISO9000 标准的特点有哪些？

1. 系统完善性

ISO9000 族标准包含了质量管理体系的基础、术语、要求、从审核到业绩改进指南及其他支持性技术标准，形成了一个系统、完整的体系结构，对指导组织建立、实施、控制、审核、改进质量管理体系有重大意义。

2. 广泛通用性

ISO9000 族标准克服企业以前偏重于加工制造业的倾向，适用于所有产品和服务类别的、不同规模的组织，具有广泛通用性。

3. 实用高效性

ISO9000 族标准是在许多经济发达国家大量的质量管理实践经验的基础上制定的，它的内容和条文都与实际工作密切结合，易于理解和操作。标准减少了过多的强制性文件化要求，扩大了组织根据自身实际决定文件化程度的自由。同时，更注重有效性与效率，强调对过程、体系有效性的评价和改进。

4. 灵活适用性

ISO9000 族标准采用“过程方法”的模式结构，与各种组织的过程更容易联系起来，增强了灵活适用程度。并且，标准对所有要求的适用性作了科学灵活的规定，在满足标准要求的途径和方法方面，在确保其有效性的前提下，可以由组织根据自身特点自行策划安排，显示了在满足标准要求的途径和方法上的灵活性。

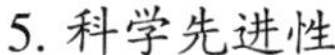

5. 科学先进性

ISO9000 族标准汲取了当今世界质量管理的先进理论和方法，采纳了卓有成效的质量管理八项原则作为基本的质量管理思想，强调采用 PDCA（策划—实施—检查—处置—再策划……不断循环改进、提高的管理方法）循环进行过程策划、控制和持续改进，充分体现了标准的科学性与先进性。

6. 积极主动性

ISO9000 族标准强调最高管理者的积极作用，强调建立、保持、评审、改进质量管理体系，以及实施质量认证和注册都是组织的自主行为。标准提倡通过质量方针及质量目标的策划、制定、教育来发挥全体员工的积极主动精神，以达到组织预期的目标。

7. 客观可信性

ISO9000 族标准将对顾客满意与否的监测作为评价质量管理体系业绩和有效性的客观依据，倡导开展第三方质量管理体系认证，要求授权机构独立地按规定程序进行，以客观、公正为原则的系统审核，使结果具有相当的说服力和可信性。

8. 持续发展性

ISO9000 族标准中的 ISO9001 和 ISO9004 构成了关于质量管理体系的协调一致的一对标准，其结构互相对应。ISO9001 标准是对建立、保持、改进质量管理体系的“要求”，ISO9004 标准是对建立、保持、改进质量管理体系的“指南”，两者相辅相成，帮助组织实现持续发展。不仅如此，两个标准都强调持续改进业绩使顾客满意的要求和方法。

9. 相容性

ISO9000 质量管理标准和 ISO14000 环境管理标准互相兼容，在术语、结构和内容上相互协调，便于组织建立满足两个标准通用要求的质量与环境的统一管理体系，也便于组织实现质量与环境认证。

10. 国际互认性

ISO9000 族标准作为被许多国家和地区共同承认和理解的质量管理标准，其国际通用性为质量认证的国际互认活动的开展奠定了基础。国际互认，是指参加互认的任何一国认证机构，按 ISO9000 族标准审核通过所颁发的证书可获其他参加互认的国家的承认。

八、推行 ISO9000 标准的作用

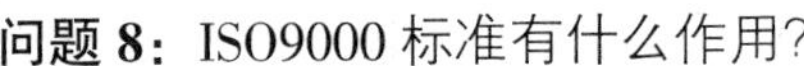

问题 8： ISO9000 标准有什么作用？

ISO9000 的作用分为内部作用和外部作用：内部可强化管理，提高人员素质和建立企业文化；外部可提升企业形象和市场份额。具体内容如下：

（1）强化品质管理，提高企业效益；增强客户信心，扩大市场份额。负责 ISO9000 品质体系认证的认证机构都是经过国家认可机构认可的权威机构，对企业的品质体系的审核是非常严格的。这样，对于企业内部来说，可按照经过严格审核的国际标准化的品质体系进行品质管理，真正达到法治化、科学化的要求，极大地提高工作效率和产品合格率，迅速提高企业的经济效益和社会效益。对于企业外部来说，当顾客得知供方按照国际标准实行管理，拿到了 ISO9000 品质体系认证证书，并且有认证机构的严格审核和定期监督，就可以确信该企业是能够稳定地提供合格产品或服务，从而放心地与企业订立供销合同，扩大了企业的市场占有率。可以说，在这两方面都收到了立竿见影的功效。

（2）获得了国际贸易绿卡——"通行证"，消除了国际贸易壁垒。许多国家为了保护自身的利益，设置了种种贸易壁垒，包括关税壁垒和非关税壁垒。其中非关税壁垒主要是技术壁垒。在技术壁垒中，又主要是产品品质认证和 ISO9000 品质体系认证的壁垒。特别是在世界贸易组织内，各成员国之间相互排除了关税壁垒，只能设置技术壁垒，所以，获得认证是消除贸易壁垒的主要途径。

（3）节省了第二方审核的精力和费用。在现代贸易实践中，第二方审核早就成为惯例，又逐渐发现其存在很大的弊端：一方面，一个组织通常要为许多顾客供货，第二方审核无疑会给组织带来沉重的负担；另一方面，顾客也需支付相当的费用，同时还要考虑派出或雇佣人员的经验和水平问题，否则，花了费用也达不到预期的目的。唯有 ISO9000 认证可以排除这样的弊端。因为作为第一方申请了第三方的 ISO9000 认证并获得了认证证书以后，众多第二方就不必要再对第一方进行审核，这样，不管是对第一方还是对第二方来说都可以节省很多精力或费用。还有，如果企业在获得了 ISO9000 认证之后，再申请 UL、CE 等产品品质认证，还可以免除认证机构对企业的质量管理体系进行重复认证的开支。

（4）在产品品质竞争中永远立于不败之地。国际贸易竞争的手段主要是价格竞争和品质竞争。由于低价销售的方法不仅使利润锐减，如果构成倾销，还

会受到贸易制裁，所以，价格竞争的手段越来越不可取。20 世纪 70 年代以来，品质竞争已成为国际贸易竞争的主要手段，不少国家把提高进口商品的品质要求作为限入进出的贸易保护主义的重要措施。实行 ISO9000 国际标准化的品质管理，可以稳定地提高产品品质，使企业在产品品质竞争中永远立于不败之地。

（5）有利于国际间的经济合作和技术交流。按照国际间经济合作和技术交流的惯例，合作双方必须在产品（包括服务）品质方面有共同的语言、统一的认识和共守的规范，方能进行合作与交流。ISO9000 质量管理体系认证正好提供了这样的信任，有利于双方迅速达成协议。

（6）强化企业内部管理，稳定经营运作，减少因员工辞工造成的技术或质量波动。

（7）提高企业形象。在市场竞争中，面对同样的产品，消费者更信赖通过 ISO9000 质量管理体系认证的。因此，ISO9000 质量管理体系认证无形中为企业在消费者的心中树立起了值得信赖的企业形象。

活动 1：收集不同的商品，看看商品的包装上面所标注的认证，查阅相关方面的要求。

考试链接

1. 产品质量的概念。
2. 产品质量的公共标准。

第二节　品牌产品的质量标准

“海尔”凭什么打入美国市场

1998 年，在全国空调企业中，只有 30%的生产线在运转，其余的 70%皆闲置，而空调零售额增长了 47.65%，海尔的市场份额占 30.48%，其技术、质量、性能赶超了世界水平。在 1999 年参加美国芝加哥举办的第 59 届国际制冷展上，海尔空调企业以 81 个新品种、21 个世界领先高科技产品与 200 多家客户达成协议，健康空调占总订货额的70%。

美国市场之所以如此看好海尔产品，首先，海尔有国家质量认可的高质量检测数据。海尔对空调的每一个零部件都进行最为严格的试验；海尔空调被授予“国家认可实验室”、“数据认可实验室”、“空调检测实验室”等国家级高质量标准称号；日本空调工业协会授予其“箱式空调器制冷制热能力测试实验室”称号；海尔用了72小时对内部结构进行抗震试验，模拟风、雷、雨、高温等多种气候进行破坏性试验。

其次，海尔用高新技术创市场。1993年生产出第一台最高水平的变频空调；1995年最适合中国国情的一托二空调在海尔问世；1997年一拖多技术处于国际领先水平；1998年中国第一台变频式柜机问世，健康空调上市；1999年变频空调获国家科技进步奖。海尔以3天1项新产品、5天1项新技术飞奔。

此外，海尔以星级服务赢得消费者。1998年在全国首推连锁星级服务，成立100家专业服务中心、1000家星级服务站、3000多个特约安装服务单位；1999年首推“整机保修3年，压缩机保修5年”的新举措，规范化、标准化与专业化的服务赢得认同。海尔采用“先难后易”的出口战略：先出口发达国家，占领“制高点”，再出口发展中国家，向四周辐射。出口近百个国家和地区，1998年出口额比1997年增长了195%。

资料来源：姜慧德、刘爱芹：《全美企业管理经典案例集·经营战略》，科学技术文献出版社，2007年。

思考题：

为什么美国市场会如此看好海尔的产品？

一、品牌产品的质量标准

问题9：品牌产品如何制定自己的质量标准？

在竞争激烈的市场环境下，市场是检验质量的唯一标准，顾客的满意就是标准。为了锻造出名牌产品，企业不能仅仅满足于国家标准，而应以高于国家标准的内控标准和顾客需求作为组织生产的依据，高标准严要求，这样质量才能得到认可，质量效益才会显现。

虽然产品质量、质保体系达到部标、国标，以及得到国际认证都是重要的，但更重要的是还要有一个名牌标准：要保持有超过同行水平的质量；产品与消费者的需求同步；保持不断创新，这样才有竞争力。品牌产品为了维护自己的市场地位，博得消费者的青睐，在产品的质量标准上都有一套自己的标准，这套标准在一些具体的指标上要高于国家标准。特别是产品的性能指标，包括安全性、方便性、舒适性等，都应比国家标准还高，并在此基础上融入更多的品牌文化和人文理念。

较高的质量标准可以为品牌产品博得更多的市场份额，主要优势表现在三个方面：

（1）在市场宣传上可以突出自己的特色。

（2）可以守住固有的国内市场。

（3）便于在国际市场上同国外品牌竞争。

二、目前我国品牌产品质量标准的现状

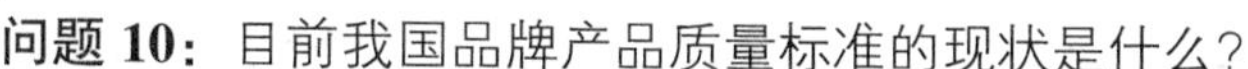

问题 10：目前我国品牌产品质量标准的现状是什么？

中国企业品牌大多还属于国家品牌，层次较低，有待发展。据相关调查显示，在品牌产品质量标准的定位上，有 32%的企业认为自己的品牌质量标准是按照国际品牌质量标准的，65%的企业把自己的品牌质量标准定位于国家品牌，还有 3%的企业把自己的品牌定位为区域性品牌。造成这一现状的原因有四点：

1. 对品牌产品质量标准的认识不够

中国企业普遍认为品牌国际化发展是必要的，但对品牌的认识不够随着国际化进程的进一步加快。中国的企业家们普遍感到参与国际竞争日益激烈，大多数企业家们认为品牌国际化的发展是必然的，但很多企业家只是停留在表面、肤浅的认识上，对品牌国际化研究不足。特别是品牌意识不够，多数人认为只要把产品销售出去就是最大的成功，做品牌是实力雄厚的跨国公司的事，与他们无关。因此很多企业在认识上缺乏品牌经营和品牌战略规划意识，严重制约了企业品牌建设和发展。

2. 品牌战略规划与品牌具体执行差距甚大

通过企业品牌调查，我们发现许多知名企业有自己的品牌战略规划。但具体执行的效果与规划差距甚大，原因主要有四点：

（1）CEO 的品牌意识停留于形式。

（2）缺少品牌的专业人才。

（3）品牌负责人的地位不高。

（4）企业过度重视短期利益而损害了品牌的长期发展。

3. 品牌专业人才匮乏

当前，我国专业品牌人才匮乏是一个不争的事实，大专院校和研究机构在培养品牌专业人才上基本是空白，没有品牌管理专业，另外很多企业虽然设立了品牌部，但往往是做样子装门面，品牌部的经理多数是为企业老总们写报告

的文书，在品牌战略和发展上没有发言权，企业品牌部的经理有名无实。

4. 核心竞争力的产品不具有全球领导地位

中国虽然是世界上最大的制造业国家，但却是一个实实在在的品牌弱国。一是中国拥有核心竞争力的产品大多不具有全球领导地位，主要是因为我们的企业普遍缺乏自主创新意识，过度依赖外来技术；二是不愿在研发方面加大投入，认为研发投入风险太大，有可能难以收回成本，同时周期比较长，很难短时间见到效益。在本次被调查的重点企业中，我们发现研发费用占全年销售收入的比重仅为1.0%~1.5%，远未达到国家规定的3%~5%的水平。我们缺乏像微软这样在全球具有竞争力产品的公司。

三、品牌产品的质量标准评价指标

问题11：品牌产品的质量标准评价指标有哪些？

品牌产品的质量标准评价的指标主要包含以下三个方面：

1. 品牌产品的产品质量

在前面的章节中，我们反复强调产品质量在品牌质量中的重要地位。企业想使自己的产品成为品牌产品，就必须认识到质量是品牌的生命，必须制定出正确、完整而富有特色的质量战略，提高产品的质量标准，才能在同类产品中脱颖而出，在市场上占得一席之地。

2. 品牌产品的技术标准

技术标准是指重复性的技术事项在一定范围内的统一规定。标准能成为自主创新的技术基础，源于标准指定者拥有标准中的技术要素、指标及其衍生的知识产权。它以原创性专利技术为主，通常由一个专利群来支撑，并通过对核心技术的控制，很快形成排他性的技术垄断，尤其在市场准入方面，它可采取许可方式排斥竞争对手的进入，达到市场垄断的目的。品牌产品在技术标准的制定上要高于一般的产品，它是企业品牌闪光、使企业得以辉煌的原动力。

3. 品牌产品的管理标准

这里的管理标准不是指对标准化领域中需要协调统一的管理事项所制定的标准，而是从宏观的角度来理解关于品牌运行的管理体系。随着市场经济的发展，每个品牌从一开始生产就面临着无数的竞争，要使品牌茁壮成长，并达到运营者的目的，就需要对它进行精心的管理。综观市场的著名品牌，无一不是靠企业科学有效的管理体系保证其生命力的，因此，品牌产品的管理标准也是品牌产品的质量标准评价的重要指标。

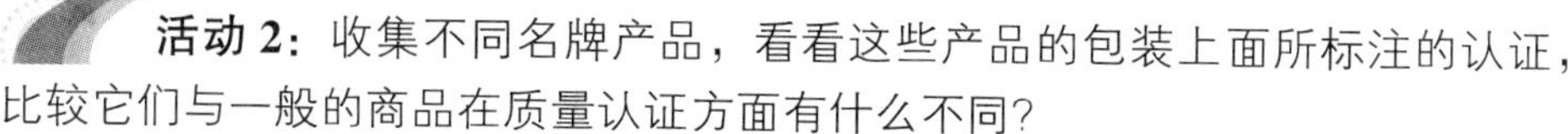

活动 2：收集不同名牌产品，看看这些产品的包装上面所标注的认证，比较它们与一般的商品在质量认证方面有什么不同？

考试链接

1. 品牌产品的质量标准。
2. 品牌产品的质量标准评价指标。
3. 目前我国品牌产品的质量现状。

第三节　质量标准与品牌定位

引导案例

"万宝路"改女性香烟定位为男子汉香烟定位

"万宝路"（Marlbom）是美国菲利普·莫里斯（Philip Morris）公司生产的香烟品牌。"万宝路"是世界上销售范围最广的名牌香烟，也是全世界认知度最高和最具魅力的国际品牌之一，1997 年，美国《金融世界》把它评定为全球第二驰名品牌，从 20 世纪 80 年代中期至今，"万宝路"香烟销量一直居世界第一，成为全球香烟市场的领导品牌。

最初的"万宝路"是为女性设计的，后来它克服了这种不成功的定位，将"万宝路"定位为男士香烟。它确保了广告攻势，特别是牢固树立了"万宝路"牛仔形象和"万宝路乡村"形象，成为全球香烟第一驰名品牌。

1847 年，菲利普·莫里斯在伦敦邦德大街开办了烟草销售商店，30 年后发展为公司。在父子俩的苦心经营下，推出了几种名牌香烟，这些名牌都带有高贵的内涵，如"Blues"暗示贵族血统，"Cambridge"取自伦敦贵族区名，"Derby"代表上流社会非常热衷的赛马会，"Marlbom"是指马尔博罗市，是以菲利普·莫里斯的好友马尔博罗公爵的封地命名的。

1924 年，公司迁往美国弗吉尼亚州里士满市，小莫里斯为设计一个新的品牌名称已在办公室挖空心思地想了几天。一次，他偶然抬头，无意间看到了墙上挂着的美国地图上，在马萨诸塞州有一个似曾相识的名称——Marlbom，恰好与公司在英国最畅销的 Marlbrough 同名，他十分高兴，马上记下这个县名，作为新推出的香烟品牌。

有人说，“Marlbom”来源于“Man always remember love because of romance”（男人由于浪漫而记住爱）的首字母缩写。其实，这只是一种广告手段。

1924 年，经过长时间的妇女解放运动，妇女的地位得到提高。菲利普·莫里斯公司借这个机会，就把“Marlbom”定位成女性香烟。为了吸引妇女们的好奇心，“Marlbom”推出了这样一句广告语：“樱红色的过滤嘴配你的红宝石色的嘴唇”以及“像五月天气一样温和”。然而，尽管如此，“Marlbom”作为女性香烟并不成功。

1954 年被证明是“万宝路”历史上的一个转折点。这一年公司聘请李奥·贝纳做广告。李奥·贝纳是世界广告学奠基人之一，当时在美国享有极高的声望。经过仔细调查之后，他大胆向公司提出将“万宝路”定位为男性香烟。广告中扩展了这一品牌的吸引范围，打破它作为女性香烟的品牌形象。李奥·贝纳把“Marlbom”定位为一种男人香烟，并选用水手、飞行员、猎手、牛仔、伐木工人等形象在广告中试验，最后，牛仔的形象最受欢迎。在“万宝路”的广告中，其主角总是美国西部牛仔形象：目光深沉、皮肤粗糙、浑身散发出粗犷、豪迈、勇敢气概的男子汉，手中总是夹一支“万宝路”香烟，骑一匹骏马，驰骋在美国西部大草原。

广告中还呼唤“醇和香浓，万宝路世界”。“万宝路”广告成为广告史上最成功的创意之一，“万宝路男人”和“万宝路世界”也成为广告史上的经典。此外，“万宝路”还是所有香烟品牌中第一个赞助职业体育比赛的品牌。

资料来源：白光：《品牌经营的故事》，中国经济出版社，2005 年。

思考题：

品牌定位与品牌质量标准之间有什么样的关系？

一、品牌定位的内涵

问题 12：什么是品牌定位？

定位一词是由美国人艾尔莱斯和杰克特劳首先提出并加以推广和应用的，他们指出品牌的定位始于产品。他们认为定位并非对产品采取什么行动，而是指要针对顾客的心理而采取行动。我们理解的品牌定位是指企业在市场定位和产品定位的基础上，对特定的品牌在文化取向及个性差异上的商业性决策，它是建立一个与目标市场有关的品牌形象的过程和结果。换言之，即指为某个特定品牌确定一个适当的市场位置，使商品在消费者的心中占领一个特殊的位置。

企业一旦选定了目标市场，就要设计并塑造自己相应的产品、品牌及企业形象，以争取目标消费者的认同。由于市场定位的最终目标是为了实现产品销售，而品牌是企业传播产品相关信息的基础，且品牌还是消费者选购产品的主要依据，因而品牌成为产品与消费者连接的桥梁，品牌定位也就成为市场定位的核心和集中表现。

关键术语

品牌定位

品牌定位是指企业在市场定位和产品定位的基础上，对特定的品牌在文化取向及个性差异上的商业性决策，它是建立一个与目标市场有关的品牌形象的过程和结果。

二、品牌定位应遵循的原则

问题13：在品牌产品的定位中，应遵循哪些原则？

1. 顾客导向原则

品牌定位的重心在于消费者的心理，对消费者心理把握得越准，品牌定位策略就越有效。然而在信息爆炸时代，消费者接收信息的方式发生了巨大变化。首先，消费者的头脑是一个不大的容器，他们接收到的信息是有限的，真正能进入大脑的信息更是极少数。美国哈佛大学心理学家乔治·A.米勒博士通过研究得出：人脑能够同时处理的不同概念的信息单元小于或等于七个。所以，进行品牌定位时没有新的记忆点，就容易遭到消费者的排斥。其次，消费者对接收到大脑中的不同概念信息并非平等地进行处理，而是先进行阶梯排序，然后按照顺序进行处理。越靠前的信息对人的行为影响越大，特别是处于第一位的信息。所以，品牌定位成功的关键还是迎合消费者的心理，使传播的信息真正成为消费者的关心点，从而在消费者的心灵中占据一席之地。

2. 个性化原则

品牌带给消费者的利益由功能利益和情感利益两方面组成。在当今的感性消费时代，顾客挑选产品时，他们在理性上考虑产品实用功能的同时，也评估不同品牌所表现出的不同个性。当品牌表现出的个性与他们的自我价值观相吻合时，他们才会选择该产品。如奔驰车、派克笔体现的是名贵，中华牙膏、大宝润肤霜更多描绘的是平民色彩。企业可以从品牌的物理特性和功能利益发展出一个定位，但定位并不仅仅是品牌物理特性和功能利益的总和，它还含有一些完全属于心理或精神上的东西。如万宝路的广告以西部牛仔和奔马为标志，定位于消费者心中的形象是自由、奔放、帅气、强劲有力量，让消费者在消费万宝路时自然而然地产生这样的心理感受。个性化原则就是要求品牌定位要有创意，要与众不同，即使这种个性与产品本身并无关联，是人为赋予的，但只要得到消费者认同，它就是企业战胜对手、赢取消费者的最有力武器。

3. 差别化原则

随着新媒体不断涌现和广告的狂轰滥炸，消费者每天接触到的信息难以计数。面对潮水般涌来的信息，消费者往往会产生一种排斥心理，即使接受也会很快被其他更新的信息所取代。因此，成功的品牌定位要通过各种媒体和渠道向消费者传达品牌的特定信息，使品牌的差异性可以清楚地凸现在消费者面前，从而引起消费者注意。与竞争对手的差别越多，就越容易掌握更多的竞争优势，品牌形象也会越突出。一个企业也许不可能在各个方面都和竞争对手存在差异，但如果有一项特别突出，也同样能够取胜。比如在大容量洗衣机盛行的情况下，海尔开发的“小神童”洗衣机在市场上独树一帜，不仅得到孩子们的喜爱，也得到妈妈们的认可，从而很快占领了市场。

4. 动态调整原则

由于市场状况在不停地转换，技术、产品、竞争对手和消费者也在时刻发生变化，所以动态调整原则对品牌定位非常重要。此项原则要求企业在变化的环境中，抛弃过去传统的以静制动、以不变应万变的静态定位思想，对周围环境时刻保持高度的敏感，及时调整品牌定位策略。或是开发产品的新性能来满足消费者的新需求，或是对原有的定位点偏移或扩大，从而做到驾驭未来，而非经营过去。如海尔从开始的冰箱生产企业调整为家电生产企业，是公司定位策略的调整；格兰仕把微波炉从贵族产品“降格”为平民产品，也是产品定位策略的调整。

三、品牌定位的意义

问题 14：品牌产品的准确定位对企业的发展有什么样的重大意义？

品牌定位对企业来说是至关重要的，品牌定位的意义有六个方面：

1. 品牌定位是形成市场区隔根本

准确的品牌定位能使你的品牌与其他品牌区别开来，从众多同类或同行业的品牌中脱颖而出，从而在消费者心目中形成一定的地位。例如，五谷道场方便面把自己定位为“非油炸”方便面，把自己与传统的油炸方便面区隔开，迅速占据消费者的心智模式，从而很快成为非油炸类方便面的第一品牌。试想，如果五谷道场按传统的方便面去定位，它无论怎么做都很难改变“康师傅”在

消费者心目中是第一品牌地位，更不能占据消费者的心智。

2. 品牌定位有利于树立品牌的形象

品牌是针对目标市场及目标消费者确定和建立起来的独特的品牌形象的结果。它是人们在看到、听到某一品牌后所产生的印象，是消费者通过对品牌感觉、认知和理解，在脑海中储存的品牌的信息。而品牌定位是对企业的品牌形象进行整体设计，从而在目标消费者的心中占据一个独特的有价值的地位。如孔府家酒定位为“叫人想家的酒”，那么它在消费者心目中就留一个“顾家的、爱家的、保守的”品牌形象。

3. 品牌定位有利于塑造品牌的个性

品牌定位不但有利于向消费者提供个性化的需求，而且也有利于塑造品牌的个性。品牌和人一样都是有个性的，品牌个性的形成与其定位是息息相关的，也可以说品牌定位是品牌个性的前提和条件。品牌定位不同所体现的个性也不相同，如万宝路香烟开始定位是女性香烟，它所体现的品牌个性是“前卫的、时尚的、有女人味的”，而后来它又定位为男性香烟，所体现出的个性是“男子气概的、粗野的、豪放的”，与前者截然不同。

4. 品牌定位有助于与消费者沟通

品牌的定位说得通俗一点，就是企业要弄明白“我是谁、我该怎么做、我做什么”的过程。要想与消费者沟通，取得消费者的认可，首先要告诉消费者“我是谁、我能为你作什么”——这就是品牌定位。只有说清楚你是谁，消费者才能根据自己的情况，看看是不是需要你，要不要接触并了解你。例如佳洁士告诉消费者“它是防蛀牙专家”，又通过做试验的广告画面传播和证明自己能做什么，从而达到与消费者有效的沟通。

5. 品牌定位有利于品牌的整合传播

企业不仅要进行品牌定位，还必须进行有效传播。所谓品牌传播就是通过广告、公关等手段将企业设计的品牌形象传递给消费者，以获得消费者的认同和认知，并在消费者心目中确立一个企业刻意营造的形象的过程。品牌定位与品牌传播在时间上存在先后的问题，正是这种先后次序决定了二者之间相互依赖、相互制约的关系。品牌定位必须通过品牌的传播才能实现定位的目的，即在消费者心中占据一个独特的有价值的位置。如果不能及时准确地将企业设计的品牌形象传递给消费者并求得认同的话，那么该定位就是无效的。在当今竞争如此激烈的市场中，唯有整合营销传播才能使定位真正的有效，相反，如果定位不准，再好的传播也很难到达预期的效果。传播要依赖于品牌的定位，也是为定位服务的。没有品牌定位，品牌传播就缺少针对性，更难以有系统性和一致性。这样就会导致在消费者心目中留下不统一或不好的品牌形象，因此说品牌定位是品牌整合传播的基础。

6. 品牌定位有利于企业占领市场和开发市场

一个品牌成功的定位，对企业占领市场、拓展市场具有很大引导作用。品牌定位已远远超出了产品的本身，产品只是承载品牌定位的物质载体，人们使用某种产品在很大程度上是体验品牌定位所表达的情感诉求。万宝路香烟最初问世时，将女性烟民作为目标市场，而女性烟民不稳定，且重复消费低，致使万宝路从问世以来一直默默无闻。在这种情况下，万宝路改变品牌形象，将目标市场重新定位为男性烟民。在品牌塑造中以铁铮铮的男子汉作为品牌形象的代言。这一品牌定位改变过去女性十足的品牌形象。新品牌形象一问世，就受到男性烟民的青睐，给万宝路带来巨大财富。由于品牌诉求发生变化就会带来截然相反的市场反应，因此说，品牌定位准确与否将直接影响市场开拓。

四、质量标准与品牌定位之间的关系

问题 15：质量标准与品牌定位之间有什么关系？

质量标准与品牌定位是相互影响的，在开发、生产一种产品时，产品的质量标准控制在一个什么样的档次上，一方面决定了产品的定位，另一方面又受品牌定位的影响。质量是产品的主要衡量标准，质量的好坏直接影响到企业的产品在市场上的竞争力。因此企业在研发、生产产品时，就应该考虑到本产品的品牌定位，进而确定产品的质量水平。在进行质量定位上，还应该考察质量的边际效益，即质量的边际投入和边际收益应相等。也就是花在质量提高上的最后一元钱要收到相同价值的收益。

一般的观点认为，产品质量越高越好，质量越高，价值就越高。但事实上，这种观点并不一定是正确的。质量高的产品并不一定在市场上受欢迎。因为质量越高则价格越高，有许多消费者希望购买质量稍次但价格便宜的产品。例如，某一品牌的消费者人群定位是中低收入家庭，那么本品牌的质量定位就不能以很高的标准要求，否则前期质量的投入就无法收回，势必影响品牌的持续发展。日本电器质量高，但许多日本人还是买中国电器，虽然中国电器质量低于日本电器，但它便宜实惠。

一方面，质量的衡量标准是很难量化的，即使通过某些质量标准，如 ISO 质量系列的认证，说明你的产品质量比其他企业高，但在市场上，尤其消费者的认同并不一定与这些标准相符合，消费者对质量的认识往往有其个人的因素；另一方面，市场上并不一定都需要高质量的产品，在许多区域市场，尤其是发展中国家市场，消费者往往更青睐于质量在一定档次上，但价格更便宜的产品。

活动 3：

组织同学收集宝洁公司的一些洗发水的品牌，讨论不同产品的价格、定位有什么不同。

考试链接

1. 品牌定位的内涵。
2. 质量标准与品牌定位之间的关系。

阅读材料

品牌是一个以消费者为中心的概念

近年来国外成功品牌战略的实践表明：品牌是一个以消费者为中心的概念，没有消费者，就没有品牌，品牌与消费者关系的发展与维系是品牌价值的最好表征。

美国著名品牌研究专家凯文·莱恩·凯勒（Kevin Lane Keller，1998）在长期的品牌研究基础上提出了基于消费者的品牌资产价值概念（Customer-based Brand Equity），其基本思想是从消费者与品牌关系上认知品牌价值，而非从财务的角度去衡量品牌价值。这一全新的观点表明：强势品牌之所以具有较高价值，是因为它不仅有较高的知名度，更重要的是品牌与消费者建立了深度关系，即能让消费者体验到它所代表的利益。一旦消费者将品牌与其能得到的有形和无形利益紧密联系在一起，那么，消费者就会主动购买，对品牌忠诚，而且愿意为此支付较高的价格。因此，品牌价值体现在品牌与消费者的关系之中。强势品牌之所以能够存在，是因为它可以为消费者创造价值，带来更大利益。

所以，品牌建设要注意以下三个方面：

（1）要有一系列了解与认识消费者需求变化特点的方式方法。因为最大限度地满足消费者品牌价值体验是品牌营销的核心内容。

（2）要有相应的营销策略，不断地强化品牌的差异优势。因为市场中失败产品关键的一点，并不是产品本身的质量问题，而是消费者体验不到这种产品或品牌与竞争者有什么特别之处。

（3）要不断地认识当今消费者价值观念的变化与发展。因为只有当产品或品牌与消费者价值观念之间有着较高一致性时，产品或品牌才有可能为市场所接受，推向市场的速度也就越快。

基于上述观点目前实施有效的品牌战略要加强三个方面的认识：

(1) 学会分析忠诚消费者的特征。品牌营销要研究属于该品牌的忠诚者的特征，以确定其市场中的定位。如从购买高露洁的消费者中发现，坚定忠诚者多数是中等收入、子女众多（较大家庭）以及注重身体健康的家庭，这就为高露洁公司准确地确定了目标市场。

(2) 要学会分析从自己品牌转移出去的消费者特征。通过考察从自己的品牌转移出去的顾客，就可以了解到品牌营销方面的薄弱环节，以便能纠正它们。如果转移者的人数正在增加，公司就必须通过变换销售方式来吸引他们，然而，真正做到这一点是不容易的。

(3) 要学会分析消费者购买决策过程，从中可以发现品牌营销策略。分析消费者购买决策过程主要是指：分析谁在购买、为何购买、购买什么（品牌）、什么时间购买、什么地方购买以及怎样购买等等。

资料来源：刘泽顺：《品牌是一个以消费者为中心的概念》，品牌谷，2008 年 7 月。

案例分析

质量过剩的尴尬

质量是企业的生命。我们时常从媒体上看到一些知名企业家在谈到企业未来的市场开发规划时总说着一些似曾相识的话，诸如加大科研力度、提高产品技术含量、降低成本让利于顾客、完善售后服务等，不外乎强调使自己或自己的产品“更好”。如果企业想到的仅仅是力求自己做得“更好”，而不是将市场的开发策略建立在对市场的突变、竞争对手的市场意图以及顾客不断变化的需求的理解之上，那么这些企业很可能是在重复着“只埋头拉车，不抬头看路”的低级错误。其中，顾客不断变化的消费需求和消费心理更是企业最易忽视的。

在日本，索尼公司率先完成了真正的家用便携式录像机的研发。然而在产品市场化的过程中遇到了关于录像带两种规格只能择其一的难题，即 Beta 式和 VHS 式之间的选择。Beta 式清晰度高，录像带体积小，从而使得录像机的造型也能随之变小，但只能录一个小时；VHS 式的唯一优点仅仅是能录两个小时。选择谁呢？索尼公司的技术负责人自信地说：“只要能够开发出好的商品，顾客自然就会跟来。”显然，“技术的索尼”认为质量高于一切，所以选用了“更好”的 Beta 式。然而松下公司却在 1977 年正式采用了 VHS 式。结果如何呢？当年日本市场占有率分别为索尼 39.5%、日本胜利 24.9%、松下 16.6%，可是到了第二年就变为松下 33%、索尼 33%、日本胜利 22%。如此巨变被索尼公司认为是自创业以来的最大屈辱。

那么究竟原因何在？其实道理很简单，在当时只有专家才懂的清晰度对于顾客而言纯属“质量过剩”，录像机大小也无所谓，但是，录像时间的长短却是“外行”的顾客们所重视的——“同为录像机，能录两个小时自然比录一个小时好”。索尼公司的创始人盛田昭夫反省这段历史时说：“我们失利的原因并非在技术上，而是在销售策略上，根源在于对产品质量过分的自信。”显然，索尼公司过于迷恋“更好”的产品。然而，决定产品市场效果的主要因素首先在于消费者的需求，正如松下幸之助所说的那样：“决定商品的尺度在于消费者需要何种商品。”同时，产品的高质量往往是和产品的高代价紧密相连的。因此，“更好”的产品往往售价也更贵，而这更贵的价格在一定程度上就成了“更好”产品滞销的祸根。

对于一个产品，质量的好与坏从消费者角度来说过去的理解与今天也截然不同。过去由于生活水平低下，人们对生活日用品的要求是对基本核心功能的追求。例如，冰箱作为一个家用电器首先是制冷功能，其次是耐用，在充分满足前两条之后，才是款式、省电、品牌、个人喜好、其他功能扩展等差异性选择。耐用是顾客选购的核心诉求，对应到某一具体产品上，该产品的自然寿命就是考验其是否合格的关键，也就是人们通常评说的该产品质量好与坏的依据。然而，21世纪的今天，企业追求产品具有较长自然寿命的做法，就有值得商榷的地方。在这里我提出，我们的产品在设计生产时，应该充分考虑一个如何减少产品质量过剩导致的浪费的问题。

资料来源：管洲、康水根：《质量过剩的尴尬》，新华网，2003年7月。

问题讨论：

索尼公司眼里的“最大屈辱”的本质原因是什么呢？想想在质量标准与品牌定位之间怎么才能找到一个平衡点。

本章小结

产品质量也就是产品的性能及其达到或满足需求的水平和能力。它是产品生产、检验和评定质量的技术依据。产品质量特性一般以定量表示，如强度、硬度、化学成分等；对于难以直接定量表示的，如舒适、灵敏、操作方便等，则通过产品和零部件的试验研究，确定若干技术参数，以间接定量反映产品质量特性。

我国现行的产品质量标准，从标准的适用范围和领域来看，主要包括国际标准、国家标准、行业标准（或部颁标准）和企业标准等。

质量标准与品牌定位是相互影响的，在开发、生产一个产品时，产品的质量标准控制在一个什么样的档次上，一方面它决定了产品的定位，另一方面它又受品牌定位的影响。质量是产品的主要衡量标准，质量的好坏直接影响到企业的产品在市场上的竞争力。因此企业在研发、生产产品时，就应该考虑到本产品的品牌定位，进而确定产品的质量水平。

深入学习与考试预备知识

品牌定位与企业品牌建设

品牌定位与企业品牌建设之间是相辅相成的关系。一个品牌的定位更多的依靠企业的资源所能支持的程度。通常有两种类型：

第一种类型：一个企业可以同时拥有多个品牌，而每个品牌之间也可以选择不同的定位，以便达到更大的市场占有率。这样操作最大的问题在于，每个品牌间的定位不同，必须分别对每个品牌进行广告宣传和投入，因此造成大量的广告费和工作人员的投入。

第二种类型：一个公司就是一个品牌，而一个品牌下操作多种产品，这样的话，品牌定位即企业品牌定位，两者不可分割。这样操作的好处是，广告投入、人员投入非常省钱而且集中。但是，一旦某个产品领域出现危机，那么就会演变成整体的品牌危机。

在第一种情况下，因为各个系列的产品间都有截然不同的定位，因此要求企业本身的品牌建设与各个品牌之间能够形成一种合力。也就是说，企业品牌是作为各个不同品牌的核心，以便为各个品牌提供基础和支持。

第二种情况下，因为不管什么产品，都是使用一个品牌，因此不管是从产品品牌下手还是从企业品牌建设下手，都必须要准确的定位企业的核心竞争优势。

知识拓展

谨防“质量过剩”

高质量的产品是众多企业孜孜以求的，产品质量被企业视作生命。然而，并不是所有的高质量产品都被消费者青睐。某些产品质量虽然较差，但能符合用户的需求，同样也能被相当一部分消费者所喜爱。这就引出一个“质量过剩”的话题。

何谓“质量过剩”呢？“质量过剩”也就是说高质量的产品在用户手中，只被有效地利用了一少部分性能，许多质量指标没有得到有效利用，造成了质量浪费。

一家雨伞生产企业在雨伞出口中的一件事就很说明问题。这家企业精心生产了一批高质量的雨伞，向西方一些国家出口，屡屡受挫。而某国出口的雨伞在我们看来与伪劣产品差不多，却在西方某些国家中很受欢迎。从表面上看是我们的雨伞在价格上存在明显的劣势，其根本原因还是一个“质量过剩”的问题。

在国内，一把雨伞用上几年，甚至十几年是很正常的。而西方一些发达国家把雨伞作为一次性使用工具，这样的雨伞就不讲究坚固耐用，能使用一次也就符合要求了。而我们做工精细、坚固耐用的雨伞，价格竞争上没有优势，卖不动就是很正常的了。

又如两家油毡生产企业，一家生产的油毡是市优质产品，质量过硬，使用寿命可达 20 年。另一家的油毡产品只有 3 年的使用寿命，价格较低。面对市场的结果是，寿命短的油毡畅销，寿命达 20 年的油毡反而卖不动。道理显而易见，油毡大多是建筑单位用来搭临时工棚的，工程竣工后，油毡的使命也就完成了。3 年的寿命即可满足需求，谁愿多花钱买质量过硬的牢固油毡呢？

高质量的产品势必会导致成本上升，价格上涨，在市场竞争中没有价格优势。在整个社会化生产中，不同行业对同一产品的质量需求肯定会不尽相同。企业大可不必盲目追求产品的高档次、高品位，以免造成不必要的质量浪费。如果生产企业有高质量的产品，同时也具有成本低廉的竞争价格，那是最好不过的。但优质且成本低廉的产品毕竟是凤毛麟角。这就要求企业的市场调研部门，认真研究用户对产品质量的不同需求，及时掌握市场信息，针对用户对产品质量要求的不同差异，把握好质量与成本的关系，把产品质量定在一个合理的标准。市场需要什么样的质量，就生产什么样的产品。这样才会做到产品质量供求合理，才会避免造成“质量过剩”。

资料来源：燕希东：《谨防“质量过剩”》，《市场报》，1999 年 1 月 27 日第 6 版。

答 案

第一节：

露露集团是通过三个方面来打造自己的品牌产品：①注重企业文化建设。以“员工要有志气，产品要有名气，企业要有生气”的“三气”作为企业精神，把“良好的形象，开拓进取的思想，勤奋的工作，理想的效果”作为露露人的行为准则，激励全体员工奋发图强，努力拼搏。正是优秀的企业文化奠定了露露集团名牌战略的基础。②建立现代化质量管理体系，要正确处理质量、成本和名牌之间的关系，搞好品牌定位工作。③实施与本企业相符的名牌战略。露露集团是以“露露”饮料为重点开发，由小做大，进而实施名牌战略，从而发展为企业集团的。

第二节：

美国市场之所以如此看好海尔产品主要是因为：首先是海尔有国家质量认可的高质量检测数据；其次是海尔用高新技术创市场。此外，海尔以星级服务赢得消费者。

第三节：

品牌定位与品牌质量标准之间的关系：质量标准与品牌定位是相互影响的，在开发、生产一种产品时，产品的质量标准控制在一个什么样的档次上，一方面决定了产品的定位，另一方面又受品牌定位的影响。质量是产品的主要衡量标准，质量的好坏直接影响到企业的产品在市场上的竞争力。因此企业在研发、生产产品时，就应该考虑到本产品的品牌定位。

案例分析：

索尼公司眼里“最大的屈辱”的本质原因是产品的质量标准与产品品牌定位之间，以及产品的质量与实际消费者的需求之间出现了偏差。产品的质量标准与品牌定位之间是相互依存的。品牌定位在决定产品消费者市场的同时也就决定了产品质量该侧重的方向。如果品牌定位在中低消费者档次，可能产品质量更注重的是产品的实用价值。如果品牌定位在高档消费层次，产品质量不仅侧重产品的实际使用效果，更侧重于产品的包装设计等体现消费者品质的方面上。

第四章

品牌产品质量的过程控制

学习目标

知识要求 通过本章的学习，掌握：

- 全面质量管理的含义与特征
- 品牌质量控制的主要方法
- 供应链的含义
- 供应链管理的内涵
- 6西格玛管理法的内涵及原则
- 精益生产的内涵及原则
- “日清日高”的内涵及原则

技能要求 通过本章的学习，能够：

- 对品牌产品质量过程控制有一个总体了解
- 掌握几种常用的品牌质量控制的方法
- 了解产品质量与供应链管理

学习指导

1. 本章的主要内容：全面质量管理的含义及特征、6西格玛管理法的内涵及原则、精益生产的内涵及原则、“日清日高”的内涵及原则、产品质量的供应链管理等。

2. 学习方法：掌握最基本的理论和几种常用的管理方法，结合案例理解概念，并进行知识延伸和讨论活动等。

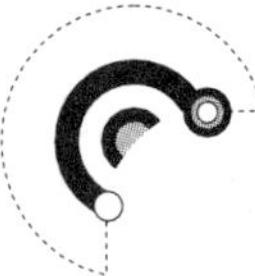

3. 建议学时：12 学时。

第一节　全面质量管理的含义与特征

“五粮液”坚持质量管理向国际标准靠拢

五粮液酒厂于20世纪80年代初引入质量管理概念，已形成85%普及教育率的基础；1985年，制定了“以全面质量管理升级创奖为手段，实现全面质量管理的标准化和系统化，提高和增强企业内功，向质量要效益，走质量效益型道路”的方针。1985~1990年，5年间它获得了中国首家产品质量认证、商业部质量管理奖、四川省质量管理奖、国家质量管理奖，其企业规模和效益大幅度跃升，1988年跻身四川百强企业。企业销售总额达到1.89亿元，利税0.81亿元，分别比1985年增长了8.79倍和8.22倍。

1. 创质量优先的企业精神

创质量优先意识的企业精神，其形成主要源于三个因素：

(1) 严峻的外部竞争环境。随着市场经济竞争的加剧，五粮液从一开始就树立起了“市场竞争要靠牌子，牌子要靠质量”的竞争意识。

(2)“五粮液”的产品生产特点。“五粮液”是著名的浓香型酒，而浓香型酒的生产周期长、技术要求高、优质品率低、加工难度大。各种原料的投入，只有小部分能够转化为五粮液。“五粮液”的出酒率不是仅靠增加投入、扩大规模可以得到的，而是靠严格的工艺、科学的管理。这种“级差效应强烈”的产品生产特点决定五粮液只能选择走质量效益型道路。

(3) 企业发展的需要。1979年国家投资对五粮液酒厂扩建，生产规模猛增。作为一个有几百年传统工艺的酒厂，要上批量，最大的考验就是质量。要提高“五粮液”的质量和出酒率，关键是提高人的素质，提高人的素质就必须树立全员质量意识，推行全面质量管理。

为此，五粮液酒厂审时度势，把强化质量教育作为深化质量管理的首要战略决策，在全厂大树特树质量就是牌子，牌子就是效益的观念。

2. 抓技术进步，提高产品质量

狠抓技术进步，提高产品质量，用质量管理的手段保证企业技术进步的高水平。依靠技术进步强化质量管理，五粮液集团取得了突出成就。

（1）微机大量用于生产过程控制，改造了传统生产方法。他们推出了“微机勾兑专家系统”、“五粮液包曲盒式立体发酵微机监控系统及制曲新工艺”、“微机配料系统”等先进技术。

（2）检测手段现代化。10年来五粮液酒厂投资上千万元建起了科技大楼和质量检验大楼，购置了大量先进的分析检测仪器和设备。全厂共有各类型和规格的色谱仪30余台，还有不少设备为国内同行中独家拥有，使该厂的产品质量水准能够得到切实保证。深化质量管理，不能照搬照套教科书，必须注重本行业和企业的实际，形成特色。这一特色主要体现在“三并重”的质量检验和控制6道质量防线。“三并重”指预防、把关、报告同时并重的质量检验手段。6道质量防线指的是“原辅材料、外购、外协件检验”，“曲药质量感官、理化检验”，“滴酒感官检验”，“基础感官、理化检验”，“出厂酒感官、理化检验”和“产品包装检验”。

3. 以质量管理为管理中心

1985年，进一步深化质量管理，把质量管理作为“五粮液”推行现代企业管理的中心，是五粮液质量工程的又一重大战略决策。

事实证明，深化质量管理，不仅要解决意识问题，还要解决方法问题。全面质量管理的科学思想和理论，与五粮液酒厂生产实际相结合，产生了新的管理观念和思路，形成了一套以质量管理为企业管理中心的管理软件。这套软件包括3个系统和1个中心环节。

（1）三级质量管理网系统。从1983年以来该厂就成立了由厂长任主任的质量管理委员会，1987年又成立了质量管理部，共配备70多人，由总工程师归口领导，负责协调质量、检验、计量、标准化工作。质量管理部下设全面质量管理办公室、质检室、计量室和中心化验室。同时，全厂各部、处室、生产班组都设有专职或兼职质管员，总数达375人，形成了三级质量管理网体制，规范化质量管理系统。10年来，厂里先后3次修订再版了《质量管理手册》，由过去的经验型管理，转向规范化、制度化管理。按照产品质量形成全过程的质量职能进行分解，制订各部门和各类人员质量职能30类，并且通过质量立法的形式，将这些质量职能纳入了企业管理标准之中。

（2）质量体系改进系统。在严格质量审核的程序上花大力气，保证质量审核的高水平，同时对质量文件采取严格的管理措施，制定质量文件的控制办法，实现质量文件的微机动态管理。这样就基本保证了质量文件的唯一性和有效性，并将质量文件管理扩大到质量记录表的管理，保证了质量行为的有法可依，形成了工厂的质量工作不因人而异，不因人而变，既有法可依，又有法必行。

(3) 以生产过程为重点的中心环节。该厂针对技术性和经验性很强的生产特点，采用了工序和工序质量控制相结合的特殊控制办法，制定了关键工序、特殊工序的管理制度，设立了专职或兼职质量监控员，严格工艺考核。同时，还大力抓好质量信息工作，设立了以质量管理部为中心的质量信息管理中心，并形成三级网络，确保信息畅通，做到质量信息及时反馈、及时修正。

全面质量管理不能关起门来搞，必须面向市场。对产品质量的要求首先产生于市场营销和市场调研环节。从认识市场到一切为了用户，是实施质量战略的突破性转变。这一转变具体表现为：以市场需求为导向提高质量。随着人民生活水平提高，消费者的口味也在不断提高。20 世纪 80 年代，曲酒已相当普及，人们对曲酒的风格和质量要求也越来越高。为满足市场需要，五粮液酒厂致力于提高曲酒的内在质量，改进产品包装质量，受到市场欢迎。提高质量由适应市场到满足用户。质量即满足规定和潜在的要求，因而，在制定质量工作标准时，要充分考虑用户，一切为了用户。10 年来，该厂先后开发了在市场上大受不同层次消费者欢迎的 39 度、29 度、25 度五粮液等共 11 个新产品，并以一流的服务质量，赢得了市场和用户的青睐。

五粮液酒厂审时度势，把强化质量教育作为深化质量管理的首要战略决策，推行全面质量管理。五粮液酒厂制定了“以全面质量管理升级创奖为手段，实现全面质量管理的标准化和系统化，提高和增强企业内功，向质量要效益，走质量效益型道路”的方针；进而又制定了“质量管理向国际标准靠拢，有控制地扩大生产规模，向最佳效益型模式发展”的方针，形成了创质量优先意识的企业精神，抓技术进步，提高产品质量，以质量管理为管理中心，使企业在名牌之路上成为不败之旅。

资料来源：白光：《品牌经营的故事》，中国经济出版社，2005 年。

思考题：

认真分析案例，想想五粮液集团是怎样对品牌的质量进行过程控制的。

一、全面质量管理的内涵

问题 1：什么是全面质量管理？

（一）全面质量管理

全面质量管理（Total Quality Management，TQM）是指在全面社会的推动下，企业所有部门、所有组织、所有人员都以产品质量为核心，把专业技术、管理技术、数理统计技术集合在一起，建立起一套科学、严密、高效的质量保证体系，控制生产过程中影响质量的因素，以优质的工作、最经济的办法提供满足用户需要的产品的全部活动。

全面质量管理是企业为了保证和提高产品质量，综合运用产品的研究、设计、制造和售后服务的一套质量管理体系、手段和方法所进行的系统管理活动；是企业组织全体职工和各部门参加，把专业技术、经营管理和思想教育结合起来，综合运用现代科学和管理技术成果，控制影响质量全过程的各因素，从而有效地利用人力、物力、财力、信息等资源，提供用户满意的产品和服务。

（二）质量管理的发展大致经历了三个阶段

1. 质量检验阶段

20 世纪前，产品质量主要依靠操作者本人的技艺水平和经验来保证，属于“操作者的质量管理”。20 世纪初，以 F.W.泰勒为代表的科学管理理论的产生，促使产品的质量检验从加工制造中分离出来，质量管理的职能由操作者转移给工长，是“工长的质量管理”。随着企业生产规模的扩大和产品复杂程度的提高，产品有了技术标准（技术条件），公差制度也日趋完善，各种检验工具和检验技术也随之发展，大多数企业开始设置检验部门，有的直属于厂长领导，这时是“检验员的质量管理”。上述几种做法都属于事后检验的质量管理方式。

2. 统计质量控制阶段

1924 年，美国数理统计学家 W.A.休哈特提出控制和预防缺陷的概念。他运用数理统计的原理提出在生产过程中控制产品质量的“6 西格玛”法，绘制出第一张控制图并建立了一套统计卡片。与此同时，美国贝尔研究所提出关于抽样检验的概念及其实施方案，成为运用数理统计理论解决质量问题的先驱，但当时并未被普遍接受。以数理统计理论为基础的统计质量控制的推广应用始自第二次世界大战。由于事后检验无法控制武器弹药的质量，美国国防部决定把数理统计法用于质量管理，并由标准协会制定有关数理统计方法应用于质量管理方面的规划，成立了专门委员会，并于 1941~1942 年先后公布一批美国战时的质量管理标准。

3. 全面质量管理阶段

20 世纪 50 年代以来，随着生产力的迅速发展和科学技术的日新月异，人们对产品的质量从注重产品的一般性能发展为注重产品的耐用性、可靠性、安全性、维修性和经济性等。在生产技术和企业管理中要运用系统的观点来研究质量问题。在管理理论上也有新的发展，突出重视人的因素，强调依靠企业全体人员的努力来保证质量。此外，还有“保护消费者利益”运动的兴起，企业之间市场竞争越来越激烈。在这种情况下，美国 A.V. 费根鲍姆于 20 世纪 60 年代初提出全面质量管理的概念。他提出，全面质量管理是“为了能够在最经济的水平上、并考虑到充分满足顾客要求的条件下进行生产和提供服务，并把企业各部门在研制质量、维持质量和提高质量方面的活动构成为一体的一种有效体系”。中国自 1978 年开始推行全面质量管理，并取得了一定成效。

（三）全面质量管理的基本特点

问题 2： 全面质量管理的基本特点有哪些？

全面管理的基本特点就是把过去的就事论事、分散管理转变为从系统的高度进行全面的综合治理。进行全面质量管理必须做到“四全”，即：

（1）管理范围的全面性。它包括产品的设计、生产、供应、销售及使用全过程的质量管理。

（2）管理内容的全面性。它不仅事后要检查、改进和事中把关，还要事前预防，不仅要管好产品的质量，还要管好工作质量。

（3）管理方法的全面性。从传统的“管结果”转变为“管因素”，把影响质量的诸因素查出来，根据影响因素和不同情况，采用各种管理技术和方法。

（4）参与管理人员的全面性。要发动全员及各部门参加，依靠科学管理的理论、程序和方法，使经营、生产、作业的全过程处于受控状态，以达到保证和提高产品及服务质量，满足用户要求的目的。

二、全面质量管理的标准

问题 3： 全面质量管理的标准有哪些？

完整的全面质量管理的标准分为技术标准和管理标准两个方面：

1. 技术标准

技术标准是对技术活动中需要统一协调的事物制订的技术准则。根据其内容不同，技术标准又可分解为基础标准、产品标准和方法标准。

（1）基础标准：是标准化工作的基础，是制定产品标准和其他标准的依据。常用的基础标准主要有通用科学技术语言标准、精度与互换性标准、结构要素标准、实现产品系列化和保证配套关系的标准、材料方面的标准等。

（2）产品标准：是指对产品质量和规格等方面所作的统一规定，它是衡量产品质量的依据。产品标准的内容一般包括：产品的类型、品种和结构形式；产品的主要技术性能指标；产品的包装、储运、保管规则；产品的操作说明；等等。

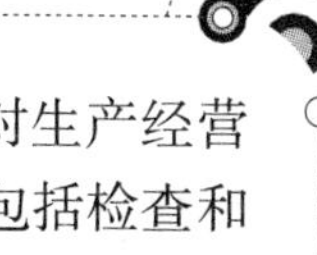

(3) 方法标准：是指以提高工作效率和保证工作质量为目的，对生产经营活动中的主要工作程序、操作规则和方法所作的统一规定。它主要包括检查和评定产品质量的方法标准、统一的作业程序标准和各种业务工作程序标准或要求等。

2. 管理标准

所谓管理标准，是指为了达到质量的目标，而对企业中重复出现的管理工作所规定的行动准则。它是企业组织和管理生产经营活动的依据和手段。管理标准一般包括四方面内容：

(1) 生产经营工作标准。它是对生产经营活动的具体工作的工作程序、办事守则、职责范围、控制方法等的具体规定。

(2) 管理业务标准。它是对企业各管理部门的各种管理业务工作要求的具体规定。

(3) 技术管理标准。它是为有效地进行技术管理活动，推动企业技术进步而确定的必须遵守的准则。

(4) 经济管理标准。它是指对企业的各种经济管理活动进行协调处理所做出的各种工作准则或要求。

三、全面质量管理的基本方法

问题 4：全面质量管理的基本方法有哪些?

全面质量管理的基本方法可以概况为 4 句话 18 个字，即：一个过程，四个阶段，八个步骤，数理统计方法。

一个过程，即企业管理是一个过程。企业在不同时间内，应完成不同的工作任务。企业的每项生产经营活动都有一个产生、形成、实施和验证的过程。

四个阶段，根据管理是一个过程的理论，美国的戴明博士把它运用到质量管理中来，总结出“计划（Plan）—执行（Do）—检查（Check）—处理（Action）”四个阶段的循环方式，简称 PDCA 循环，又称“戴明循环”。

八个步骤，为了解决和改进质量问题，PDCA 循环中的四个阶段还可以具体划分为八个步骤。

(1) 计划阶段：分析现状，找出存在的质量问题；分析产生质量问题的各种原因或影响因素；找出影响质量的主要因素；针对影响质量的主要因素，提出计划，制定措施。

(2) 执行阶段：执行计划，落实措施。

(3) 检查阶段：检查计划的实施情况。

(4) 处理阶段：总结经验，巩固成绩，工作结果标准化；提出尚未解决的问题，转入下一个循环。

在应用 PDCA 四个循环阶段、八个步骤来解决质量问题时，需要收集和整理大量的书籍资料，并用科学的方法进行系统的分析。最常用的七种统计方法是排列图、因果图、直方图、分层法、相关图、控制图及统计分析表。这套方法是以数理统计为理论基础，不仅科学可靠，而且比较直观。

四、全面质量管理的意义和范围

问题 5： 全面质量管理的意义和范围是什么？

全面质量管理的意义：提高产品质量；改善产品设计；加速生产流程；鼓舞员工的士气和增强质量意识；改进产品售后服务；提高市场的接受程度；降低经营质量成本；减少经营亏损；降低现场维修成本；减少责任事故。

全面质量管理的范围：全面质量管理的基本原理与其他概念的基本差别在于，它强调为了取得真正的经济效益，管理必须始于识别顾客的质量要求，终于顾客对他手中的产品感到满意。全面质量管理就是为了实现这一目标而指导人、机器、信息的协调活动。

活动 1： 组织全班同学，到当地比较大的企业中参观，有条件的话，邀请企业的管理者讲讲企业所运用的企业管理方法。

考试链接

1. 全面质量管理的内涵。
2. 全面质量管理的基本特点。
3. 全面质量管理的基本方法。

第二节 品牌质量控制的主要方法

摩托罗拉的“6西格玛”管理

摩托罗拉基于坚持高尚操守的核心价值观，奉行精诚公正的核心理念，为用户提供“智慧演绎，无处不在”、品质超群、价格公道的产品和服务，满足社会的需要，进而赢取商业利润。摩托罗拉全面实施“6西格玛”管理，成为构建摩托罗拉企业文化的重要组成部分。

“6西格玛”管理是20世纪70年代美国戴明博士提出的一套新的质量管理方法论。此后，“6西格玛”管理法在日本获得了成功，引发美欧企业纷纷效仿。1986年，摩托罗拉公司全面引入“6西格玛”管理法，提出了到1992年公司实现“6西格玛”的质量目标。1991年，摩托罗拉“6西格玛”管理法的“黑带”计划应运而生，以至青出于蓝而胜于蓝，成了“6西格玛”管理法的集大成者。到1993年，摩托罗拉实现了“6西格玛”管理后，该公司平均每年生产率提高12.3%，由于质量缺陷造成的费用消耗减少了84%，运作过程中的失误降低了99.7%。

当摩托罗拉的高层开始寻找方法削减浪费的时候，通讯工程部沉默寡言的工程师比尔·史密斯正在暗地里开展工作，研究产品的生命力与制造流程中产品的返修率之间的关联性。1985年，史密斯提交了一份报告，他证明如果人们发现一件产品有某种缺陷并在生产流程中纠正了它，同件产品的其他缺陷一定会被遗漏，并在稍后客户初次使用产品时被发现；但是，当产品制造无缺陷时，它在初次使用时很少失败。

尽管史密斯的发现刚开始时受到了质疑，但产品刚被售出就出错引起的客户不满却是摆在面前的现实。结果，史密斯的研究成果在摩托罗拉内部一石激起千层浪。高质量的获取真的要依赖于检查和纠正缺陷吗？或者能否通过生产控制和产品设计首先预防缺陷发生来提高质量呢？后续的数据显示，在检测和纠正缺陷上的齐心协力使摩托罗拉达到“4西格玛”水平，仅仅稍微领先于一般美国公司。同时，他们发现国外的竞争者们正在设计更先进的流程，使产品不需要返修或返工。

摩托罗拉的其他人开始重新审视史密斯的工作。如果隐藏的缺陷导致产品刚被客户使用就出错，他们必须采取措施来改善生产流程、结果。伴随着对产品设计、制造流程的关注，摩托罗拉开始探索在提高质量的同时减少生产时间和成本。

推动“6西格玛”不断发展的是高质量与低成本之间的某种联系。公司利用精确的评估标准预测可能发生问题的区域，通过预先关注质量而获得一种主动权，而不是被动地对质量问题做出反应。换句话讲，“6西格玛”将使公司领导人在质量问题上抢先一步，而不是被动地应付。

当摩托罗拉将“6西格玛”应用于“强盗”寻呼机的开发时，它的制造技术发生了极大飞跃。之所以选择“强盗”这个名字，是因为公司在这项工程中“借用”了市面上同类产品中所有的好创意。在18个月内，摩托罗拉23位工程师用不足1000万美元的成本设计出“强盗”寻呼机。这种寻呼机能够由公司设在佛罗里达海滩的自动化工厂生产，并且从摩托罗拉任何一个销售部门用电脑发出订单到生产成品出厂只需27分钟。产品提供各种不同的选项，能为个别客户量身定做。此外，“强盗”寻呼机出众的设计和制造流程使它的平均使用寿命达到150年。公司的寻呼机如此可靠，以至于产品检验过程基本上被取消了。如果产品不可能发生问题，与其花时间和金钱来检验一个实际上无缺陷的产品，还不如更换一个寻呼机划算得多。

随着摩托罗拉残次品的减少和制造时间的节省，公司也开始从“6西格玛”概念中获取财务回报。换句话说，公司用低廉的成本换来高质量的产品和更满意的客户。4年里，“6西格玛”为公司节约22亿美元。摩托罗拉的“6西格玛”设计师将许多公司认为不可能的事变为现实，到1993年，摩托罗拉在它的大部分制造领域都达到“6西格玛”水平。短时间内，“6西格玛”开始像燎原之火一样迅速蔓延到其他行业，甚至超出了制造业界限。

资料来源：姜慧美、刘爱芹：《全美企业管理经典案例集·经营战略》，科学技术文献出版社，2007年。

思考题：

“6西格玛”管理理念为什么符合现代企业的发展？

一、质量控制的内涵

问题6：什么是产品质量控制？

所谓的质量控制，是指为达到质量要求所采取的作业技术和活动。也就是说，质量控制是为了通过监视质量形成过程，消除质量环节上所有阶段引起不合格或不满意效果的因素，以达到质量要求，获取经济效益，而采用的各种质量作业技术和活动。

产品质量控制是企业为生产合格产品和提供顾客满意的服务和减少无效劳动而进行的控制工作。

关键术语

产品质量控制

产品质量控制是企业为生产合格产品和提供顾客满意的服务和减少无效劳动而进行的控制工作。

企业要在激烈的市场竞争中生存和发展，仅靠方向性的战略性选择是不够的。残酷的现实告诉我们，任何企业间的竞争都离不开“产品质量”的竞争，没有过硬的产品质量，企业终将在市场经济的浪潮中消失。而产品质量作为最难以控制和最容易发生的问题，往往让供应商苦不堪言，小则退货赔钱，大则客户流失，关门大吉。因此，如何有效地进行过程控制是确保产品质量和提升产品质量，促使企业发展、赢得市场、获得利润的核心。

过程控制在质量控制中占据着重要的地位，现代质量控制划分为若干阶段：在产品开发设计阶段的质量控制叫做质量设计；在制造中需要对生产过程进行监测，该阶段称作质量监控阶段；以抽样检验控制质量是传统的质量控制，被称为事后质量控制。在上述若干阶段中最重要的是质量设计，其次是质量监控，最后是事后质量控制。对于那些质量水平较低的生产工序，事后检验是不可少的，但质量控制应是源头治理，预防越早越好。事后检验控制要逐渐取消。事实上一些发达国家中的企业已经取消了事后检验。综上所述，过程监控是产品质量源头控制质量的关键。

无论是零部件产品还是最终产品，它们的质量都可以用质量特性围绕设计目标值波动的大小来描述。若波动越小则质量水平越高。当每个质量特性值都达到设计目标值时，即波动为零，此时该产品的质量达到最高水平。但实际上这是永远不可能的。所以我们必须进行生产过程质量控制，最大限度地减少波动。世界上大部分成功的企业大都是与严格的生产过程质量控制分不开的，波音公司的 D1—9000 质量文件，日本的 SPC 控制图技术，都是关于生产过程控制技术的文件。美国福特汽车公司有一套非常严密的适合自身实际的质量规范体系，这个质量规范体系基本上是按照 QS9000（包括了 ISO9000）的质量操作程序运作的。这些体系文件涵盖了质量管理的全方位、全过程，覆盖整个产品的形成过程，并具体、详细规定了每个过程要完成的工作，以及如何记录各种质量数据。这不仅保证了产品质量而且为以后的质量改进提供了大量的技术材料。福特公司不仅制定了这些质量规范，而且还认真组织实施和严格执行这些规范要求，为了保证和评价质量规范的执行情况，福特公司每年要进行两次内部质量审核，并针对审核检查出的问题及时制定纠正措施，限期整改，并严格进行跟踪检查和控制。

二、“6 西格玛”质量管理的内涵

问题 7：什么是“6 西格玛”管理?

“6 西格玛”是一种能够严格、集中和高效地改善企业流程管理质量的实施原则和技术。它包含了众多管理前沿的先锋成果，以“零缺陷”的完美商业追求，带动质量成本的大幅度降低，最终实现财务成效的显著提升与企业竞争力的重大突破。

“6 西格玛”既是质量管理方法，也是体现管理哲学思想的企业文化。“6 西格玛”战略把管理的重点放在了了解客户需求、查寻产生缺陷的根本原因上，认为质量是靠流程的优化，而不是通过对最终产品的检验来实现的；组织应把资源放在认识、改善和控制因素上，而不是放在售后服务、质量检查等活动方面。

“6 西格玛”管理的基本理念：

1. 真正关注顾客

顾客是指接受产品或服务的组织或个人。“6 西格玛”管理业绩测量的起点和终点都是“顾客的心声”，以顾客贯彻始终，从而真正关注顾客。顾客所关注的是产品或服务的质量、成本、供应、售后、安全等问题。“6 西格玛”管理首先要确定顾客的需求以及确定能满足这些需求的流程。没有满足顾客需求即构成“缺陷”。“6 西格玛”管理正是在逐步降低“缺陷”的过程中提高顾客的满意度的。各部门必须从顾客利益而非部门利益出发，从顾客方便的角度来考虑问题，这样就容易目标一致，紧密协作，提供完美的产品或服务。“6 西格玛”管理就是要打破组织的边界，展示能突出公司整体利益的效果。

2. 以数据（事实）驱动管理

在“6 西格玛”中，确定要解决的问题，要靠收集数据，衡量目前的水平要靠数据，实际做到的与期望做到的差距要靠数据，可以说用数据说话是“6 西格玛”管理的显著特点。“6 西格玛”管理要求测量影响顾客满意的所有因素，通过评估系统，跟踪结果和产出，并追溯生产、服务和业务流程的投入和其他可预测因素。

3. 针对过程采取措施

任何生产或服务都有一个过程，过程就是把生产要素、要求、目标等输入因素，通过一系列的物理的、化学的、生物的、社会的作用和反应，形成产品和服务输出的一个流程。把要素投入了，能否形成合格的、满足要求的产出，关键取决于生产过程本身。“6 西格玛”强调要针对过程而非针对结果采取措施，例如，加强检验就是对结果采取措施，接待不满顾客也是对结果采取措施，提高售后服务同样是对结果采取措施。其实这些不符合顾客要求的、不符合规定的，都是在生产过程中制造的，在随后的检验中漏掉的，最后流到客户那里。“6 西格玛”水平不是靠检验来实现的，它强调要对生产、服务过程中造成品质不稳定的因素采取控制措施，减少波动，防止缺陷的产生，从而在根本上解决问题。

4. 主动（预防性）管理

主动管理意味着在事件发生之前，预测问题、数据、状况等的变化方向和趋势，提前采取前瞻性、预防性的控制、纠偏措施，以保证生产过程朝着预期的目标发展。“6 西格玛”强调要进行预防性的积极管理。积极管理意味着设定并跟踪有挑战性的目标，建立清晰的优先顺序，对采取预防措施和事后解决问题的人都给予同等程度的奖赏，挑战传统的、静态的、被动的、消极的做事方法。

5. 追求完美但容忍失败

“6 西格玛”管理的实质就是要在努力提供完美的、高水平服务的同时，努力降低企业的不良质量成本。完美的服务就是要朝着 3.4PPM（意味着差错率为 3.4%）的方向努力，为此要进行探索，要采取一些措施对企业生产、服务系统进行改进甚至进行全新设计，要建立“6 西格玛”企业文化等。在这个追求卓越的过程中，不见得每一种方法、手段、措施都非常正确、得力和有效，有可能有些尝试是失败的。“6 西格玛”管理强调要追求完满，但也能坦然接受或处理偶发的挫败，从错误中总结经验教训，进行长期的、持续的改进。

三、精益生产的内涵及原则

问题 8：什么是精益生产？

精益生产（Lean Manufacturing），简称“精益”，是设法在生产过程中以消除任何无用的动作、避免无用的努力、拒绝无用的材料、消灭不能给产品或服务的最终用户带来好处的所有活动，同时持续不断地寻找并贯彻改进的方法。

它是融实质生产、全面质量管理、并行工程、充分协作的团队工作方式和集成的供应链关系管理，是一种独特的多品种、小批量、高质量和低消耗的精益生产方法。

精益生产就是及时制造，消灭故障，消除一切浪费，向零缺陷、零库存进军。精益生产方式生产出来的产品品种能尽量满足顾客的要求，而且通过其对各个环节中采用的杜绝一切浪费（人力、物力、时间、空间）的方法与手段满足顾客对价格的要求。精益生产方式要求消除一切浪费，追求精益求精并不断改善，去掉生产环节中一切无用的东西，每个工人及其岗位的安排原则是必须增值，撤除一切不增值的岗位；精简产品开发设计、生产、管理中一切不产生附加值的工作。其目的是以最优品质、最低成本和最高效率对市场需求作出最迅速的响应。它是美国麻省理工学院在一项名为“国际汽车计划”的研究项目中提出来的。它们在做了大量的调查和对比后，认为日本丰田汽车公司的生产方式是最适用于现代制造企业的一种生产组织管理方式，称为精益生产，以针对美国大量生产方式过于臃肿的弊病。精益生产综合了大量生产与单件生产方式的优点，力求在大量生产中实现多品种和高质量产品的低成本生产。

精益生产有十二大原则：

（1）消除八大浪费。企业中普遍存在的八大浪费涉及过量生产、等待时间、运输、库存、过程（工序）、动作、产品缺陷以及忽视员工创造力。精益生产力求减少在这八个环节中的不必要的浪费。

（2）关注流程，提高总体效益。管理大师戴明说过：“员工只需对 15%的问题负责，另外 85%归咎于制度流程。”什么样的流程就产生什么样的绩效。改进流程要注意目标是提高总体效益，而不是提高局部的部门的效益，为了企业的总体效益即使牺牲局部的部门的效益也在所不惜。

（3）建立无间断流程以快速应变。无间断流程是指将流程中不增值的无效时间尽可能压缩，以缩短整个流程的时间，从而快速应变顾客的需要。

（4）降低库存。降低库存只是精益生产的其中一个手段，目的是为了解决问题和降低成本，而且低库存需要高效的流程、稳定可靠的品质来保证。

（5）全过程的高质量，一次做好质量是制造出来的，而不是检验出来的。检验只是一种事后补救，不但成本高而且无法保证不出差错。因此，应将品质内建于设计、流程和制造当中去，建立一个不会出错的品质保证系统，一次做好。精益生产要求做到低库存、无间断流程。试想如果哪个环节出了问题，后面的将全部停止，所以精益生产必须以全过程的高质量为基础，否则，精益生产只能是一句空话。

（6）基于顾客需求的拉动生产。按照销售的速度来进行生产，这样就可以保持物流的平衡，任何过早或过晚的生产都会造成损失。

（7）标准化与工作创新。标准化的作用是不言而喻的，但标准化并不是一种限制和束缚，而是将企业中最优秀的做法固定下来，使得不同的人来做都可以做得最好，发挥最大成效和效率。而且标准化也不是僵化、一成不变的，标准需要不断地创新和改进。

（8）尊重员工，给员工授权。尊重员工就是要尊重其智慧和能力，给他们提供充分发挥聪明才智的舞台，为企业也为自己做得更好。在丰田公司，员工实行自主管理，在组织的职责范围内自行其是，不必担心因工作上的失误而受到惩罚，出错一定有其内在的原因，只要找到原因施以对策，下次就不会出现了。所以说，精益的企业雇佣的是“一整个人”，不精益的企业只雇佣了员工的“一双手”。

（9）团队工作。在精益企业中，灵活的团队工作已经变成了一种最常见的组织形式，有时候同一个人同时分属于不同的团队，负责完成不同的任务。最典型的团队工作莫过于丰田的新产品发展计划，该计划由一个庞大的团队负责推动，团队成员来自各个不同的部门，有营销、设计、工程、制造、采购等，他们在同一个团队中协同作战，大大缩短了新产品推出的时间，而且质量更高、成本更低，因为从一开始很多问题就得到了充分的考虑，在问题带来麻烦之前就已经被专业人员所解决。

（10）满足顾客需要。满足顾客需要就是要持续地提高顾客满意度，为了一点眼前的利益而不惜牺牲顾客的满意度是相当短视的行为。丰田从不把这句话挂在嘴上，总是以实际行动来实践，尽管产品供不应求，丰田在一切准备工作就绪以前，从不盲目扩大规模，仍保持稳健务实的作风，以赢得顾客的尊敬。丰田的财务数据显示其每年的利润增长率几乎是销售增长率的两倍，而且每年的增长率相当稳定。

（11）精益供应链。在精益企业中，供应商是企业长期运营的宝贵财富，是外部合伙人，他们信息共享，风险与利益共担，一荣俱荣、一损俱损。在整个供应链中，企业应该像丰田一样，担当起领导者的角色，整合出一条精益供应链，使每个人都受益。

（12）“自我反省”和“现地现物”。“自我反省”的目的是要找出自己的错误，不断地自我改进。“现地现物”则倡导无论职位高低，每个人都要深入现场，彻底了解事情发生的真实情况，基于事实进行管理。

四、日清日高的内涵及实施方法

问题 9： 什么是日清日高？

（一）日清日高的内涵

日清日高（Overall Every Control and Clear，OEC），意思为全方位优化管理法，是全面质量管理的一种方法，它是海尔集团于 1989 年创造的企业管理法。该法为海尔集团创造了巨大的经济效益和社会效益，获得国家企业管理创新“金马奖”。

“OEC”中的“O”即“Overall”，表示全方位；“E”即“Everyone、Everything、Everyday”，表示每人、每件事、每天；“C”即“Control、Clear”，表示控制、清理，合起来意思就是每天的工作每天完成，每天工作要清理并要每天有所提高。

“日清日高”来源于张瑞敏的“斜坡理论”，即企业在市场上所处的位置，就如同斜坡上的一个球体，它受到来自市场竞争和内部员工惰性而形成的压力，如果没有止动力，就会下滑。为使海尔在斜坡上的位置保持不下滑，就需要强化内部基础管理这一止动力提倡并执行“日清日高”。

海尔从 1989 年开始实施日清日高管理，主要针对当时企业管理上普遍存在的一个问题，即管理对过程控制不细。生产制造过程中到处是“金”，生产的投入产出比不合理，造成严重的浪费。

OEC 管理有三个基本原则：

（1）闭环的原则。凡事要善始善终，必须有 PDCA（计划—实施—检查—总结）循环的过程，达到螺旋式上升的目的。

（2）比较分析原则。纵向与自己的过去比，横向与同行业比、与同类企业比、与相关部门比、与其他员工比，认识到没有比较就没有发展的道理。

（3）不断优化原则。根据木桶理论，找出薄弱项，并及时整改，以期提高全系统的水平。

（二）OEC 的基本框架（以海尔为例）

OEC 管理法由三个基本框架——目标系统、日清控制系统和有效激励机制组成。首先，确定目标；其次，日清是达到目标的基础；最后，日清的结果必须与正负激励挂钩才有效。

1. 目标体系

目标体现了企业发展的方向和要达到的目标。目标提出的高度必须依据市场竞争的需要，低于竞争对手就毫无意义。海尔刚开始生产冰箱时，确定争中国第一的目标，1988 年夺得了冰箱行业第一块金牌。随即又确定创国际名牌的目标，从出口策略上坚持先难后易，先进入发达国家，形成高屋建瓴之势，再进入发展中国家。目前产品已出口 102 个国家和地区。

目标的实施首先是将总目标运用目标管理的方法，分解为各部门的子目标，再由子目标分解为每个员工的具体目标值，从而使全公司总目标落实到具体的责任人身上。在“日清日高”管理法中，目标的建立有三个重要特征。

（1）指标具体，可以度量。如在质量管理上，海尔把 156 个工序的 545 项责任进行价值量化并汇编成小册子，小到一个门把螺钉都有明确规定。

（2）目标分解时坚持责任到人的原则。各项工作都按标准进行分解，明确规定主管人、责任者、配合者、审核者、工作程序、见证材料、工作频次，从而做到企业内的每件事都有专人负责，使目标考核有据可循。海尔认真对待每一台冰箱的 156 道工序，从第一道工序开始即规定不准出现二等品。

（3）做到管理不漏项。企业中的每件物品（大到一台设备，小到一块玻璃）都规定具体的责任人，并在每件实物旁边明显标示出来，保证有人管理。不但车间、办公室的玻璃，就连材料库的 1964 块玻璃，每块玻璃上也都标有责任人。

这样一个目标系统就保证了企业内所有工作、任何一件事情、任何一样物品，都处于有序的管理控制状态。企业内的所有人员，上至总经理下到普通工作人员，都十分清楚自己每天应该干什么、干多少、按什么标准干、要获得什么样的结果，从而保证了企业各项工作的目的性和有效性，减少了浪费与损失。

2. 日清控制系统

日清系统是目标系统得以实现的支持系统。海尔在实践中建立起每人、每天对自己所从事的每件事进行清理、检查的“日日清”控制系统。它包括两个方面：一是“日事日毕”。即对当天发生的各种问题（异常现象），在当天弄清原因，分清责任，及时采取措施进行处理，防止问题积累，保证目标得以实现。如工人使用的“3E”卡，就是用来记录每个人每天对每件事的日清过程和结果。二是“日清日高”。即对工作中的薄弱环节不断改善、不断提高。要求职工“坚持每天提高 1%”，70 天工作水平就可以提高一倍。

“日清”控制在具体操作上有两种方式：一是全体员工的自我日清；二是职能管理部门（人员）按规定的管理程序，定时（或不定时）地对自己所承担的管理职能和管理对象进行现场巡回检查，也是对员工自我日清的现场复审。组织体系的“日清”控制，可以分为生产作业现场（车间）和职能管理部门的“日清”两条主线。两者结合就形成了一纵、一横交错的“日日清”控制网络体系。无论是组织日清还是个人自我日清，都必须按日清管理程序和日清表进行清理，并将每天清理结果记入日清管理台账。

日清体系的最关键环节是复审。没有复审，工作只布置不检查，便不可能形成闭环，也不可能达到预期效果。所以在“日清”中重点抓管理层的一级级复审。复审中发现问题，随时纠偏。在现场设立“日清栏”，要求管理人员每两小时巡检一次，将发现的问题及处理措施填在“日清栏”上。如果连续发现不了问题，就必须提高目标值。

3. 有效激励机制

激励机制是日清控制系统正常运转的保证条件。海尔在激励政策上坚持的原则：一是公开、公平、公正。通过“3E”卡，每天公布职工每个人的收入，不搞模糊工资，使员工心理上感到相对公平。二是要有合理的计算依据，如海尔实行的计点工资，从 12 个方面对每个岗位进行了半年多的测评，并且根据工艺等条件的变化不断调整。所谓“计点工资”，是指将一线员工工资的 100% 与奖金捆在一起，按点数分配，在此基础上，又进一步在一、二、三线对每个岗位实行量化考核，从而使劳动与报酬直接挂钩，报酬与质量直接挂钩，多劳多得。

在激励的方法上，海尔更多地采用及时激励的方式。如在质量管理上利用质量责任价值券，员工们人手一本质量价值券手册，手册中整理汇编了企业以往生产过程中出现的所有问题，并针对每一个缺陷，明确规定了自检、互检、专检三个环节应负的责任价值及每个缺陷应扣多少钱，质检员检查发现缺陷后，当场撕价值券，由责任人签收；操作工互检发现的缺陷经质检员确认后，当场予以奖励，同时对漏检的操作工和质检员进行罚款。质量价值券分红、黄两种，红券用于奖励，黄券用于处罚。

（三）OEC 的运行程序

OEC 的运行分三段九步。

第一段包含三个步骤：

（1）召开班前会，明确当天的目标及要求。

（2）按目标和标准工作。生产系统按七项日清要求进行生产，职能系统针对七项日清，按“5W3H1S”的要求，从事瞬间控制。

（3）填写日清栏。由车间主管、职能巡检员每两小时公布一次巡视中发现的问题及处理意见。

第二段，即班后清理，分五步，按组织体系进行纵向清理。

（1）自清。所有岗位的员工对当天的工作按日清的要求逐项清理，生产岗位填写“3E”卡交班组长，管理岗位填写日清工作记录交科（处）长。

（2）考核。由班组长根据一天对每个人各方面情况的掌握进行考核确认，然后报车间主任。

（3）审核。由车间主任根据当天对各班组长情况的掌握，复核各班组的“3E”卡，确认后返回班组。本人填写“日清工作记录”报分厂厂长。

（4）分厂厂长审核各车间的“日清工作记录”，登记分厂日清台账，并将每天分厂的运行情况汇总报公司经理助理。同时各职能部门负责人审核所属人员“日清工作记录”，并将当天职能分管工作出现的问题、解决的措施、遗留的问题、拟采取的办法汇总报公司副总经理。

（5）公司副总经理复审后签署意见和建议，反馈各管理者，并汇总报总经理。

第三段为整改制。即由各职能部门会同有关部门、岗位根据“日清”中反映出的问题进行分类分析，在提出解决措施的基础上，制定和完善相应的管理制度，提高薄弱环节的目标水平，并作为下一循环的依据。

活动 2：组织一堂全班讨论课，讨论几种不同的品牌质量控制方法，比较它们的相同点和不同点。

考试链接

1. 产品质量控制的内涵。
2. “6 西格玛”质量管理的内涵。
3. 精益生产的内涵。
4. 日清日高的内涵。

第三节　产品质量与供应链管理

戴尔（Dell）公司的供应链管理

现在，计算机产业的每家企业都以戴尔为楷模。戴尔公司的飞速发展是美国高技术企业经营管理的一个奇迹，被行家视为推动美国个人计算机业发展的一种动力。

市场要求经历了更便宜（成本合理化）、更好（质量管理）、更快（物流管理/时间与速度的竞争）的变化，戴尔经营的最大特色就是强调速度：制造快、销售快、盈利快，也就是“速度决定一切”。时间竞争是以减少非增值时间的方法来寻求企业经营的各种手段。时间竞争者的特征：有能力比竞争对手用更短的时间开发产品与服务；有能力比竞争对手用更短的时间交付产品和服务；有能力比竞争对手更有效地减少内部提前期。所以说，戴尔是一个真正的时间竞争者。在戴尔奇迹的背后，隐含着先进的物流与供应链战略思想及其管理运作方式的支持。

1. 快速发展的关键：直销计算机

戴尔公司的竞争优势主要来自于它的独特经营方式——直销计算机，即顾客通过电话、信件以及 Internet 直接向公司订购计算机，而不经过分销商或代理商的中间渠道。在 20 世纪 90 年代初戴尔开始试行这种销售方式时，人们曾怀疑计算机是否能像服装等日用品那样搞直销，但以后的事实证明戴尔的大胆试验一开始就取得了成功。就是在进入中国市场时，也有人怀疑这种完全美国化的销售模式是难以实施的，但我们看到，虽然戴尔从 1998 年 8 月才开始在中国装配销售计算机，但已跃居到中国十大个人计算机制造商之列。令人印象更加深刻的是，戴尔开始蚕食联想、方正等中国计算机企业最重要的顾客基地——国有企业。戴尔在亚洲其他地区的销量也在大幅增加，正改变其在亚洲销售计算机的方式。归纳起来，戴尔直销模式取得的利益包括：

（1）取消中间商，节约成本。代理商在销售计算机时，一般要加价，直销则以出厂价销售，能比竞争者以更低的价格性能比销售计算机，从而赢得竞争优势，这是最直接的利益。而且也意味着为顾客节约了资金，并可以按照顾客的具体要求制造计算机，从外部的硬件到内部的软件，完全量身定做。

（2）最大限度地减少成品库存。直销是在公司接到顾客订单后再将计算机部件组装成整机，而不是根据对市场的预测生产成品，再将产品存放在仓库里等待分销商和顾客的订货。如果每年的库存维持费用是产品价值的 25%，价值 1000 万美元的产品库存每年的维持费用将是 250 万美元。而且，按订单生产的产品无须储存在供应链的各种仓库里，从而将供应链库存降至最低。同样，按订单生产系统及时从供应商处获得零部件，由此消除了供应链中的零部件库存。不论是谁“支付”了库存的开支，顾客最终都将承担更高的价格。

消除供应链中过剩的库存成本，也给顾客带来了利益。并且，由于微处理器等重要部件性能不断升级，价格不断下降，新型计算机开发周期不断缩短，技术更新很快，售价反而下跌。因此产品库存更易造成损失。对于计算机产业，时间就是金钱。按常规，计算机削价后，公司有责任对代理商库存产品进行差价补偿，代理商退货时，公司按原价支付。对于本公司尚未销出的库存产品，当然要自己背包袱。上述特点使得库存对计算机厂商的压力特别大，但对现做现卖的直销公司来说，就避免了这种压力。

(3) 降低制造成本，及时利用新技术。因为戴尔只是在接到一批订货时才要求供应商及时提供计算机部件，部件的库存也可以降到最低水平。上面已提到计算机部件价格不断下调，更新换代快，如果仓库里没有使用过时技术而必须先卖掉的产品，就可能加快使用新技术的步伐。戴尔公司总结按订单生产方式进行制造带来的利益时谈道："只是因为我们没有需耗时 100 多天才能处理完的库存，所以我们可能是第一个转而使用新的奔腾处理器的厂家"。

(4) 提高顾客服务水平。公司按照顾客的具体要求组装计算机，并且可在洽谈时主动向顾客提供技术方案，这就密切了供求关系。

(5) 加快资金周转。利用代理商销售的各大计算机公司一般经营程序为：对今后市场进行预测—制订生产计划—制造—测试—检验—封机—装箱—入库—根据计划或要求发往分销商。如果顾客向分销商提出具体的技术规格要求，则又需经过开箱—拆机，更换或拆除某些部件—封机—加装软件—测试—检验—装箱—发货。而戴尔则在顾客提出订单后保证做到按顾客对计算机规格的要求在 36 小时内装车发货，而交货期通常在 9 天以内。另外，戴尔还狠抓货款回笼这个最后也是最重要的环节，收款快有利于提高资金周转率。戴尔的资金周转比竞争对手快得多，这也是一种优势。

戴尔通过利用上述几方面的效益可以做到比竞争对手更低的价格销售计算机，并不断增加对顾客的吸引力。

2. 直销模式的配套工程：快速制造

为了充分实现直销的竞争优势，戴尔特别强调快速制造这一关键环节，并能够把快速制造与直销很好地结合起来。戴尔一直是快速制造的典范。为了做到这点，戴尔坚持计算机部件供应商把大部分部件存放在离其工厂更近的仓库内。为简化和部件供应商的协调手续，戴尔也尽量减少供应商的数量，专门挑选那些能够满足其部件储存计划要求的合作者。对于电路板等高成本部件，戴尔以前只找一家供应商，以便在大批量采购的条件下实现更大折扣。为了压缩制造时间，它改由离工厂较近地区的供应商提供，优惠条件上的损失由部件供应时间缩短带来的利益得到补偿。

不过，由于按订单制造并直销模式的易仿效性，戴尔的竞争对手们也在采取类似的措施。但是，由于这些竞争者们长期形成的传统的供应链模式的基础，这种改革必然要使原先与分销商建立的关系受到损害，必须协调处理好这种矛盾，而且，也要重新设计计算机零部件供应、整机制造和交货的方式，这

些都是竞争者需要认真解决的。

资料来源：《戴尔公司的供应链管理》，中华管理学习网，2005 年 12 月。

思考题：

仔细分析上述案例，试着说出戴尔（Dell）公司的供应链管理模式。

一、供应链管理的内涵

问题 10： 什么是供应链管理？

所谓供应链，其实就是由供应商、制造商、仓库、配送中心和渠道商等构成的物流网络。同一企业可能构成这个网络的不同组成节点，但更多的情况是由不同的企业构成这个网络中的不同节点。比如，在某个供应链中，同一企业可能既在制造商、仓库节点，又在配送中心节点等占有位置。在分工越细、专业要求越高的供应链中，不同节点基本上由不同的企业组成。在供应链各成员单位间流动的原材料、在制品库存和产成品等就构成了供应链上的货物流。供应链实际上是由所有加盟的节点企业（或企业单位）组成，其中一般有一个核心企业，节点企业（或企业单位）在需求信息的驱动下，通过供应链的职能（制造、转运、分销、零售等）分工与合作实现整个供应链的不断增值。

形象一点，我们可以把供应链描绘成一棵枝叶茂盛的大树：生产企业构成树根；独家代理商则是主干；分销商是树枝和树梢；满树的绿叶红花是最终用户；在根与主干、枝与干的一个个节点，蕴藏着一次次的流通，遍体相通的脉络便是信息管理系统。

一般来说，构成供应链的基本要素包括：

供应商：指给生产厂家提供原材料或零部件的企业。

厂家：即产品制造业。产品生产的最重要环节，负责产品生产、开发和售后服务等。

分销企业：为实现将产品送到经营地理范围每一角落而设的产品流通代理业。

零售企业：将产品销售给消费者的企业。

物流企业：即上述企业之外专门提供物流服务的企业。其中批发、零售、物流业也可以统称为流通业。

什么是供应链管理？国家标准（GB/T18354—2001）对供应链管理的定义是利用计算机网络技术全面规划供应链中的商流、物流、信息流、资金流等，并进行计划、组织、协调与控制等。供应链管理是一种集成的管理思想和方法，它执行供应链中从供应商到最终用户的物流的计划和控制等职能。从单一的企业角度来看，是指企业通过改善上、下游供应链关系，整合和优化供应链中的信息流、物流、资金流，以获得企业的竞争优势。供应链管理是企业的有效性管理，表现了企业在战略和战术上对企业整个作业流程的优化。整合并优化了供应商、制造商、零售商的业务效率，使商品以正确的数量、正确的品质、在正确的地点、以正确的时间、最佳的成本进行生产和销售。

关键术语

供应链管理

供应链管理是一种集成的管理思想和方法，它执行供应链中从供应商到最终用户的物流的计划和控制等职能。从单一的企业角度来看，是指企业通过改善上、下游供应链关系，整合和优化供应链中的信息流、物流、资金流，以获得企业的竞争优势。

二、产品质量与供应链管理

问题 11：什么是基于产品质量的供应链管理？

基于产品质量的供应链管理是指由“原料到消费者”的全过程，以正向监督、逆向追溯的质量安全管理思想为理念，把生产、加工、销售、监管及消费的所有环节纳入模式，强调源头管理和责任分担，强调供应链中各个主体的契约协调和战略协同，从而保证品牌产品的质量安全及其品牌形象的维护。

供应链主体包括原料的供应商、产品的制造商、运输商、批发商、零售商、各级政府监管部门以及消费者。其中，供应商包括生产商和加工商；各级政府监管部门包括生产监管机构、检疫机构和市场监管机构等。供应链主体间相互交换着物流和信息流。

基于产品质量的供应链管理主要功能：通过在商品供应链构建过程中，以核心企业对成员企业的质量安全保障能力等因素进行综合评估，选择能保障质量安全的商品供应商；在供应链成员间交易农产品时，利用基于检查策略的契约机制，进行商品质量安全验证，根据契约条款惩罚供应商的败德行为；在发生商品质量安全失败事件之前，利用基于分担的契约机制，合作伙伴之间预先分配各自要承担的失败成本，从而激励成员企业将各自的目标与供应链的整体目标相协调，在保证产品质量的同时，降低供应链的质量成本，提高供应链运作效率。整条产品供应链还接受政府相关部门的质量安全监管。

关键术语

基于产品质量的供应链管理

基于产品质量的供应链管理是指由“原料到消费者”的全过程，以正向监督、逆向追溯的质量安全管理思想为理念，把生产、加工、销售、监管及消费的所有环节纳入模式，强调源头管理和责任分担，强调供应链中各个主体的契约协调和战略协同，从而保证品牌产品的质量安全及其品牌形象的维护。

三、通过供应链的管理来保障品牌产品的质量

问题 12：如何通过供应链的管理来保障品牌产品的质量？

生产优质的产品，需要优质的原材料和外购件，优质的原材料和外购件，需要优秀的供应商来提供。因此，供应商的选择是进行质量管理的重要环节。很难想象一个管理松散、设备陈旧、人员素质低的供应商可以提供出优质的产品；也很难想象一个信息闭塞、言而无信、财务紧张的供应商可以及时、保质保量地提供企业所需要的产品。

在选择供应商时，一般需要考虑的因素包括产品价格、质量、可靠性、售后服务、地理位置、财务状况、技术能力等，其中供应商的交货提前期、产品质量、交货可靠度和产品价格这四个因素是选择供应商的最关键因素。

1. 交货提前期

交货提前期是指企业发出订单到收到订货之间的时间。对于需求方来说，交货提前期越短越好。供应商缩短交货提前期既可以减少需求方的库存水平，又能提高企业对其需求方的反应速度，从而可以提高供应链的客户满意度。

2. 产品质量

产品质量是指供应商的产品满足企业需求的程度，在这里是指合格产品占总产品的比重，该指标值越大越好。

3. 交货可靠性

交货可靠性是指供应商及时满足企业订单的程度，用及时交货的订单数占总订单数的比例或及时交货的产品数占订货总产品数的比例来表示，该指标值越大越好。交货可靠度和交货提前期是影响供应链敏捷度的两个重要因素。

4. 产品价格

产品价格是指企业采购的每一单位产品的价格。在现代供应链管理中，产品价格不再是选择供应商时考虑的首要因素，但仍是选择供应商的重要因素。

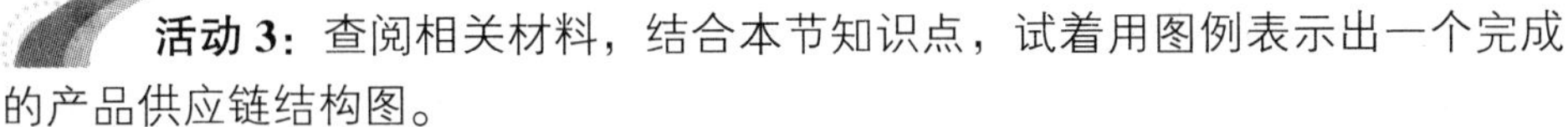

活动 3：查阅相关材料，结合本节知识点，试着用图例表示出一个完成的产品供应链结构图。

考试链接

1. 基于产品质量的供应链管理内涵。
2. 通过供应链管理来保障品牌产品的质量。

案例分析

从"扁鹊自责"看质量管理

魏文王问名医扁鹊说："你们家兄弟三人，都精于医术，到底哪一位医术最好呢?"扁鹊答说："长兄最好，中兄次之，我最差。"文王吃惊地问："你的名气最大，为何是长兄医术最高呢?"扁鹊惭愧地说："我扁鹊治病，是治病于病情严重之时。一般人都看到我在经脉上穿针管来放血、在皮肤上敷药等大手术，所以以为我的医术高明，名气因此响遍全国。我中兄治病，是治病于病情初起之时。一般人以为他只能治轻微的小病，所以他的名气只及于本乡里。而我长兄治病，是治病于病情发作之前。由于一般人不知道他事先能铲除病因，所以觉得他水平一般，但在医学专家看来他水平最高。"

质量管理如同医生看病，治标不能忘本。许多企业悬挂着"质量是企业的生命"的标语，而现实中存在"头疼医头、脚疼医脚"的质量管理误区，造成"重结果轻过程"的现象，最终导致管理者对表面文章乐此不疲，而对预防式的事前控制和事中控制敬而远之。

单纯事后控制存在严重的危害。首先，因为缺乏过程控制，生产下游环节无法及时向上游环节反馈整改意见，造成大量资源浪费；其次，因为上游环节间缺乏详细的标准，造成公司各部门间互相扯皮，影响公司凝聚力，大大降低了生产效率；再次，员工的质量意识会下降，警惕性下降造成质量事故频发；最后，严重的质量事故会影响公司的信誉，甚至造成失去订单或者带来巨额索赔，给公司造成严重经济损失。

既然事前控制和事中控制如此重要，如何提高事前控制和事中控制的执行力呢?

首先，从上到下应当有很强的全程质量管理意识。不仅决策者有全程质量管理意识，还要让中层和员工形成良好的全程质量管理意识，每个下游环节员工就是上游环节的质量监督员，出现质量问题要及时反馈给上游，杜绝不合格产品从自己手中流入下个生产环节。

其次，每个环节都制定详细的质量管理标准。从第一道工序到产品下线，从装箱到运输，每个环节必须制定详细的、可控制的管理标准。事前控制的重点应放在产品开发和标准制定上。技术和标准一旦出现失误会给质量管理带来很大麻烦，因此应当从根本上尽量减少质量事故、降低质量管理难度。事中控制主要指从原料进厂到产品下线期间，按照工艺标准进行质量监督的过程。事中控制要求严格检查、及时反馈、及时整改。

再次，用业绩考核改变公司不利局面。出现“重结果轻过程”现象的根本原因是质量工作没有真正与个人收入挂钩。业绩考核应当与每个人的个人收入挂钩，考核是质量管理的杠杆。管理者应当根据公司的实际状况制定制造人员的产量和质量权重系数，进行双重考核。

最后，客户和员工是最好的质量改善者。客户是产品质量的裁判。客户的不满是企业改进的方向，提高客户的满意度和忠诚度是企业长盛不衰的法宝。员工是产品质量的一线情报员，他们熟悉制造环节的每一个细节，调动他们的积极性和主动性是改善质量的最好措施。

资料来源：汇丛：《从“扁鹊自责”看质量管理》，中国质量新闻网，2004 年 5 月。

问题讨论：

品牌产品质量的过程控制要关注哪些要素？

本章小结

全面质量管理是指在全面社会的推动下，企业中所有部门、所有组织、所有人员都以产品质量为核心，把专业技术、管理技术、数理统计技术集合在一起，建立起一套科学、严密、高效的质量保证体系，控制生产过程中影响质量的因素，以优质的工作、最经济的办法提供满足用户需要的产品的全部活动。

全面质量管理是企业为了保证和提高产品质量，综合运用产品的研究、设计、制造和售后服务的一套质量管理体系、手段和方法所进行的系统管理活动；是企业组织全体职工和各部门参加，把专业技术、经营管理和思想教育结合起来，综合运用现代科学和管理技术成果，控制影响质量全过程的各因素，从而有效地利用人力、物力、财力、信息等资源，提供用户满意的产品和服务。

品牌产品质量控制的主要方法有“6 西格玛”、精益生产、日清日高等。

所谓供应链管理，是指利用计算机网络技术全面规划供应链中的商流、物流、信息流、资金流等，并进行计划、组织、协调与控制等。供应链管理是一种集成的管理思想和方法，它执行供应链中从供应商到最终用户的物流的计划和控制等职能。

深入学习与考试预备知识

设计过程是产品质量控制的关系

“千里之行，始于足下；质量之路，源于设计。”产品的质量优劣、可靠性水平的高低、经济效益的好坏在很大程度上取决于产品的设计质量。

设计过程是质量控制的源头。据统计，70%的质量问题是在设计阶段产生的。我们可以从产品研制的时间序列来看产品设计、工艺设计、生产控制各不同阶段对产品质量的影响，首先是质量杠杆图，该图形象地说明对质量影响最大的是产品的设计阶段，其次是工艺设计，最后是生产控制。而在每个阶段产品质量改进的效费比也是依次由大到小降低的。设计过程决定了产品的固有质量、固有成本、性能和可靠性等。现代产品设计就要把质量设计作为研发过程的重要内容，通过预防和质量优化设计活动，提高产品的质量水平。

知识拓展

产品质量的生产控制

生产过程中的质量保证体系是产品质量的中心环节。一般来说，追求品牌竞争力的企业在质量和成本之间的选择上，是宁可牺牲成本也要保证质量的。一个好的质量保证体系一般包括采用新技术，严格质量监督，提高员工的责任感等诸多方面。

技术是质量的基本保证。用自动化程控设备取代人工操作在许多方面可以使质量达到新的水平。中国的产品质量水平相对较低，原因可能是多方面的。其中一条，我们的自动化设备比重较小，数控机床、加工中心等机电一体化技术比例小，大多数产品的加工，仍然要靠工人的手工操作。这是较难保证产品高质量的。美国福特、通用汽车制造公司采用声频系统，通过信号声响转换装置发出声频指令，用来指导加工、装配的现场作业；美国、英国、德国、瑞典等国采用一种被称为“电子眼”的监视视频系统，控制食品在流水线上的质量，这套系统通过 X 射线或红外线摄像机将图像输入电脑，即使在黑暗无光的情况下也能将产品的表面和内在质量反映出来，因而可以保证在食品中不会混入玻璃、金属等异物。

严格的质量监督体系是产品品质的保证。德国奔驰公司向来以严格的质量监督而闻名。它们的车间干净整洁、有条不紊。在整个生产线上，即使是一颗小螺丝钉也要先检查再使用。公司下属的一个分厂，日组装1600辆整车，在3.4万名员工中，有4800人是进行质量控制检验的，约占总人数的1/7，其中零部件检查人员1300人，专门负责检查26000家协作厂商的零部件，每箱中如果有一个不合格，就要全部退货。

提高员工的责任感。英特尔公司的员工在刚生产出3英寸硅片时，感觉非常兴奋。而在进行大批量生产时，却发现成品率迅速下降。原来是由于部分生产线上的员工没有遵循处理步骤，因而发生了工艺特性的变化。他们开始加强对操作者的在职训练，并将所有的操作细节都写成手册，要求操作者严格遵守，结果成品率直线上升。英特尔公司的CPU技术在国际市场上遥遥领先，不断取得新的突破，如今又在奔腾系列上升级为双核系列，其质量和功能进一步得到提升。这不仅是由于他们在技术开发方面有不断的创新，也与公司员工的质量意识和责任意识密不可分。

提高员工的质量责任感要从强化员工的质量意识做起。美国的美标公司是一家生产卫生洁具的名牌公司，他们生产的浴缸、浴盆一般都是供应三星级以上的宾馆使用。为了保证产品的质量，他们从培养员工的质量意识这个最基本的环节做起，经常对在线员工进行质量意识和质量标准的培训。因此，在员工的心目中，质量就是企业的生命，砸了牌子就等于砸了自己的饭碗。员工始终贯穿着“用户在我心中，质量在我手中”的产品质量意识。结果，美标在世界各地合资的生产厂家，所生产出来的产品都可以达到统一的质量标准。由此看来，从根本上提高员工的质量意识，是提高产品质量的治本之策。

资料来源：张世贤：《现代品牌战略》，经济管理出版社，2007年。

答 案

第一节：

五粮液集团是从四个方面对品牌质量进行过程控制的。①树立起质量优先的竞争意识。②狠抓技术进步，提高产品质量，用质量管理的手段保证企业技术进步的高水平，依靠技术进步强化质量管理。③以质量管理为管理中心。深化质量管理，不仅要解决意识问题，还要解决方法问题。全面质量管理的科学思想和理论，与五粮液酒厂生产实际相结合，产生了新的管理观念和思路，形成了一套以质量管理为企业管理中心的管理软件。④以市场需求为导向提高质量，全面质量管理不能关起门来搞，必须面向市场。对产品质量的要求首先产生于市场营销和市场调研环节。意识到市场一切是为了用户，是实施质量战略的突破性转变。

第二节：

现代企业实施“6西格玛”管理的好处是显而易见的，概括而言，主要表现在以下四个方面：

一是提升企业管理的能力。“6西格玛”管理以数据和事实为驱动器。过去，企业对管理的理解和对管理理论的认识更多停留在口头上和书面上，而“6西格玛”把这一切都转化为实际有效的行动。“6西格玛”管理法成为追求完美无瑕的管理方式的同义语。

二是节约企业运营成本。对于企业而言，所有的不良品要么被废弃，要么需要重新返工，要么在客户现场需要维修、调换，这些都需要花费企业成本。美国的统计资料表明，在实施“6西格玛”管理的1987~1997年的10年间，摩托罗拉公司由于实施“6西格玛”管理节省下来的成本累计已达140亿美元。

三是实施“6西格玛”管理可以使企业从了解并满足顾客需求到实现最大利润之间的各个环节实现良性循环。公司首先了解、掌握顾客的需求，然后通过采用“6西格玛”管理原则减少随意性和降低差错率，从而提高顾客满意程度。

四是形成积极向上的企业文化。在传统管理方式下，人们经常感到不知所措，不知道自己的目标，工作处于一种被动状态。通过实施“6西格玛”管理，每个人知道自己应该做成什么样，应该怎么做，整个企业洋溢着热情和效率。

第三节：

戴尔公司独特的供应链管理主要包括以下三个方面：①组织严密的供应商网络。戴尔公司95%的物料来自这个供应网络，其中75%来自30家最大的供应商，另外20%来自规模略小的20家供应商。戴尔公司几乎每天都要与这50家主要供应商分别交互一次或多次。在生产运营中，如果生产线上某一部件由于需求量突然增大导致原料不足，主管人员就会立刻联系供应商，确认对方是否可能增加下一次发货的数量。如果问题涉及硬盘之类的通用部件，主管人员就会立即与后备供应商协商。②物料的低库存与成品的零库存。戴尔的平均物料库存只有约5天，通过双向管理其供应链，通盘考虑用户的需求与供应商的供应能力，使二者的配合达到最佳平衡点，实现“永久性库存平衡”。③电子工具的广泛应用。这是戴尔供应链管理的一个显著特征，戴尔电子化的供应链系统为处于链条两端的用户和供应商分别提供了网上交易的虚拟平台。戴尔有

90%以上的采购程序通过互联网完成。有了与供货商的紧密沟通渠道，工厂只需要保持 2 小时的库存即可应付生产。除此之外，戴尔还推出一个名为 valuechain.dell.com 的企业内联网，此网站堪称供货商的入门网站，供货商可以在上面看到专属其公司的材料报告，随时掌握材料品质、绩效评估、成本预算以及制造流程变更等信息。

案例分析：

略（根据本章知识进行简要概括）。

第五章 创新与品牌质量提升

学习目标

知识要求 通过本章的学习，掌握：

- 创新的含义与特征
- 创新的几种方法
- 创新与品牌质量提升之间的关系

技能要求 通过本章的学习，能够：

- 对创新与品牌质量提升的关系有一个总体了解
- 掌握几种常用创新的方法
- 了解创新在品牌质量提升中的作用

学习指导

1. 本章的主要内容：创新的含义及特征、产品含义及方法、技术创新的含义及方法、服务创新的含义及方法等。

2. 学习方法：掌握最基本的理论和几种常用的创新方法，结合案例理解概念，并进行知识延伸和讨论活动等。

3. 建议学时：8 学时。

第一节 创新的含义与特征

引导案例

可口可乐囿于传统丢市场

1978年6月12日美国《商业周刊》杂志的封面，推出头号标题“百事可乐荣膺冠军”。这一带有夸张性的新闻让美国乃至世界商业界人士感到惊讶。

人们不禁要问：可口可乐这位饮料巨人怎么了？可口可乐在饮料市场上一枝独秀的地位真的失去了吗？回答是令人悲怆的。

历史和传统在可口可乐的公司文化中处于支配地位。

1886年，亚特兰大的药剂师约翰·斯蒂斯·彭伯顿发明了生产可口可乐的秘方，称为“商品—7X”。

1893年，这种极其特别的名称和富有特色的斯宾塞体草书“可口可乐”商标被美国专利局认可。同年，凯莱布·B·布拉伯汉把他在北卡罗莱那州纽伯恩药店里出售的一种叫做“布拉德的饮料”改名为百事可乐。

从那时起，在长达半个多世纪里，可口可乐公司就按照同样的秘方生产着同样的可乐装在同样的6.5盎司的瓶子里。不能超越传统，没有创新的先例，无论时代产生怎样的变化，都不能轻易更改自己的配方和经营原则。可口可乐公司囿于传统，以至于疏忽了强劲的竞争对手。

百事可乐一天天成长壮大起来，逐步打入了可口可乐的传统市场。可口可乐曾以5∶1的优势超过百事可乐的销售额，到1958年，百事可乐的销售额增长了2倍。

百事可乐没有传统的束缚，只要市场需要，可随时调整自己的经营策略，改变饮料的口味和包装。

在亚特兰大的可口可乐帝国，经理们一直把独特的6.5盎司的瓶装视为“自己最完善的包装”。配合这种特别的瓶子，可口可乐公司还特意推出一种自动冷饮机，用5分硬币便可买到1瓶可口可乐。

正当可口可乐为此自鸣得意时，百事可乐公司迅速推出了12盎司的新型瓶装，价格也同可口可乐一样只卖5分钱1瓶。

“五分钱买双份”的广告词响亮顺口，击中要害，可口可乐顿时慌了手脚。

降价肯定是下策，改换瓶装在短期内根本不可能，预定生产的特殊瓶装堆积如山，达10亿个之多；市场上大量使用5分钱硬币饮料售卖机更是无法更改的。可口可乐只能眼睁睁地看着大片市场被百事可乐夺走。直到一些年以后，可口可乐终于用完了这10亿个瓶子，才长舒了一口气。

1960年，百事公司把进攻火力对准了可口可乐的“传统”形象，发动了大规模的宣传攻势，把可口可乐的“僵化”夸张地推到公众面前，百事可乐则被描绘成年轻人的专用饮料。

1964年，百事可乐炮制出广告史上的经典作品，推出“百事可乐新一代”口号，巧妙地运用心理战术，将顾客分成传统型和反叛型两大类，把百事可乐演化成新的一代的精神象征，可口可乐则变成了“过时、落伍、不流行”的象征。

1976年，百事可乐又发动了全国性的广告大战，向可口可乐发起公开挑战。百事可乐通过电视主办了无商标品尝试验，让消费者重新考虑他们对“老”可乐的忠诚，并把它与“年轻”可乐作一比较。

百事可乐成功地赢得了一代人的信任，销售额猛增。

当可口可乐公司试图对百事可乐俘获一代人的广告做出反应的时候，发现自己的优势已经衰减到3：2了。可口可乐不得不把全部注意力集中在公司眼下最紧迫的问题上——迎战百事可乐。

1978年，公司起用布莱恩·戴森为可口可乐美国分公司经理。戴森试图突破传统，尝试一种新的软性饮料——节食可口可乐。

然而，从来没有哪一项议题在可口可乐公司亚特兰大总部引起过如此激烈的争论。实际上，早在20年前，几位企业家就建议把公司新生产的低热量饮料命名为节食可口可乐。但公司的高级官员对此置之不理。他们反对扩大可口可乐商标使用范围，哪怕是市场上发展最快的产品，因为他们担心这会使可口可乐的牌子贬值。

1981年春，在新任少壮派领导人戈伊祖艾塔支持下，戴森开始组织实施节食可口可乐的研究，这项计划被称为“哈佛计划”。次年8月，节食可口可乐在全国推出，并以较大的销售额迅速占领了市场。百事可乐受到极大的冲击。

可口可乐公司受传统的影响太大了，以至于在维护传统与走出传统面前徘徊不定，连续出现失误，传统的市场被蚕食。尽管如今可口可乐仍然占据优势，但已经不是昔日独霸可乐界的局面了。

资料来源：姜慧德、刘爱芹：《全美企业管理经典案例集·经营战略》，科学技术文献出版社，2007年。

思考题:

在上述案例中，可口可乐为什么会输给百事可乐?

一、创新的内涵

问题 1: 什么是创新?

创新发明在推动经济发展和企业进步方面的作用是众所周知的，如电的发现、电子计算机的发明、现代通信系统的发明、分工协作对提高组织生产效率的作用、管理层级制的建立等，无一不对企业发展进程起到了难以估计的巨大推进作用。正因为如此，随着科学技术的发展和知识经济时代的到来，创新越来越从偶然性走向必然性。那么究竟什么是创新?

创新是以新思维、新发明和新描述为特征的一种概念化过程。起源于拉丁语，它有三种不同的含义：更新；创造新的东西；改变。

创新是人类特有的认识能力和实践能力，是人类主观能动性的高级表现形式，是推动民族进步和社会发展的不竭动力。一个民族要想走在时代前列，就一刻也不能没有理论思维，一刻也不能停止理论创新。

经济学上，创新概念的起源为美籍经济学家熊彼特在 1912 年出版的《经济发展概论》。熊彼特在其著作中提出：创新是指把一种新的生产要素和生产条件的“新结合”引入生产体系。它包括四种情况：引入一种新产品；引入一种新的生产方法；开辟一个新的市场；获得原材料或半成品的一种新的供应来源。熊彼特的创新概念包含的范围很广，如涉及技术性变化的创新及非技术性变化的组织创新。

创新作为一种基本的企业行为，其具体的表现形式是多种多样的，涉及企业活动的所有方面。根据其场合的不同，可分为产品创新、工艺创新、市场创新和管理创新。

（1）产品创新。改善或创造产品，进一步满足顾客需求或开辟新的市场。

（2）工艺创新。改善或变革产品的生产技术及流程，包括新工艺和新设备的变革。

（3）市场创新。改善或创造与顾客交流和沟通的方式，把握顾客的需求，销售产品。

（4）管理创新。改善或创造更好的组织环境和制度，使企业的各项活动更有效。

二、创新的特征

问题 2：创新有哪些特征？

1. 不确定性

任何一个创新主体都希望通过成功的创新来获取期望的利益。但是由于受外部因素和内部因素的影响，创新活动最终可能有三种不同的结果：①创新成功，实现了预期的目标；②创新没有达到理想的状态，投入与收益基本持平；③创新失败，未能实现预期目标，甚至无法收回为创新而投入的成本。

2. 保护性和破坏性

就创新对企业的影响范围、程度和性质的不同，可将创新分为破坏性的和保护性的。具有保护性的创新，会提高企业现有能力、技能的价值和可应用性。虽然所有的技术创新都会引起某种变化，但这些变化不一定非是破坏性的。

破坏性创新的效果完全相反。这类创新不是提高和加强企业现在的能力，而是使企业现在的技能和资产遭到毁坏和破坏。新的产品或工艺技术会使企业现有的资源、技能和知识只能低劣地满足市场需要，或者根本无法满足其要求，从而降低了现有能力的价值，在极端情况下，会使其完全过时。这类变化正是熊彼特创新理论和经济发展理论的核心。熊彼特认为“创造性破坏”是新经济发展的推进器，它对竞争的影响是通过重铸竞争优势的实现基础而实现的。有的“创造性破坏”影响如此深远、广泛，以致它们常常能创造出一个新的产业或者破坏一个现有的产业，如半导体产业的成长及其对电真空管产业的破坏性作用。

3. 受抵制性

一般一种新的创意、新的技术、新的模式、新的产品等出现的时候，总会受到不同声音的质疑。出于对既有传统的保护或固有习惯的维护，总会有人站出来反对，这样的事例在创新的历史上举不胜举。但那些符合技术发展、适应历史潮流的创新总能用战胜结果抵制，推动社会的发展。

4. 有偶然性与机遇性

创新主体在创新活动中常常需要灵感，就是所谓的豁然开朗、思路突然贯通的顿悟状态：一是灵感具有随机性的，它在何时、何地出现，受什么启迪或触媒而发生，都是不可预期的；二是灵感具有显现的瞬间性，如不及时抓住，会转瞬即逝；三是灵感具有爆发的情感性，是指灵感爆发的瞬间，创造者出现的迷狂、惊喜和情绪高涨等心态。因此，我们说创新具有偶然性一点也不为过。

但机遇和灵感只亲近有准备的头脑，它是深思熟虑的必然结果，其偶然性中有必然性，只有热烈而顽强地致力于创造性地解决问题，灵感和机遇才会光顾。同样重要的，你还要时刻准备着，有善于捕捉机遇和灵感的意识，否则，哪怕灵感出现的次数再多，也会被视而不见，白白错过。从这方面来讲，创新又具有必然性。

三、创新的意义

问题 3：创新有哪些意义？

从人类社会的角度来讲，人类社会从低级到高级、从简单到复杂、从原始到现代的进化历程，就是一个不断创新的过程。近代以来，人类文明进步所取得的丰硕成果主要得益于科学发现、技术创新和工程技术的不断进步，得益于科学技术应用于生产实践中形成的先进生产力，得益于近代启蒙运动所带来的人们思想观念的巨大解放。

21 世纪是创新的世界，即便是世界上头号大国美国也把创新看做是赢得未来的筹码之一。不同民族发展的速度有快有慢，发展的阶段有先有后，发展的水平有高有低，究其原因，民族创新能力的大小是一个主要因素。

从企业角度来讲，技术创新可以提高生产效率，降低生产成本；体制创新可以使企业的日常运作更有秩序，信息传递更畅通，可以摆脱一些旧的体制的弊端，更加便于管理；思想创新能够保障企业沿着正确的方向发展，增强企业的凝聚力，发挥员工的创造性，为企业带来更大的效益。

活动 1：收集一些品牌故事，看看它们在自己的品牌上是怎样进行创新的。

考试链接

1. 创新的内涵。
2. 创新的特征。

第二节 产品创新与品牌延伸

海尔：品牌的背后是创新

2004年初，世界品牌实验室评选出“世界最具影响力的100个品牌”，海尔成为国内唯一入选的品牌，实现了中国自主品牌零的突破。对海尔而言，这是一个新的起点，对海尔员工而言，这是心心相印共同创新的结果。

在海尔工业园，一位员工对到访的记者说：“从汉字笔画看，名牌是一个口，是自己创造出来的；而品牌是三个口，三人成众，三口为品，那需要大家心通才成。”

尽管十几年过去了，但海尔的陈志海至今记得当年225升冰箱的研发情景。225升冰箱是第一个整套外观使用注塑材料的冰箱，是海尔自主开发的首套塑料模具的首个成果。为了这套模具，技术人员日夜忙碌，每天睡不了几小时，终于在很短时间内研制成功，使海尔冰箱的外观上了一个台阶。

像225升冰箱一样，在海尔创新的故事很多，如小小神童洗衣机的诞生、17小时完成超克冷柜样机、拜访老师产生的“空调器换气装置”、由一位新妈妈建议而来的能洗“奶瓶”的洗碗机……海尔创新涉及范围广泛，大大小小不计其数。从当初的6S（整理、整顿、清扫、清洁、素养、安全）大脚印促使员工成绩分享，失误互帮，到眼下正在进行的SBU（策略、事业、单位）流程再造，海尔的每名员工都以一个自负盈亏的创新主体对市场负责，对海尔品牌负责。

2004年5月，在巴黎举行的第95届法国列宾国际发明展览会上，由中国海尔集团推出的世界第四种洗衣机——“双动力”洗衣机，在GE、西门子、惠尔浦等世界知名品牌的参展产品中脱颖而出，一举夺得了唯一的国际发明金奖，开创了中国家电产品的先河。

海尔人说，“双动力”只是海尔诸多自主发明专利中的一件。海尔彩电以3A高清为技术主导的数字流媒体播放系统、海尔P7彩屏笔形照相手机、海尔变频冰箱、自动挡滚筒洗衣机、“防电墙”热水器、“臭氧消毒”洗碗机……这些发明专利已达249项，是国内专利申请数量最多的家电企业。

小河涓涓终于成就大河澎湃。海尔在自主创新提升企业国际竞争力的过程中，终于能参与国家和国际标准的建设制定。截止到2004年，海尔集团累计参与了86项中国国家标准的制修订，两项标准已进入国际标准提案。一个是电热水器的防电墙技术，国际标准审查要通过五步，现在已经通过了四步；再一个就是洗衣机的双动力技术，全世界的洗衣机一共是三类：亚洲波轮式、欧洲滚筒式和美国搅拌式。现在，第四种方式就是中国海尔的双动力。

中国标准化协会秘书长马林聪说："专利技术的升华就是标准，双动力式洗衣机标准的诞生，就是这样一个过程，创新技术成功转化为畅销产品，从量到规模再到格局，迅速的产业化扩张成就了世界第四种洗衣机标准。"一些业内人士则称，专利影响的只是一个或若干个企业，标准影响的却是一个行业，甚至是一个国家的竞争力。海尔"双动力"入围国际标准，不但将推动洗衣机产业向更高层次发展，还标志着中国企业正在提升在全球制造产业链中的地位，把"中国制造"变为"中国创造"。

资料来源：陈国军、苏万明：《海尔：品牌的背后是创新》，新华网，2005年6月。

思考题：

收集相关材料，结合上述案例回答，海尔集团成功的主要因素是什么？

一、产品创新的内涵

问题4：什么是产品创新？

产品创新即改善或创造产品，以进一步满足顾客需求或开辟新的市场。产品的创新是影响消费者对品牌产品感知的一个要素。随着新技术的发展，新技术进入消费者生活的需要日益迫切，加之市场竞争的加剧，产品创新越来越成为品牌竞争力的一个主要标志，越来越成为品牌形象的一个核心要素。

关键术语

产品创新

产品创新即改善或创造产品，进一步满足顾客需求或开辟新的市场。产品的创新是影响消费者对品牌产品感知的一个要素。

产品创新具有丰富的内涵，它既包括新产品的发明，也包括产品质量的提高、性能的改进和成本的降低等。从不同的角度可以把产品创新分为不同的类型：基于产品创新的原创性，可以划分为突破性创新和渐进性创新；基于产品创新的方向，可以划分为前向创新和后向创新；基于产品创新的维度，可以划分为深度创新和宽度创新；基于产品创新的构成要素，可以划分为设计创新、外观创新、规格创新、功能创新、工艺创新和材料创新；基于产品创新的程度，可以划分为全新型创新、替代型创新、延伸型创新、拓展型创新、改进性创新和包装型创新等。

（1）全新型创新是指新发明的产品。全新型创新是比较少的，但一旦成功对人类生活有巨大影响，因而创新者的品牌容易出名。有一些世界名牌就是伴随全新型创新而成长起来的，如施乐（Xerox）复印机、可口可乐饮料等。

（2）替代型创新是指在功能上替代原有产品的创新，如 DVD 替代 VCD、ATM 替代银行出纳服务等。

（3）延伸型创新是指功能延伸的产品创新，如手机的上网和电视功能。

（4）拓展型创新是指产品品种的创新，如储蓄品种的创新。

（5）改进型创新是指产品性能和质量的改进。大多数创新都是改进型的。改进型创新的影响力虽然不如前述几种创新，但相对容易和保持创新的持续性，持续创新对树立品牌形象很重要。

（6）包装型创新是指产品外观和包装的创新。百事可乐曾经花巨资进行包装创新，把原来红、白、蓝三色相间的铝罐包装改为全蓝色，以便与可口可乐在包装形象上拉开距离。

二、产品创新与品牌质量之间的关系

问题 5：产品创新对品牌质量有什么影响？

产品创新可分为全新产品创新和改进产品创新。全新产品创新是指产品用途及其原理有显著的变化。改进产品创新是指在技术原理没有重大变化的情况下，基于市场需要对现有产品所作的功能上的扩展和技术上的改进。全新产品创新的动力机制既有技术推进型，也有需求拉引型。改进产品创新的动力机制一般是需求拉引型。需求拉引型即：市场需求—构思—研究开发—生产—投入市场。

Mattel 公司的产品——芭比娃娃已经 40 多岁了，从年龄上说该是“阿姨”了，但为什么她还如此受全球小朋友的宠爱呢？这是因为她不断创新的缘故——20 世纪 50 年代，芭比是个广交朋友、能说会道的小女孩；60 年代，芭比细眉弯弯，平民化突出；70 年代，有着不同肤色的芭比；80 年代，黑色的芭比十分可爱，而且有不同的职业装；90 年代，芭比飞指敲击键盘，灵性十足；现在，孩子们可以在网站上设计出更新潮的、各具特色的芭比娃娃，而且还会赋予她一个非常特别的性格。

三、产品创新的原理

问题 6：产品创新要基于哪些原理？

1. 需求构思原理

产品总要满足人类的物质需求和精神需求。技术人员了解人类各种不同层次的需求，能动态预测人们的需求变化，从而成为构思新产品的灵感和源泉。雀巢公司于 1938 年发明了速溶咖啡。近年来，为了解决众口难调的问题，公司推出了适合不同口味的多种咖啡。在单身职工和双职工家庭日益增多的今天，他们大胆推出速冻餐，大获成功。西方世界盛行养宠物，对宠物食品的需求非常旺盛，其利润也非常可观。雀巢公司已占领世界宠物食品市场的 75%。

2. 专利构思原理

专利构思原理就是利用专利构思开发新产品。一方面，随着科学技术的迅速发展和法律制度的逐步健全，人们可以通过申请专利来保护自己的发明创造；另一方面，可以参考专利文献，寻找开发新产品的目标。

3. 技术转移构思原理

科学技术是第一生产力，它在产品创新方面的作用越来越重要。因而产品创新要面向新技术、新工艺、新材料。利用技术转移构思原理开发新产品主要有三种类型：①全新突破，直接构思；②发挥现有潜力，横向移植；③“组合”新技术，开发新产品，这也是当今社会产品开发的一种潮流。

4. 择优原理

任何产品都包含使用目的、功能、结构和技术 4 个要素。产品创新要首先提出功能目标，然后围绕目标提出多种方案，最后通过评价，选择最优方案。

5. 综合原理

在产品创新过程中，技术人员把研究对象分解为各个层次和各种因素，并分别加以研究，分析其本质、特性的优劣，然后按照内在联系合理地组织起来，形成新的产品，这就是产品创新的综合原理。常见的综合有现金科技成果综合、多学科技术综合、传统技术与最新技术综合、自然科学与社会科学综合。

6. 关联原理

事物与事物之间总有一定的关联性，人们常常会因对一样事物的构思而引发对关联事物的构思，这成为产品创新的一个启发因素。例如，1970 年耐克公司创始人之一，奥尔良大学的田径教授比尔·鲍尔曼看到妻子使用“蜂窝”烙铁时想，如果将树脂倒入“蜂窝”烙铁中，将它用做模子，所得的材料就会想控制住气流的衬垫，从而产生一种有动力的气垫。1977 年，当耐克首次将 Waffle 鞋推入市场时，很快就轰动了跑鞋世界。

7. 反求原理

反求就是对现有产品进行全面、系统、深入的科学分析，反向研究其基本功能、结构、技术、材料、使用条件等重要因素，进而进行联系发挥，移植改良，创造出新产品。

8. 对应原理

事物总是相对立而存在的，相矛盾而发展的。任何事物都有其对立面，正如有正电就有负电，有物质就有反物质一样。从现有产品的相反功能去构思创造新产品，就是产品创新的对应原理。

9. 组合原理

将两种或两种以上的技术或产品整体或部分进行适当组合，从而形成新产品，这就是产品创新的组合原理。不同的组合可以具有不同的功用，重新组合的新产品的效应常常大于组成该系统的各元素的简单效应之和。

活动 2： 收集相关材料，组织一堂讨论课，分析一些名牌企业是怎样通过创新来提升品牌质量的。

考试链接

1. 产品创新的内涵。
2. 产品创新与品牌质量之间的关系。

阅读材料

苹果公司的产品创新方法

首先，苹果在设计产品时都按照“礼品”的标准来做，他们的理念就是将产品的各个细节做到极致。苹果创新的核心就是从一种礼物的概念向外延伸，所谓用伟大的想法包装伟大的想法：苹果 MaxOSX 就是在它轻便、美丽的硬件设计里的礼品，硬件又是在苹果完美的外形设计里的礼品，整个电脑又是在苹果像博物馆一样的商店里的礼品。最后，所有的这一切都是包在乔布斯每年精彩、戏剧性的演讲中的礼物。从设计到制作，再到营销，没有哪一家电子消费品公司把这样一种礼品的概念发挥到如此淋漓尽致的。

其次，苹果认为，精确到像素的样品设计非常重要。每个苹果内部的设计师都要将软件的每一个界面和特征设计精确到像素，才能让高级经理来评判。

这样，每次高级经理看到的都是一个完整产品的样子，得到批准的东西最后看起来就会和最后产品一样而不会走形。从十到三，再到一。考虑到每个样品的设计都要精确到像素，苹果要求任何样品都要现有十个不同的设计，从中会确定三个改进完善，并选择一个为最终的产品。这样的方法的好处是最大限度地给创新留出了空间，让设计人员自由地去选择任何和过去不同的设计，同时又让他们知道90%的工作可能是不被采用的。这个做法看似对公司资源进行了浪费，但是10—3—1流程的严格控制，实际上保证了创新和效率的平衡。

再次，每周两次匹配的设计会议。每周，工程师和设计人员都要在一起开两个不同的会议。一个是“头脑风暴会议”，大家把各种疯狂的想法说出，完全不受限制，不管是新产品特性还是对已有产品的改进，大家都畅所欲言。另一个会议是“生产会议”，与头脑风暴截然相反，这个会议要把选定的疯狂想法尽可能细化，怎么做，为什么这么做。这两种会议在整个产品研发的过程中就是这样反复切换着。

最后，就是定期的样品展示会。有句经典的话：“顾客不是要买钻头，顾客要买的是洞。”工程师和产品经理不了解：顾客要买的其实不是某个产品，而是他们需要运用一个产品来完成某件任务或解决某个问题。苹果会定期让工程师把自己根据用户需求及刚才描述的过程反复筛选后设计出最好的样品，给高管层展示。这样最大程度的保证用户想要的确实就是产品能提供的，也让能管理层定期确定团队工作的进度和方向。

资料来源：《坚持走礼品之路 揭秘苹果创新全过程》，价值中国网，2011年4月18日。

第三节 技术创新与品质提升

引导案例

英特尔的技术创新之路

每当我们看到一半以上的电脑其正面上的显著标志“Intel Inside”，我们就会不由得想到美国英特尔公司，这个信息时代的宠儿。也许，世界上再没有任何技术像中央处理器那样对信息革命产生如此巨大的推动力，也没有任何公司像英特尔那样在使芯片成为信息时代的主导性技术方面作出如此巨大的贡献。

然而，英特尔公司的一次战略性失误却将它打得几乎翻不过身来。正是以

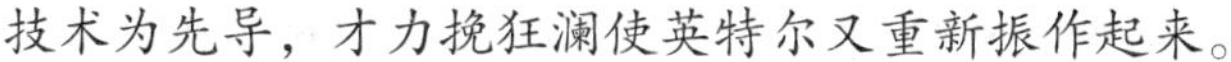

技术为先导，才力挽狂澜使英特尔又重新振作起来。

1. 战略大溃败

1994年，英特尔在全球范围内回收1993年推出的“奔腾”芯片，在英特尔公司的发展历史上，这是史无前例的严重事件。

在这种情况下，全球各大电脑公司也相继宣布，他们将接受消费者的要求，为每一位购买“奔腾”计算机芯片的客户免费更换芯片，并保证对芯片的终身维修服务。英特尔公司在这次事件上除了本身的商品信誉受到损失外，如果以销量500万只计算，损失就达20亿美元。

2. 又遇强手

1994年，英特尔和康柏电脑公司及IBM等大主顾的关系日益疏远，其中部分原因在于它不同意对芯片进行大削价，所以，现在这些公司可能会转变成英特尔的竞争对手，如从AMD、Cyrix等公司那里购买它们所需的大部分物品。在传统的英特尔占主导地位的IBM型个人电脑市场上，它也遇到了更多的竞争。IBM与摩托罗拉共同生产的用于苹果机上的PC芯片，成为对奔腾构成威胁的强有力的竞争性产品。而有线电视机顶盒及电视游戏机的新兴市场——它们大多数用的是其他种类的芯片——可能会把消费者的钱从个人电脑上夺走。

这就是为什么仍然占有110亿美元微处理器市场75%的英特尔计划用创纪录的29亿美元来建新厂和购买设备的原因。相比之下，AMD预计的7亿美元就微不足道了。那些新工厂将生产大批量的芯片。第二年春，英特尔公司推出了新的更新的奔腾芯片。由于得力于一种更先进的制造流程，它们的生产成本便宜了30%。这使英特尔在保持自己高盈利的同时，不断降价。

3. 技术开道

为了甩开AMD、Cyrix等竞争对手，以免它们蚕食芯片市场，英特尔1999年2月1日把奔腾价格下降了40%，并把最廉价的型号定为273美元，同时掀起了一场1.5亿美元的广告战。结果，奔腾的销售额比初期芯片销售额的增长速度快了8倍。

1999年2月16日，英特尔又向市场揭开代号为P6的第6代芯片的面纱。英特尔能保持这种危险的高速吗？差不多。但在当时，事情要难办多了。P6实在太复杂，它的晶体管，几乎是奔腾的两倍。英特尔还必须帮助开发诸如语言识别及电视会议等用得上P6威力的新型个人电脑应用软件，以及从工程工作站到所谓的电脑服务器等新的先进系统，这些抢先开路的活动也得为P7铺平道路，否则，英特尔将很难说服个人电脑制造商及用户们这么频繁地更新换代。对英特尔而言，它并没有太多的选择余地——因为对手们正在更快地加速，英特尔必须刺激对几乎没有竞争对手的尖端芯片的需求，以保障它的利润率。有人形象地比喻："英特尔用了一台高速马达，然后就围绕着它研制出一辆跑车。"

为了使这辆"跑车"吸引顾客，英特尔还促使软件和个人电脑公司开发新的急需大功率的应用软件，如多媒体的高容量通信等，从而通过个人和公司购买最快速的芯片。

英特尔公司成功的科研技术管理使其能扶大厦于将倾，真正无愧信息时代宠儿的称号。

资料来源：陈放：《品牌策划》，蓝天出版社，2005年。

思考题：

英特尔公司是怎样对自己的产品进行一系列的技术创新的？

一、技术创新的内涵

问题7： 什么是技术创新？

对于技术创新这一概念，主要有四种不同的解释：

1. 熊彼特的定义

熊彼特（J.A. Schumpeter）在1912年《经济发展理论》中指出，技术创新是指把一种从来没有过的关于生产要素的"新组合"引入生产体系。这种新的组合包括引进新产品；引用新技术，采用一种新的生产方法；开辟新的市场（以前不曾进入）；控制原材料新的来源，不管这种来源是否已经存在，还是第一次创造出来；实现任何一种工业新的组织，例如，生成一种垄断地位或打破一种垄断地位。

2. 美国国家科学基金会的定义

美国国家科学基金会（National Science Foundation of U.S.A.）从20世纪60年代开始兴起并组织对技术的变革和技术创新的研究，迈尔斯（S.Myers）和马奎斯（D.G.Marquis）作为主要的倡议者和参与者。在其1969年的研究报告——《成功的工业创新》中将创新定义为技术变革的集合。他们认为技术创新是一个复杂的活动过程，从新思想、新概念开始，通过不断地解决各种问题，最终使一个有经济价值和社会价值的新项目得到实际的成功应用。NSF认证在20世纪70年代的技术创新的限定还比较窄，但到20世纪70年代下半期，NSF对技术创新的界定大大改变了"技术创新是将新的或改进的产品、过程或服务引入市场"。同时，明确地将模仿和不需要引入新技术知识的改进作为最终层次上的两类创新而划入技术创新定义范围中。创新包括科学、技术、组织、金融和商业的一系列活动。这一定义是从产品创新和工艺创新方面出发的。

3. 缪尔塞的定义

缪尔塞（R. Mueser）对20世纪80年代以来在技术创新概念和定义上的条件提出主要观点并表述，他作了比较系统的整理分析，在搜集3008篇相关论文中，约有3/4接近如下表述：当一件新思想和非连续性的技术活动，经过一段时间后，发展到实际和应用程序，就是技术创新。在此基础上，他做了如下定义：技术创新是以其构思新颖性和成功实现为特征的有意义的非连续性事件。这表达了两方面的特殊含义：①活动的非常规性，包括新颖性和非连续性；②活动必须获得最后成功实现。

将技术发明所阐明的技术新思想转变成可以投入市场的产品和工艺，并在此基础上，通过功能、结构、市场三方面的分析，将技术原理上的可行性转变成为具有一定能够市场占有的可行性，完成这个过程就是技术创新。

4. 技术创新的“双螺旋结构”演进理论

进入21世纪，信息技术推动知识社会的形成及其对技术创新的影响进一步被认识，科学界进一步反思对技术创新的认识。《复杂性科学视野下的科技创新》在对科技创新复杂性分析基础上，指出科技创新是各创新主体、创新要素交互复杂作用下的一种复杂涌现现象，是技术进步与应用创新的“双螺旋结构”共同演进的产物。

对于技术创新这一概念的全新理解：随着时代的变化，人们逐渐认识到之前对技术创新的理解存在着偏差，试图用一种全新的视角来理解这一概念。技术创新是一个从产生新产品或新工艺的设想到市场应用的完整过程，它包括新设想的产生、研究、开发、商业化生产到扩散这样一系列过程，本质上是一个科技、经济一体化过程，是技术进步与应用创新共同作用催生的产物，它包括技术开发和技术应用这两大环节。而这一过程的结果必须体现在有使用价值的商品上。

关键术语

技术创新

技术创新是一个从产生新产品或新工艺的设想到市场应用的完整过程，它包括新设想的产生、研究、开发、商业化生产到扩散这样一系列过程，本质上是一个科技、经济一体化过程，是技术进步与应用创新共同作用催生的产物，它包括技术开发和技术应用这两大环节。而这一过程的结果必须体现在有使用价值的商品上。

二、技术创新与品牌提升的关系

问题8：技术创新与品牌提升之间有什么关系？

技术是品牌出奇制胜的法宝，是品牌创新精神的最好体现。新经济时代，科学技术的发展一日千里，新产品层出不穷，对消费者产生了无限的诱惑力。而消费者“喜新厌旧”的本性决定了他们的期待永不满足，总是在不断追求更好、更新的产品。一个在产品研发上一成不变、不能满足消费者更多需求的品牌，总是会在人们越来越挑剔的眼光中，被视为“保守、陈旧”而被抛弃。

技术创新对于企业持续稳定的发展是极其重要的，只有依靠技术创新，才能不断地改善产品结构，提高产品的质量，创出并巩固其品牌，才能在竞争中立于不败之地。综观世界范围内的优秀企业无不拥有强大的科研力量，它们源源不断地向市场输送创新产品以满足消费者不断变化的需求。技术创新是企业向纵深发展的推动力，是一个企业不断推陈出新、锻造巩固自己品牌的关键所在。

技术创新和品牌提升是相辅相成的。企业的活力主要表现在其产品的市场竞争力上，而产品竞争力的获得靠的是技术创新。综观历史，正是一批敢冒风险的企业家，通过以企业为主体的技术创新活动，把科研成果变成了新产品，包括名牌产品或新工艺，并开始商业化生产，销售活动，才为人类带来了巨大的物质财富和精神上的享受。当今，世界经济一体化，竞争全球化，竞争日益激烈，如果没有强大的科研力量作后盾，把握市场变化，推出领先世界潮流的产品，企业是无法在市场上长存的。

技术创新还是企业名牌战略的基础，为企业创名牌产品提供技术和物质上的保证。21世纪是以知识产业为核心的世纪，企业没有核心的技术开发不出核心的产品与服务，就无法实施名牌战略。因此，开展技术创新是实施名牌战略的实质内容，是保持企业竞争力持续提高的有力武器。

三、实现技术创新的方法

问题9：如何实现企业的技术创新？

由于我国企业技术创新能力不强，许多产业和产品在国际市场上竞争能力较弱。据美国的《金融世界》和英国的Interbrand公司分别排出了当今世界上的前100位名牌，都没有中国的位置。世界著名品牌纷纷抢滩中国，我国的企业面临着空前激烈的竞争与挑战。为了做好技术创新和实施品牌战略，不能急功近利，要树立长期奋斗的思想，从观念、目标、机制、方法等方面下工夫。

（一）要有一个好观念

观念不仅支配着人的行动，还会通过它巨大的推动作用，促进人们在对客观事物认识的基础上，进行思维上的更新，甚至产生一些认识上质的飞跃。这里所说的“好观念”，是要进一步提高对开展技术创新、实施品牌战略的重要性、必要性和可能性的认识，增强紧迫感、责任感和使命感。同时，要把技术创新和品牌战略看做是一个事物的两个方面，正确认识它们二者之间的关系，把它们放在一个系统之中运作，避免掣肘和搞成两张皮，切实把技术创新与名牌战略统一起来，形成一种统一推进的机制。

（二）要有一个好目标

目标是针对技术创新和品牌战略的结果而言的。它要引导一个企业去奋斗、去追求。所谓“好目标”，是要从现实的微观和宏观基础出发，确定一个在某一期限内经过努力可以实现的指标或指标体系。这些指标或指标体系中有的难以量化但要尽可能量化，最起码应提出一个方向，以使人们在实践过程中，根据变化了的情况和认识，向着目标方向去加以调整。

（三）要有一个好机制

要坚持技术为先、质量为主、人才为本。所谓技术为先，就是企业应建立一个有水平、有作为的研究开发机构，尊重知识，尊重人才。创业于 1984 年的联想集团，能在艰难的条件下仅用两年时间研制开发出了当时国内外微机市场急需的软件——联想式汉卡，成功地解决了西文汉化的世界难题，随后又研制出国有品牌 286 微机，研制开发出我国第一台 486 微机、第一台 586 微机及 686 微机。其关键是它吸纳了中国科学院数百名科技专家和青年知识分子。所谓质量为主，就是不仅名牌战略要讲质量，技术创新也要讲质量，要使企业从数量效益型向质量效益型转变。所谓人才为上，是要注意发挥人的作用。我们已经迈入的 21 世纪是知识经济的时代，企业的竞争从根本上就是人才的竞争。

（四）要有一个好方法

1. 实行产学研结合

当今世界，随着科学技术，特别是信息技术和通信技术的迅速发展以及国际社会的不断变革，即使是经济、科技发达的国家也不能在所有的科技领域拥有优越的条件并包打天下。作为一个企业，力量毕竟有限，因此需要把眼睛盯住社会，依靠科研院所的力量，走产学研结合的道路。

2. 结合经济结构的调整把握创新开发的方向

过去的重复引进和重复建设对我国经济的发展造成的弊端不言自明，对创新和名牌产品的发展也必然是低水平的重复。因此必须注意调整好投资结构，在增量配置、存量重组、寻找新的经济增长点上下工夫。

3. 选择正确的形式

在技术创新和实施品牌战略中，不同的企业根据各自的特点，分别选取自主的形式、合作形式或模仿的形式。

4. 做好落实工作

落实工作可以说最难，但技术创新和品牌战略的实施又必须讲落实，否则，只说不做，一切都是空的。①要做到任务落实、人员落实、职能落实，不打无准备的仗、不打没有收获的仗。②要在管理上落实，包括质量管理、标准化管理、计量管理、信息管理、统计管理，为推进技术创新和品牌战略的实施建立起一个独立、严密、高效的管理机构。③要在有效性上落实，不搞花架子，不做表面文章。④企业主要负责人要亲自过问，及时发现问题，及时解决问题。

技术创新创造并提升了品牌，它强劲的生命力是毋庸置疑的，但世间没有万应灵药，也没有不费力气就能得到成果的捷径。苦干、实干、巧干的精神还得提倡，有了这种精神，落实才有把握，技术创新和品牌战略才能展示它光辉的前景。

活动 3： 分析一下比较熟悉的一些企业的技术创新情况。

考试链接

1. 技术创新的内涵。
2. 技术创新与品牌提升之间的关系。

第四节 服务创新与消费者满意度

引导案例

国际品牌的金牌服务为何失色

金牌服务一向是惠普引以为豪的企业法则。惠普在世界发展几十年中，既是依靠着不断的技术革新，同时也是凭借着出色的服务才能在竞争激烈的IT业不断成长发展，以“尊重、信任、诚信、发展”为核心的惠普之道更是广为人传颂。在中国，惠普依靠着强大的品牌影响力，在产品销售上并没有遇到太多阻力，但其自诩的金牌服务却在中国屡受诟病：用“惠普+投诉”在Google上搜索一下，会出现多达数以万计的搜索结果，而这些投诉多是指责惠普的售后服务经常耍太极、推脱，与其金牌服务的承诺相背离。

作为IT业的巨人、著名国际企业，惠普虽然有傲慢的资本，但在一个客户至上、消费者维权意识越来越强的社会中，惠普的傲慢已经成了中国消费者诟病、投诉的主要原因。对于消费者而言，惠普耀目的品牌光环难掩其傲慢服务所带来的恶劣体验。

索尼笔记本在中国市场中有一定的影响力，但索尼在中国销售的笔记本是没有国际联保的，也就是说拿着Sony的行货笔记本到国外，万一真有质量问题，消费者必然花钱自己去修。Sony的笔记本没有国际联保，本来是无可厚非的一件事，但需要注意的是，这仅仅是针对中国的消费者！也就是说，在国外购买的Sony笔记本，是有国际联保的，全球除了中国哪儿都可以保修。

前几年，东芝由于其笔记本电脑软驱的质量缺陷，按照美国有关法律赔偿给美国用户10亿美元。而在中国，由于法律法规的缺陷，东芝给中国用户的只是一个补丁。“给美国人美金，给中国人补丁”。由普通的质量事故演变成“东芝软驱”信任危机事件，使其品牌信誉度严重受损。

无论是惠普还是索尼、东芝，一向都是以产品品质及优质的服务享誉国际的。但在中国，这些赫赫有名的国际企业却都发生了金牌服务受人指责与投诉的事件，这其中除了它们对中国消费者的潜在心理需求缺乏真实的了解外，也与国际企业在不同国家所秉承的服务差异化政策有关系。

由于中国相关的法律与法规尚不完善，同时消费者的维权意识非常不成熟，所以这些国际笔记本企业在对待中国消费者的态度上远不如在西方国家一样重视，因为它们作为国际企业的超国民待遇、巨大的品牌影响力，往往可以保障它们在出现危机时大事化小、小事化了。同时，即使在存在某些产品品质问题的前提下，其巨大的品牌影响力同样可以吸引不少中国消费者青睐。

在不断成熟的中国市场环境中，国际笔记本企业的中国式歧视与双重标准正在受到越来越多的抨击，而当这些抨击的力量不断增强时，国际笔记本企业的深层次危机就会大范围爆发。国际品牌在中国普遍存在着慢节奏、高价格、高利润、高服务成本的营销模式，而这种不正常的营销模式之所以在中国能够生存，与整个中国消费市场发展不成熟有着很大的关系。消费者的消费意识不够理性、维权意识缺失、品牌迷信冲动都是使国际品牌在中国发展顺风顺水的基础。

随着各企业之间的技术及产品品质不断趋同，竞争的重点也开始向服务质量转移。这对于那些一向在中国傲慢的国际品牌来说，同样面临着新的考验。

资料来源：林景新：《2006 年，国际笔记本品牌之中国危机年?》，中国营销传播网，2006 年 7 月。

思考题：

收集几个国际知名品牌的服务信息，比较它们之间有什么不同之处。

一、服务创新的内涵

问题 10：什么是服务创新？

服务创新是指新的设想、新的技术手段转变成新的或者改进的服务方式。

从经济角度看，服务创新是指通过非物质制造手段所进行的增加有形或无形“产品”之附加价值的经济活动。这种活动在信息产业表现得尤为突出。信息技术飞速发展，使得产品技术和功能的同质化水平越来越高，通过提高产品质量、降低产品生产成本来竞争的空间越来越狭窄，因而服务成为企业进行市场竞争的重要武器。

从技术角度看，服务创新是以满足人类需求为目的的软技术的创新活动。这种活动可分为围绕物质生产部门的管理、组织、设计等软技术创新活动，围绕文化产业、社会产业的推动社会和生态进步，丰富精神生活的软技术创新活动以及围绕传统服务业和狭义智力服务业的软技术创新。即服务创新是指发明、创造或开发、应用新的服务方法、服务途径、服务对象、服务市场的活动。

从社会角度看，服务创新是创造和开发人类自身价值，提高和完善生存质量，改善社会生态环境的活动。因此，服务创新通过满足物质需求、精神和心理需求，并提供解决问题的能力，保障人们在精神和心理上的健康，得到满足感和成就感。传统的技术一直把“人心”排除在外，随着物质文明程度的提高，人们更在乎生活的感觉（视觉、听觉、味觉、嗅觉、触觉、直觉），更希望自己的心情、情绪、感情、伦理道德和人的尊严得到尊重。这就要求未来的技术不能单纯强调“效率第一”、“效益第一”，还要研究和发展那些牺牲一点效率而使我们的生活和工作环境变得更容易、更舒适和方便，尊重人的情绪、感情和道德的技术，即重视人“心”的技术。反过来，人们对人类自身价值和能力的认识也远远不够。这些因素就是使很多硬技术“软化”的动力，是制造业服务化的动力，是提高软技术附加价值的重要内容，因而是服务创新重要课题。这在社会服务业和文化服务业的创新中体现得尤其明显。

从方法论角度看，服务创新是指开发一切有利于创造附加价值的新方法、新途径的活动。

二、服务创新的方法

问题 11：如何进行服务创新？

服务创新应把握好以下几方面：

1. 把注意力集中在对顾客期望的把握上

在竞争对手云集的市场中，不必轻易改变产品本身，而应该把注意力集中在对顾客期望的把握上，认真听取顾客的反映以及修改的建议。一般 80%的服务概念来源于顾客。

2. 善待顾客的抱怨

顾客的抱怨往往表明服务有缺陷或服务方式应当改进，这正是服务创新的机会。对待顾客的抱怨，均应立即妥善处理，设法改善。耐心、关怀来巧妙解决顾客的问题，这是服务创新的基本策略。

3. 服务要有弹性

服务的对象相当广泛，有不同期望及需要，因此良好服务需要保持一种弹性。服务有许多难以衡量的东西，一味追求精确，非但难以做到，反而易作茧自缚。

4. 企业员工比规则更重要

创新就是打碎一种格局以创造一种新的格局，最有效的策略就是向现有的规则挑战，挑战的主题是人。通常，顾客对服务品质好坏的评价是根据他们同服务人员打交道的经验来判断。

5. 用超前的眼光进行推测创新

服务是靠顾客推动的。当人们生活水平低于或等于生存线时，其需求模式是比较统一的。随着富裕程度的提高，消费需求由低层次向高层次递进，由简单稳定向复杂多变转化。这种消费需求的多样化意味着人的价值观念演变。

6. 产品设计和体现的服务要与建立一揽子服务体系结合起来

产品创新从设计开始，服务也从设计开始。要在产品中体现服务，就必须把顾客的需要体现在产品设计上。在产品设计中体现服务，是一种未雨绸缪的创新策略。要使顾客满意，企业必须建立售前、售中、售后的服务体系，并对体系中的服务项目不断更新。服务的品质是一个动态的变量，只有不断地更新才能维持其品质不下降。售前的咨询、售中的指导、售后的培训等内容会随着时间的推移使其性质发生变化，原来属于服务的部分被产品吸收，创新的部分才是服务。所以，企业不创新，就没有服务。

7. 把“有求必应”与主动服务结合起来

不同的企业对服务的理解不同。其中，很多企业对服务的定义过于狭窄。餐饮企业对服务的理解可能就是笑容可掬；设备销售企业，可能把服务理解为“保修”；银行可能认为服务就是快捷并不出差错；商品零售企业可能认为服务就是存货充足和免费送货。这些理解都只是把服务限定在“有求必应”的范围内，满足于被动地适应顾客的要求。一个企业要在竞争中取胜，仅仅做到“有求必应”是不够的，应不断地创新服务，由被动地适应变为主动地关心、主动地探求顾客的期望。比如 IBM 公司认为，公司的发展是由顾客和市场推动的，主张把公司的一切交给顾客支配。虽然许多公司的产品在技术上胜过 IBM 公司，其软件用起来也很方便，但是，只有 IBM 公司肯花工夫来了解顾客的需要。他们反复细致地了解顾客的业务需求，所以，顾客愿意选用 IBM 公司的产品。可见一个企业不去主动地探求顾客需要哪些服务，或仅仅做到符合标准而不去创新，就注定要被消费者所抛弃。

8. 把无条件服务的宗旨与合理约束顾客期望的策略结合起来

企业不遗余力地满足顾客的需要，无条件地服务顾客，是达到一流服务水平的基本原则。但在策略上必须灵活。合理约束顾客的期望常常是必要的。顾客对服务品质的评价，容易受其先入为主的期望所影响，当他们的期望超过企业提供的服务水准时，他们会感到不满；但当服务水准超过他们的期望时，他们会大感满意。企业有必要严格控制广告和推销员对顾客的承诺，以免顾客产生过高的期望，而在实际服务时尽可能超出顾客的期望。正确地处理无条件服务与合理约束两者的关系，是企业在服务创新中面临的挑战。

9. 把企业硬件建设与企业文化结合起来

服务行业应用现代科技，对企业的基础设施进行大规模的投资，不仅能极大地扩大服务种类、提高服务效率，而且还能够带来显著的竞争优势。

三、顾客满意度的内涵

问题 12：什么是顾客满意度？

顾客满意度反映的是顾客的一种心理状态，它来源于顾客对企业的某种产品服务消费所产生的感受与自己的期望所进行的对比。顾客满意是指顾客对其明示的、通常隐含的或必须履行的需求或期望已被满足的程度的感受。满意度是顾客满足情况的反馈，是对产品或者服务性能，以及产品或者服务本身的评价；给出了（或者正在给出）一个与消费的满足感有关的快乐水平，包括低于或者超过满足感的水平，是一种心理体验。

顾客满意度是一个变动的目标，能够使一个顾客满意的东西，未必会使另外一个顾客满意，能使得顾客在一种情况下满意的东西，在另一种情况下未必能使其满意。只有对不同的顾客群体的满意度因素非常了解，才有可能实现100%的顾客满意。

"顾客满意度"这一提法产生于20世纪80年代初。当时的美国市场竞争环境日趋恶劣，美国电话电报公司（AT&T）为了使自己处于有利的竞争优势，开始尝试性地了解顾客对目前企业所提供服务的满意情况，并以此作为服务质量改进的依据，取得了一定的效果。与此同时，日本本田汽车公司也开始应用顾客满意作为自己了解情况的一种手段，并且更加完善了这种经营战略。

20世纪90年代中期，顾客满意度调查在中国的跨国公司中得到迅速而广泛的应用。原因是：①跨国公司总部要求按照本部的模式定期获得大中国区市场的顾客信息，以应对全球化进程中的计划与挑战；②日趋激烈的竞争中，优秀的服务成为企业获得并保持竞争优势的重要诉求；③主管需要对员工的工作绩效进行量化评估，这需要来自顾客的评价。

目前，随着中国市场竞争的日趋白热化，企业间的较量已开始从基于产品的竞争转向基于顾客资源的竞争，顾客资源正在逐渐取代产品，几乎所有的企业都认为顾客满意度是企业成功最重要的因素。心理学家认为情感体验可以按梯级理论进行划分若干层次，相应地可以把顾客满意程度分成七个级度：

（1）很不满意：指顾客在消费了某种商品或服务之后感到愤慨、恼羞成怒难以容忍，不仅企图找机会投诉，而且还会利用一切机会进行反宣传以发泄心中的不快。

（2）不满意：指顾客在购买或消费某种商品或服务后所产生的气氛、烦恼状态。在这种状态下，顾客尚可勉强忍受，希望通过一定方式进行弥补，在适当的时候，也会进行反宣传，提醒自己的亲朋不要去购买同样的商品或服务。

（3）不太满意：指顾客在购买或消费某种商品或服务后所产生的抱怨、遗憾状态。在这种状态下，顾客虽心存不满，但想到现实就这个样子，别要求过高，于是认了。

（4）一般：指顾客在消费某种商品或服务过程中所形成的没有明显情绪的状态。也就是对此既说不上好，也说不上差，还算过得去。

（5）较满意：指顾客在消费某种商品或服务时所形成的好感、肯定和赞许状态。在这种状态下，顾客内心还算满意，但按更高要求还差之甚远，而与一些更差的情况相比，又令人安慰。

（6）满意：指顾客在消费了某种商品或服务时产生的称心、赞扬和愉快状态。在这种状态下，顾客不仅对自己的选择予以肯定，还会乐于向亲朋推荐，自己的期望与现实基本相符，找不出大的遗憾所在。

(7) 很满意：指顾客在消费某种商品或服务之后形成的激动、满足、感谢状态。在这种状态下，顾客的期望不仅完全达到，没有任何遗憾，而且可能还大大超出了自己的期望。这时顾客不仅为自己的选择而自豪，还会利用一切机会向亲朋宣传、介绍推荐，希望他人都来消费。

四、提高顾客满意度的方法

问题 13： 如何提高顾客的满意度?

顾客满意度是衡量服务质量的重要指标。要赢得顾客满意，不仅是被动式的解决顾客的问题，更要对顾客需要、期望和态度有充分的了解，把对顾客的关怀纳入到自己的工作和生活中，发挥主动性，提供量身定做的服务，真正满足顾客的尊容感和自我价值感，不只要让顾客满意，还要让顾客超乎预期的满意。具体来说，应从以下四个方面入手来提高顾客满意度：

1. 提供好的商品

顾客对商品的价格、质量和服务的满意度，直接决定着他们对这个商品的忠诚度。

2. 树立顾客满意的理念

顾客对服务的好坏是相当敏感的，随着消费的越来越理性，消费者对服务的要求也越来越高。因此，企业要把服务当成是品牌附加值的核心部分。

3. 树立品牌优势，提升企业形象

在商品日益同质化的时代，商品的物理属性已经相差无几，唯有品牌给人以心理暗示，满足消费者的情感和精神上的寄托。强势品牌可以帮助顾客解释、加工、整理和储存有关产品或服务的识别信息，简化购买决策。还有助于降低顾客的购买风险，增强购买信心。顾客在许多情况下乐意为购买品牌而支付更高的金额。

4. 及时妥善地处理顾客的抱怨与投诉，挽回不满意顾客

据国外调查，如果企业能妥善地处理顾客提出的投诉，可能有 70%的顾客会成为回头客；如果能当场听取顾客投诉，并给他们一个满意的答复，回头客会上升到 95%；而且每一个满意而归的顾客又会把你的做法告诉其他 5 个人，这样企业就可以坐享免费广告的收益。因此营销界有句名言："满意的消费者是最好的广告"。因此，只有视批评与抱怨为企业宝贵的财富，才能更好地改进企业的工作，让顾客满意。

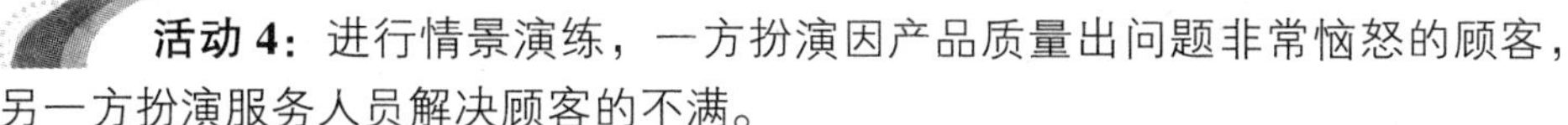

活动 4： 进行情景演练，一方扮演因产品质量出问题非常恼怒的顾客，另一方扮演服务人员解决顾客的不满。

考试链接

1. 服务创新的内涵。
2. 服务创新的方法。
3. 顾客满意度的内涵。
4. 提升顾客满意度的方法。

案例分析

“日立”的成名之路

日立是第一个在中国中央电视台做广告的日本品牌，也因此而成为第一个中国人家喻户晓的日本品牌。日立诞生于1920年，它的母体是在一个日本铜矿的修理车间的基础上改组成的“日立制作所”。就是这个日立制作所，经过80多年的创造和奋斗，发展成为世界制造业最为著名的跨国公司之一。

一个企业的成功当然需要各种各样的主客观因素，但是，对于声名远播的世界品牌来说，一个相当重要的因素是它的“发动机”，即技术和产品的开发创新能力。第二次世界大战以前，日本工业迅速发展，电气工业是重点行业。日立制作所从修理进口电机和制造小电机起步，开始了它的开发创新之路。

1924年，开发并制造出日本第一台大型电动机车。

1932年，开发出第一台日立电冰箱，并开始生产电梯。

1940年，开发制成5000门自动电话交换机。

第二次世界大战期间，日立工厂被飞机轰炸，生产基地遭到严重的战争创伤。“二战”后，日立凭着它的知名品牌，又随着日本经济高速增长而迅速壮大，并推动着日本经济的国际化发展。

“二战”以来，日立公司在开发创新方面又创造了一系列的辉煌成就：

1958年，新开发的日立电子显微镜在布鲁塞尔国际博览会上获大奖；

1959年，开发制造出晶体管式电子计算机；

1964年，开发制造出第一台新干线机车（弹速列车）；

1965年，开发出彩色电视显像管，并开始大规模生产；

1974年，日立开发制造的日本第一套核动力发电设备开始商业运营；

1976年，世界首次光纤通信验证试验获得成功；

1982 年，日立第一台超级计算机问世；

1990 年，开发出 64 兆位的动态随机存取存储器；

1991 年，开发出高灵敏度摄像管；

1997 年，开发出背投技术；

1998 年，开发出数字彩电技术；

2003 年，开发出高清晰度等离子技术；

……

日立公司之所以有众多的成就，与该公司一直重视技术研究与开发创新有直接关系。日立公司的创始人小平浪平，早年毕业于日本东京帝国大学机电专业。从创立“日立”起，他就比较重视技术革新和创造。经过几十年的努力，形成了完善的研究与开发体制。为了使公司的研究与开发领先于世界，日立在海外建立了研究基地。1989 年，日立在美国成立了两个研究开发中心，并在欧洲也建立了两家研究所。到 1994 年年底，日立公司共有研究开发人员 1.7 万人，分布在 35 个研究机构中。日立公司的研究开发经费每年大约在 50 亿美元，占公司销售总额的 7%以上。

日立公司一向认为，研究开发是增强企业竞争力的推动力。公司强调研究开发工作的独创性，致力于开发领导新潮流的产品。目前，日立公司制造和销售的产品达 2 万余种。这些产品全部使用“日立”品资料牌。影响所及，遍布世界。

日立公司正是依靠自身强劲的研究开发能力，不断地推出新产品，不断地为消费者创造出新的消费需求，来扩张品牌的竞争能力。

资料来源：张世贤：《现代品牌战略》，经济管理出版社，2007 年。

问题讨论：

日立公司最值得我们借鉴的是什么？

本章小结

创新是以新思维、新发明和新描述为特征的一种概念化过程。具体到商业活动来说，创新主要是指企业对新技术、新产品的商业性应用。当然，创新也包括企业的制度性创新和管理创新。它的表现形式是多种多样的，涉及企业活动的所有方面。根据其场合的不同，可分为产品创新、技术创新、服务创新和管理创新。

产品创新是指改善或创造产品，进一步满足顾客需求或开辟新的市场。它是影响消费者对品牌产品感知的一个重要因素。随着新技术的发展，新技术进入消费者生活的需要日益迫切，以及市场竞争的加剧，产品创新越来越成为品牌竞争力的一个主要标志，越来越成为品牌形象的一个核心要素。

技术创新是一个从产生新产品或新工艺的设想到市场应用的完整过程，它包括新设想的产生、研究、开发、商业化生产到扩散这样一系列过程，本质上是一个科技、经济一体化过程，是技术进步与应用创新共同作用催生的产物。它是提升品牌质量的重要手段，也是维持品牌生命力的源泉。

顾客满意度反映的是顾客的一种心理状态，它来源于顾客对企业的某种产品服务消费所产生的感受与自己的期望所进行的对比。是顾客对产品或者服务性能，以及产品或者服务本身的评价。通过对顾客满意度的把握，可以有效地提高品牌的服务质量。

知识拓展

顾客管理

顾客管理是企业与顾客之间建立的管理双方接触活动的信息系统。在网络时代，顾客关系管理应该是利用现代信息技术手段，在企业与顾客之间建立一种数字的、实时的、互动的交流管理系统。顾客管理包括客户概况分析、客户利润分析、客户性能分析、客户未来分析、客户产品分析、客户促销分析等。

进行顾客管理，必须了解顾客。了解顾客的一种切实可行的办法是实施巡视管理。巡视管理就是深入现场，在顾客之间巡视，实质是倾听顾客意见，与顾客保持接触。一个卓越的营销管理者在巡视的时候，要进行许多活动，归纳起来至少有四个方面：

1. 要制定有效倾听的策略

（1）鼓励他人说话。友好表情和全神贯注地倾听对方的谈话而又自然的态度，能够鼓励他人畅所欲言。诸如“我对你的观点感兴趣”等语言，也能激发顾客打开话匣子。

（2）反馈性归纳。即不时地把对方谈话的内容加以总结并征求意见，如“你刚才说的话是这个意思吗”，这也说明巡视管理者对顾客的观点慎重考虑，并使顾客有重申和澄清其本意的机会。

（3）进入角色地倾听。在倾听顾客所谈内容的同时充分理解顾客的感情。

（4）避免争论。当顾客在说一些没有道理的事情时，不要急于去纠正。在谈话开始的时候要避免谈那些有分歧的问题，而是强调那些双方看法一致的问题。

2. 要采用有效倾听的方式

倾听有许多进行方式，概括起来，主要是走出去、请进来和利用通信系统与顾客沟通。

(1) 拜访顾客。即深入到顾客中间，倾听他想说的事情、他不想说的事情以及如果不给予帮助他所不能说清的事情。抽出时间与顾客在一起非常重要，这样可以进行相当广泛和详细的市场调查，了解顾客对店铺及所提供的产品和服务是否满意。

(2) 顾客会议。即定期把顾客请来举行讨论会。

(3) 利用通信系统与顾客沟通。一是认真处理顾客来函来信，及时清除顾客疑虑；二是安装免费“热线”——通过诉怨电话来处理顾客抱怨。

(4) 热情接待来访顾客。无论采用哪一种方式，要求对用户意见及时答复处理。这种答复制度要严格，巡视管理者必须亲自过问。有许多企业高层管理者的助手，他们所干的活只有一件，那就是对用户的每一条意见，必须在24小时内给予答复。

3. 教育顾客

教育是相互的：一是对顾客进行教育，引导顾客树立正确的消费观念，教会顾客如何使用公司产品；二是接受顾客教育，将顾客信函、来电公布在公司醒目的公告牌上，把真实、完整的信函和来电让员工看，就能使职工心理产生极为不同的感觉。

4. 帮助顾客

帮助顾客解决购买、安装、调试、使用、维修中所有问题，为顾客提供优质服务。

资料来源：实战派品牌营销策划专家郭汉光的博客专栏。

答案

第一节：

案例中的可口可乐之所以输给百事可乐主要的原因是不轻易改变传统的产品配方和经营原则，不能随着市场的发展而及时调整自己的经营策略，改变产品的口味和包装。而百事可乐由于没有传统的束缚，能不断改革迎合市场的需求。

第二节：

技术创新是海尔集团高速、稳定、持续发展的基础，也是实现国际化的基石。名牌战略是海尔创新精神的载体，海尔名牌战略实施的过程，就是技术创新的过程。同时，海尔在自主创新提高企业国际竞争力的过程中，能参与到国家和国际标准的建设制定，提高企业的国际影响力。

第三节：

略（查阅相关材料，结合案例回答本题）。

第四节：

略（查阅相关材料，结合案例回答本题）。

案例分析：

日立公司之所以能历尽磨难而不倒，秘诀在于其自身强劲的研发能力和不断地为消费者创造出新的消费需求。产品和技术方面强大的创新能力是增强日立竞争力的有力推动器。

第六章 企业信誉的创建与维护

学习目标

知识要求 通过本章的学习，掌握：

- 品牌信誉的含义
- 企业信誉的含义
- 企业信誉的创建与培养
- 企业信誉的维护

技能要求 通过本章的学习，能够：

- 了解我国企业目前面临的一些企业信誉危机
- 掌握几种常用企业信誉创建与培养的方法

学习指导

1. 本章的主要内容：品牌信誉的含义、企业信誉的含义、企业信誉的创建与培养、企业信誉的维护等。

2. 学习方法：掌握最基本的理论，结合案例理解概念，并进行知识延伸和讨论活动等。

3. 建议学时：8 学时。

第一节 品牌信誉与企业信誉

巨人安然为何而倒

美国的能源巨人安然公司 2003 年的销售收入达到 1387 亿美元，曾经被美国《财富》杂志列为世界 500 强的第 6 位。品牌影响力显赫一时，很受美国投资者的追捧。但是，这家公司的执行董事和财务总监却在公开的财务报表上作假，隐藏债务，哄抬股票价格并从中牟利。最终，当然是“纸里包不住火”，安然公司失去了公众的信任而很快就破产倒闭了。其当事人目前正在美国司法机构接受公开审判。回顾安然公司的发展过程，也许对我们会有一定的启发。

安然公司本来是一个非常不起眼的小公司。1985 年 7 月，休斯敦天然气公司与内布拉斯加州的北方联合天然气公司合并成立了安然公司。当时的安然公司仅仅是美国数十家普通的天然气分销商中的一个。1986 年后，美国的能源政策发生了巨大变化，不但价格管制开始放松，而且允许将交易功能与输送功能分开，并允许管道公司独立于天然气交易之外。管制的放松大大增强了美国能源市场的竞争。安然公司的决策者看到了能源交易的巨大发展前景，利用其所拥有的天然气开采、加工和输送等实体经济方面的资源优势，开始介入能源交易领域，并开创了一种天然气银行的商业模式。这种模式是构建在信用的基础上的，也就是能源的供应者及消费者以安然公司为对手建立合约，包括中远期合同、期货和期权合约等，承诺在几个月或几年之后履行合约义务。安然公司作为“中间人”，利用自身的能源现货市场能力和采购能力，与其对手实现现货市场和期货市场的价格对冲交易，从中获得双重利润：作为能源供应商的生产利润和作为能源交易商的交易利润。

不难看出，安然公司的这种业务模式其实是以中间人的信用为基础的。一旦信用出现问题，其业务交易立刻就会有被中止的危险。这种业务基本上是基于未来市场的合同，虽然签订的合同收入都已经计入公司财务报表，但合同履行之前并不能给公司带来任何现金流。然而就是在这种交易过程中，安然公司依靠这种虚假繁荣的财务报表尝到了甜头。安然公司一刻不停地依靠获取巨额的交易利润提升公司业绩，并不断向外扩张，从美国到英国，再到欧洲大陆，分公司一个接着一个开，市场规模似乎也越来越大。为了维持这样的虚假繁荣，公司高层不顾信用的严重透支，不断进行财务造假，大搞所谓资产证券化业务，进行表外融资。一个小公司就这样迅速膨胀起来。到 1996 年，公司的销售收入已经达到 133 亿美元，2000 年更是膨胀到 1008 亿美元，已经跃升到美国 500 强的第 7 位。

被无限充大的气球总有爆破的时候。2003 年，当安然公司的业绩被扩大到 1300 多亿美元的时候，终于因为一连串的造假行为被曝光而原形毕露。一个被神化了的公司品牌顷刻间轰然倒塌，多数人的股票资产也因此而化为乌有。

无独有偶，受安然公司案件牵连的还有安达信会计师事务所。这虽然是一家老牌的世界知名的五大会计师事务所之一，也因为在安然造假案中审计瞒报、协助作假而失去了其应有的公信力，最终导致破产被收购。信用本来是会计师事务所、审计、评估等机构安身立命的唯一法宝，却因为自己失信而遭灭顶之灾。一个好端端的"安达信"品牌就这样惨遭灭绝，其可悲的下场完全是咎由自取。

资料来源：张世贤：《现代品牌战略》，经济管理出版社，2007 年。

思考题：

结合身边的一些案例，思考安然公司倒闭的主要原因是什么。

一、品牌信誉的内涵

问题 1：什么是品牌信誉？

品牌信誉形象是社会公众及消费者对一个品牌信任度的认知和评价，其实质来源于产品信誉。品牌信誉的建立需要企业各方面的共同努力，需要贯穿于整个品牌经营活动之中，它包含了丰富的内容，即质量信誉、服务信誉、合同信誉、包装信誉、三包三保信誉、首选信誉等，这些一样也不能少。品牌信誉既是维护顾客品牌忠诚度的前提，也是品牌维持其魅力的法宝。

二、品牌信誉的构建

问题 2：如何构建品牌信誉？

品牌信誉的构建是一个复杂的系统性工程，在构建过程中要把握以下三方面的内容：

（1）品牌信誉建立在品牌的优质产品和服务的基础之上，是品牌理念长期贯彻的结果。品牌一旦在用户心目中树立了良好的信誉，不仅可以影响现有用户的行为，而且还会影响未来用户的行为。

（2）品牌信誉的建立依赖于品牌在与供应商、销售商、金融机构等打交道的过程中，严格履行合同，取信于人。

（3）品牌信誉的建立还依赖于品牌要善于履行其社会责任及义务。信誉本身虽然是看不见摸不着的，但是它却构成了品牌无形形象的主体。

品牌理念要靠品牌员工贯彻实施，品牌员工的素质好坏对于品牌理念的实施程度具有直接的影响。品牌员工具有的文化素质、敬业精神、技术水准、价值观念以及品牌管理者（品牌家）的管理能力、战略眼光以及个人魅力等，虽然也是无形的，但却直接影响着品牌的行为和表现，影响着社会公众对品牌的印象和评价。

三、企业信誉的内涵

问题 3：什么是企业信誉？

关于什么是企业信誉，1996 年斯特恩商学院的名誉教授查尔斯·丰布兰较明确地给出了一个定义："企业信誉是一个企业过去一切行为及结果的合成表现，这些行为及结果描述了企业向各类利益相关者提供有价值的产出的能力。"通俗地讲，企业信誉是企业在其生产经营活动中所获得的社会上公认的信用和名声。企业信誉好则表示企业的行为得到社会的公认好评，如恪守诺言、实事求是、产品货真价实、按时付款等；而企业信誉差则表示企业的行为在公众中印象较差，如欺骗、假冒伪劣、偷工减料、以次充好、故意拖欠货款、拖欠银行贷款等。

企业信誉是企业无形的资本，较高的信誉是企业立足市场求得发展、获得竞争优势的法宝，有利于企业降低融资成本、规范商业风险、改善经营管理、提高社会知名度、扩大市场份额。因此，塑造企业良好的信誉是每一个企业应注重和着重解决的问题。企业信誉包含以下七个方面的内容：

1. 产品信誉

产品信誉首先是产品的质量信誉。质量是生存的根本，没有质量就没有生存，这不仅危及单个企业，继而引发对整个行业的信誉危机。以光明牛奶为例，2006 年 6 月 6 日河南电视台记者乔装成散工暗访，揭开变质光明牛奶返厂加工再销售的黑幕。6 月 9 日光明乳业杭州生产基地再曝黑幕，乱标生产日期，"回奶事件"引发了全国性的"光明危机"。它给光明造成的损失是不言而喻的，在证券市场上，光明乳业的市值曾在短短的 5 个交易日里，缩水超过人民币 1 亿元。可见，消费者的信任危机对品牌的伤害尤其严重。

产品信誉还包括对产品性能的改进，产品价格的降低，生产出更加令顾客满意的产品，比竞争对手更高、更快、更周到地满足顾客对产品的需要。以定价为例，要杜绝一味追求高价格高利润的做法，站在消费者的角度，保持价格的合理性，真正做到物美价廉，使消费者信得过，从而赢得更多的顾客，获得更好的经济效益。

2. 服务信誉

服务信誉主要是服务质量的问题，这包括三个方面：①服务的态度。企业员工周到热情的服务和超值的服务赢得顾客的好感，获得顾客对企业的赞美。②服务的及时性。近几年随着高科技、信息技术等领域的迅速发展尤其是互联网的普及，使得用户不但需要产品具有良好的性价比，而且期望“零”交易服务或即时服务。③解决问题的有效性。当出现问题后，用户迫切希望问题得到有效解决，如果问题不能得到最终解决，就会使顾客对企业的信誉大打折扣。除此之外，服务信誉还包括服务的完善性。

3. 竞争信誉

竞争信誉主要是在市场公平竞争。很多企业采用不正当手段打击竞争对手，比如编造谣言，诋毁对方，恶意低价竞争造成极其恶劣的影响。虽然暂时取得了胜利，但最终却是对企业，尤其是对行业信誉的极大破坏。

4. 财务信誉

财务信誉主要是财务信息的制造和披露要真实。资本市场上不断有问题公司被曝光和查处。安然公司是美国能源业巨头，曾是世界上最大的天然气交易商和最大的电力交易商，鼎盛时期其年收入达 1000 亿美元，雇佣 2 万多员工，其业务遍布欧洲、亚洲和世界其他地区，曾在《财富》杂志全球 500 强中名列前 50 名。但由于其曝出严重财务丑闻，主要是利用复杂的财务合伙形式虚报盈余，掩盖巨额债务，最终被迫申请破产保护。该案创下美国历史上最大宗的公司破产案纪录。财务信誉的好坏极大地影响企业在资本市场上的融资能力，更严重地影响了股东的信心。

5. 商业信誉

商业信誉主要表现在企业与供应商之间及时结算货款，从而使企业在供应商那里获得良好的信誉，获得优质的产品或得到供应商的延期付款或折扣。而目前存在很多企业相互拖欠货款，占用对方资金。以爱多为例，当爱多在跻身于国内知名家电品牌的行列之后，嗅到暴利气息的国内经销商趋之若鹜。原爱多 VCD 创始人胡志标认为这是供求角色转变的大好时机，于是要求每个代理商缴纳 300 万~1000 万元的保证金，仅此一招，爱多公司无偿筹得资金 2 亿元。对于产品的材料和配件，胡志标也通过先发货后付款的方式获得了供应商的支持。胡志标用别人的钱、材料和配件生产自己的产品，同时把供应商、经销商和企业绑在了一辆战车上，形成了一条头尾相接的利益链。到最后，上游供货商的钱、下游代理商的钱、中游职工的工资均无力支付，信誉透支总数多达2亿元之巨。

6. 银行信誉

银行是企业融资的重要渠道之一。许多企业在发展中没有受到资金短缺的影响，就是由于在银行有着良好的信誉。而有很多企业拖欠银行贷款，逃废银行债务。在法律日益完善、信息传播速度迅速的今天，这些企业被以“黑名单”的方式通报于众，造成金融机构的联合制裁，从而告贷无门，企业的信誉也随之荡然无存。

7. 其他信誉

企业是社会的一分子，是国家这个大家庭的一个重要成员，企业应该遵守国家法律规定，特别是要维护国家和政府的利益，不做违法经营的事情，按时足额缴纳税款，勇于承担社会责任。许多企业偷税漏税，违法经营，最终被吊销营业执照。

四、企业信誉的特征

问题4：企业信誉有哪些特征？

企业信誉的基本特征具体表现为：

1. 兼容性

企业信誉是利益相关人对企业的印象、情感和理性思考的综合结果，它包含的内容范围涉及企业存在的所有信息，从物化的人、财、物，到意识领域的管理理念、文化价值观等，具有全方位、多视角的特点。

2. 动态性

企业信誉是人们由感性上升到理性的认知过程。其动态性首先表现为渐次性和累积性。而由于人们的需要、爱好、价值观以及文化等因素的变化，由于企业的行为表现以及与利益相关人的相对信赖关系的变化，会使得企业信誉的评判结果随时发生改变。而这个变化是绝对的，稳定是相对的，从而没有一个企业的信誉是固定不变的。如果这个变化是负向的运动，会导致企业信誉的衰减，严重的话可能使企业信誉损毁。

3. 效用性

企业信誉的价值创造功能表明它就是一种生产力。企业信誉的优劣与企业的社会经济绩效存在着确定的正相关的关系。从长远看，信誉决定着企业的产品收益和资本收益，是企业可持续发展的基础，是企业生命周期和活力延长的决定性因素。这也正是我们不断强调对企业信誉进行有效管理的意义所在。

五、企业信誉的作用

问题 5：企业信誉有哪些作用？

1. 企业信誉可以增强其产品的市场号召力，有利于提高市场占有率

在市场经济中，企业作为微观经济主体面对的是生产者、竞争者和消费者相互依存、相互作用的市场，企业的信誉、产品的质量和价格以及服务质量的好坏是由消费者作出评价的。只有赢得顾客，才能占领市场。

2. 企业信誉可以提升企业有形资产的价值

企业的无形资产和有形资产总是相辅相成的。对企业而言，信誉的丧失不仅意味着作为信誉投资的沉淀成本失去了，而且与此相匹配的有形资产的价值和其他无形资产的价值也大大受损。一旦信誉受损，企业会受到严厉的惩罚。

3. 企业信誉可以增强企业的融资能力，促进企业快速发展

融资是企业创立和发展的起点。任何企业的发展，都离不开融资活动。特别是处于成长阶段的企业，由于销售额逐年增加，生产规模不断扩大，需要更多的生产流动资金，需要购买新的机器设备或扩建厂房，这样企业对货币资本的需求往往会超出自身的积累规模，如果仅靠企业的自我积累而发展，就会失去发展机会，抑制企业发展壮大。因此融资能力的强弱，就成为制约企业进一步发展壮大的一个重要因素，而企业信誉又是企业融资能力的基础。

4. 企业信誉可以减少交易成本

交易成本是生产环节以外的所有成本，包括人们进行交易时交易双方所投入的时间、精力和所花的金钱。从经济学的视角看，信誉可以减少或节省交易成本。比如两个有信誉的企业之间达成一笔交易，可以不必费时费力讨价还价，可以不签订书面合同，可以不到公证处公证，可以不必担心对方不履行诺言，可以不必对簿公堂。总之，由不信任导致的不确定性进而导致的用于扯皮的事的费用都省了，交易成本节约了，企业的效率自然也就提高了。

由此可见，良好的信誉是企业的一张王牌，可以使企业在市场竞争中取得事半功倍的效果，决定着企业的未来。因此，企业要树立重视信誉的经营理念，在信誉的创立、保护、提高上下工夫。当信誉与企业眼前利益发生矛盾冲突时，要把信誉放在首位，以牺牲暂时的经济利益来换取企业长远的利益。

六、品牌信誉与企业信誉之间的关系

问题 6： 品牌信誉与企业信誉之间的关系如何？

用马克思主义哲学体系上的话来说，品牌信誉与企业信誉是辩证统一的关系，即既相互区别又相互联系。

品牌信誉是指形象，是社会公众及消费者对一个品牌信任度的认知和评价，很大程度上取决于品牌的产品信誉。品牌信誉的建立需要企业各方面的共同努力，需要贯穿于整个品牌经营活动之中，它包含了丰富的内容，即质量信誉、服务信誉、合同信誉、包装信誉、三包三保信誉、首选信誉等，这些一样也不能少。品牌信誉既是维护顾客品牌忠诚度的前提，也是品牌维持其魅力的法宝。

企业信誉是使公众认知的心理转变过程，是企业行为取得社会认可，从而取得资源、机会和支持，进而完成价值创造的能力的总和。

企业信誉是一个更为宏观的概念，是公众对某一些企业的整体感知；而品牌信誉大多只是针对某一产品或一系列产品的心理认同。一般情况下，企业信誉涵盖着品牌信誉。

还有一种情况是，品牌信誉与企业信誉是融为一体的，好的品牌信誉铸就了好的企业信誉，好的企业信誉也有利于好的品牌信誉的形成。

活动 1： 收集身边一些较好信誉的品牌和较好信誉的企业，分析品牌信誉与企业信誉之间的联系。

考试链接

1. 品牌信誉的内涵。
2. 构建品牌信誉的方法。
3. 企业信誉的内涵。
4. 企业信誉的特征。
5. 企业信誉与品牌信誉之间的关系。

第二节 企业信誉的创建与培养

同仁堂的金字招牌何以300年不倒

北京同仁堂是全国中药行业著名的老字号。创建于1669年（清康熙八年），自1723年开始供奉御药，历经八代皇帝188年。在300多年的风雨历程中，历代同仁堂人始终恪守“遵肘后，辨地产，炮制虽繁，必不敢省人工；品味虽贵，必不敢减物力”的古训，树立“修合无人见，存心有天知”的自律意识，造就了制药过程中兢兢小心、精益求精的严细精神，其产品以“配方独特、选料上乘、工艺精湛、疗效显著”而享誉海内外，产品行销40多个国家和地区。

同仁堂作为中国第一个驰名商标，品牌优势得天独厚。参加了马德里协约国和巴黎公约国的注册，受到国际组织的保护。在世界50多个国家和地区办理了注册登记手续，是第一个在中国台湾注册的大陆商标。

从最初的同仁堂药室、同仁堂药店到现在的北京同仁堂集团，经历了清王朝由强盛到衰弱、几次外敌入侵、军阀混战到新民主主义革命的历史沧桑，其所有制形式、企业性质、管理方式也都发生了根本性的变化，但同仁堂经历数代而不衰，在海内外信誉卓著，树起了一块金字招牌，真可谓药业史上的一个奇迹。同仁堂的金字招牌为何可以300年不倒？

保证药品质量，严把选料关。从开业之初，同仁堂就十分重视药品质量，并且以严格的管理作为保证。创始人乐显扬的三子乐凤鸣子承父业，1702年在同仁堂药室的基础上开设了同仁堂药店，他不惜五易寒暑之功，苦钻医术，刻意精求丸散膏丹及各类型配方，分门汇集成书。乐凤鸣在该书的序言中提出“遵肘后，辨地产，炮制虽繁，必不敢省人工；品味虽贵，必不敢减物力”，为同仁堂制作药品建立起严格的选方、用药、配比及工艺规范，代代相传，培育了同仁堂良好的商誉。

以做小生意的精神经营大药店。代顾客煎药是药店的老规矩，冬去春来，尽管煎药岗位上的操作工换了一茬又一茬，但从未间断，也从未发生任何事故。如在1985年，当时每煎一服药就要赔5分钱，但药店为方便群众，把这一服务于民的做法坚持了下来。现在药店每年平均要代顾客煎药近2万服，此举深受患者和顾客欢迎。早在20世纪二三十年代，同仁堂就有了邮购业务的雏形，1949年后成立了邮寄部，对各地患者有信必答、有求必应，深得人心。1954年同仁堂设立了咨询服务台，为患者介绍适应不同病症的药品，解答顾客提出的各种问题，40多年来接待上千万人次。

同仁堂历尽沧桑，"金字招牌"长盛不衰，在于同仁堂人注重把崇高的精神、把中华民族的传统文化和美德，熔铸于企业的经营管理之中，并化为员工的言行，形成了具有中药行业特色的企业文化系统。的确，质量与服务是同仁堂金字招牌的两大支柱，坚持质量第一、一切为了患者是同仁堂长盛不衰的最根本原因。

同仁堂文化的质量观 。从古至今，同仁堂文化质量观形成的原因大致有两个：一个是同仁堂人的自律意识。历代同仁堂人恪守诚实敬业的药德，提出"修合无人见，存心有天知"的信条，制药过程严格依照配方，选用地道药材，从不偷工减料，以次充好。另一个是同仁堂的外在压力。这外在的压力就是皇权的压力，因为是为皇宫内廷制药，故来不得半点马虎，稍有不慎就有可能导致杀身之祸。

历代同仁堂人坚持"配方独特、选料上乘、工艺精湛、疗效显著"四大制药特色，生产出了众多疗效显著的中成药。1989年，国家工商局将全国第一个"中国驰名商标"称号授予了同仁堂，使同仁堂成为迄今为止在全国中医药行业唯一取得"中国驰名商标"称号的企业。同仁堂不仅有"十大王牌"，而且形成了以"十大名药"为代表的产品系列，从而赢得了国内外人士的广泛赞誉和青睐。

同仁堂文化的信誉观。若用一句话概括同仁堂的企业精神，那就是同修仁德，济世养生。同仁堂的创业者尊崇"可以养生，可以济世者，唯医药为最"，把行医卖药作为一种济世养生、效力于社会的高尚事业来做。历代继业者，始终以"养生"、"济世"为己任，恪守诚实敬业的品德，对求医购药的八方来客，无论是达官显贵，还是平民百姓，一律以诚相待，始终坚持童叟无欺，一视同仁。在市场经济的竞争环境中，同仁堂始终认为"诚实守信"是对一个企业最基本的职业道德要求，讲信誉是商业行为最根本的准则。

同仁堂文化的形象观。同仁堂历代传人都十分重视宣传自己，树立同仁堂形象。如利用朝廷会考机会，免费赠送"平安药"，冬办粥厂夏施暑药，办"消防水会"等。如今的同仁堂不仅继承了原有的优良传统，而且又被赋予了符合新时代特征的新内容。世纪之交的同仁堂主要抓了以下五方面工作：第一，利用各种媒体进行同仁堂整体形象的宣传，提高企业的知名度和美誉度；

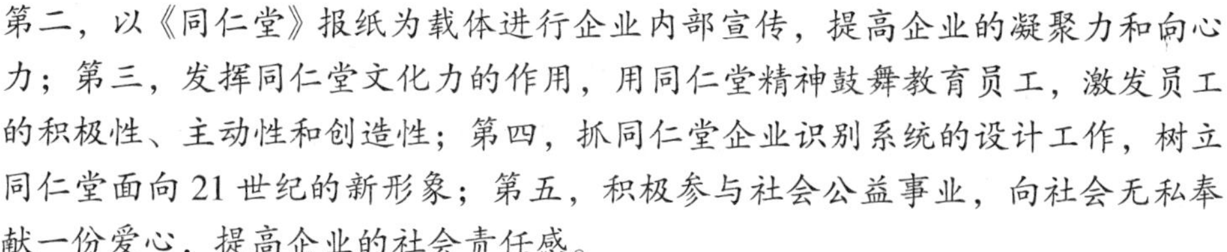
第二，以《同仁堂》报纸为载体进行企业内部宣传，提高企业的凝聚力和向心力；第三，发挥同仁堂文化力的作用，用同仁堂精神鼓舞教育员工，激发员工的积极性、主动性和创造性；第四，抓同仁堂企业识别系统的设计工作，树立同仁堂面向21世纪的新形象；第五，积极参与社会公益事业，向社会无私奉献一份爱心，提高企业的社会责任感。

资料来源：北京同仁堂官网，有改动。

思考题：

分析以上案例，想想同仁堂是怎么打造企业信誉的。

一、我国企业当前面临的信誉危机

问题7：我国企业当前面临着哪些信誉危机？

企业信誉，在今天的中国，这一词被愈来愈多的消费者所关注，也被愈来愈多的企业家所重视。我国当前的企业所面临的信誉危机主要表现在以下四个方面：

1. 在产品方面

一些企业为了压低生产成本，使用劣质或工业用原料加工食品，严重危害了消费者的安全及健康。比如，2010年质监部门查出金浩茶油的9批次产品存在苯并（a）芘超标，9月1日，在曝光压力之下，食用油公司金浩茶油终于为一个隐瞒了5个月的消息作出道歉："今年3月，金浩茶油等一批公司生产的茶油被查出含有超国家标准6倍的强致癌物质。还有一些企业产品的包装及标签未能提供真实的商品信息，在产品说明书中成分标示不明或未提及产品的副作用，严重侵害了消费者的知情权。"

2. 在价格方面

由于消费品缺乏专业的知识，无法对产品的成本、价格作出准确的判断，一些企业便把产品的销售价格定得远远高于生产成本。还有一些商家以不实的"厂价"、"批发价"和"成本价"大做广告，或者故意抬高价格再声称降价优惠等引诱消费者购买。另外，一些同类产品较大的生产商或销售商为了赚取更大的利润而实行价格共谋，垄断了行业价格，等等。如今，价格投诉成为一个热点问题，其中以电信、教育、医疗、交通、住房、药品等方面的价格欺诈及投诉最为突出。甚至公用事业单位利用自身的垄断地位多收费、乱收费，甚至收费不提供收据现象时有发生。以上诸如此类的做法不仅严重地损害了消费者的利益，扰乱了正常的市场经济秩序，也损害了企业自身的信誉。

3. 在分销方面

很多企业由于缺乏诚信，都无法与分销商建立长期的合作关系。在产品销售渠道领域，不讲诚信的现象比比皆是，他们在销售商品的过程中：骗买骗卖，或不讲商业道德，不讲信誉，不尊重经销商的愿望；强买强卖，或利用某种优势，限制竞争，进行垄断等；存在生产商与经销商相互推诿产品售后服务的责任；还有一些零售商为了自身利益，不顾合约的规定，销售其他企业的产品；有不少生产者则利用自己的垄断地位，抬高产品的批发价，对商品的运输和储存环节不负责任；等等，造成对经销商利益的极大伤害。

4. 在促销方面

企业以虚假的广告欺骗消费者的现象比比皆是，如虚构原价、虚假优惠打折。经营者采取虚构原价的手段，以根本不曾有过的价格作为原价，打着促销让利的幌子欺骗消费者，而实际上最后消费者买到的商品促销价与商品平时的销售价格相差无几，甚至更高。例如：在 2011 年春节前后，多地家乐福、沃尔玛超市就存在价格欺诈行为。还有一些经营者利用部分消费者贪图便宜的心理，经常打着换季打折、优惠价格、酬宾价格、促销价格、拆迁转行、最后三天等用语，谎称降价让利，诱导、欺骗消费者。

企业违背诚信原则的经营行为不仅发生在企业市场营销层面上，更严重的还发生在企业生产活动的实施过程、企业生产要素的组合管理、企业社会责任的履行等多个更为深入的层面。

二、创建和培养企业的信誉

问题 8： 如何创建和培养企业的信誉？

企业信誉建设既是建立社会信用体系的重要内容，也是企业参与构建社会主义和谐社会的着力点之一。企业的信誉危机已经引起全社会的广泛关注，不少企业家也开始重视诚信经商的责任和意义，企业信誉建设问题已全面展开。对企业自身来讲，应从以下四个方面着手培育和建设企业的信誉：

（1）加强道德建设，强化企业诚信观念和诚信意识，提高企业社会责任意识，把企业的信誉建设纳入其发展战略。首先，建设以诚信理念为宗旨的企业文化体系，在企业内部开展道德宣传，打造诚信为本的企业风气。其次，宣传企业的发展理念和文明建设的指导思想，营造浓厚的教育氛围，倡导员工争做道德建设的标兵、忠诚企业的先锋。最后，利用多种形式落实企业的经营准则和行为规范。

（2）完善公司组织机构，在企业内部设立信誉管理部门。如万向集团的企

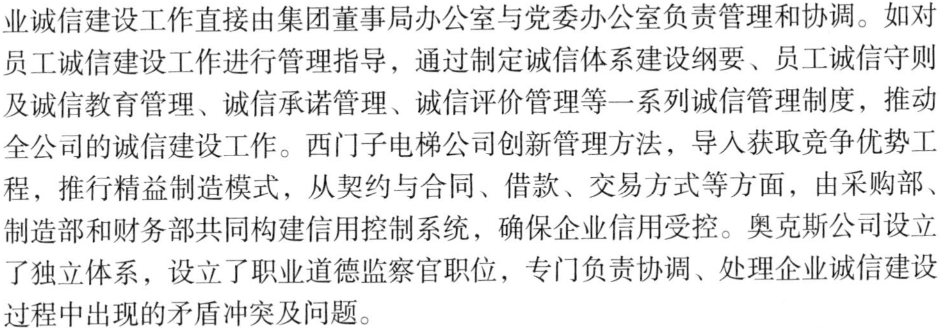

业诚信建设工作直接由集团董事局办公室与党委办公室负责管理和协调。如对员工诚信建设工作进行管理指导，通过制定诚信体系建设纲要、员工诚信守则及诚信教育管理、诚信承诺管理、诚信评价管理等一系列诚信管理制度，推动全公司的诚信建设工作。西门子电梯公司创新管理方法，导入获取竞争优势工程，推行精益制造模式，从契约与合同、借款、交易方式等方面，由采购部、制造部和财务部共同构建信用控制系统，确保企业信用受控。奥克斯公司设立了独立体系，设立了职业道德监察官职位，专门负责协调、处理企业诚信建设过程中出现的矛盾冲突及问题。

（3）重视企业产品和服务的质量。优良的产品品质和服务品质，是企业讲诚信的首要体现，是构筑诚信文化的基础和要件，也是企业最好的竞争手段。企业应该以严格的质量体系标准来检查产品或服务的合格与否。同时，企业应以更高的标准来严格要求自己，进而获得消费者和市场的认可。要确保产品的质量，首先，强化质量意识教育，夯实质量保证基础。其次，把员工的技术和质量教育培训列入公司的年度生产经营计划和企业发展规划中。最后，公司应建立符合国际标准的质量管理保证体系和《生产、检验、考核规章制度》，并把它渗透到生产经营的各环节。在服务方面应奉行“一切为了用户”的服务理念，对客户服务作出承诺，500 公里以内 12 小时服务到位，500 公里以外 24 小时服务到位。

（4）重视履行社会责任，企业形象才能不断提高。企业履行社会责任是经济发展和社会进步的必然要求。社会责任已经被广大企业所接受并认识，大多数企业愿意通过履行社会责任树立良好的企业形象。除了制定了完善的退换货规定，对用户不满意的商品实行退换商品无障碍、售后服务有保障、处理问题不拖拉、接待投诉有结果。企业家还应该承担起应担负的社会责任，如定期举办慈善活动。

尽管最近几年，我国企业信誉建设成绩斐然，但总体上还是处于初级阶段。信誉建设问题是长期而艰巨的任务，随着我国更多的企业参与国际竞争，企业信誉建设已经成为影响我国国际形象、影响对外开放进程重要而紧迫的问题，需要政府、企业、金融机构、社会公众广泛的关注和努力。

活动 2：假设你有一家企业，为了给企业打造良好的信誉，你准备从哪几方面入手？

考试链接

1. 我国企业当前面临的信誉危机。

2. 创建和培养企业的信誉。

第三节 企业信誉的维护

引导案例

阿里巴巴刮骨疗毒的典范意义

2011 年 2 月 21 日，电子商务企业阿里巴巴公司公布重大人事变动：公司首席执行官卫哲和首席运营官李旭辉因为客户欺诈行为而引咎辞职，阿里巴巴旗下淘宝网总裁陆兆禧接替卫哲，兼任阿里巴巴上市公司首席执行官职务。当天阿里巴巴股价下挫 3.47%，次日收盘继续大跌 8.27%，成交量创三年内新高。

在很多人看来，外无监管压力、内无行政压力，公司经营大体正常，阿里巴巴却自曝公司内部情况，这在中国的上市企业中堪称特例。我国市场诚信体制不彰，多的是造假者的强词夺理，伪劣产品充斥市场。以壮士断腕的勇气树立诚信，说明这家企业志向不小，更说明在中国市场树立诚信基石的是参与国际竞争的现代企业。

从 2009 年开始，阿里巴巴国际交易市场屡遭欺诈投诉，此后的内部清查显示，2009 年、2010 年两年间，分别有 1219 家（占比 1.1%）和 1107 家（占比 0.8%）的“中国供应商”客户涉嫌欺诈；直销团队一些员工默许甚至参与协助骗子公司加入阿里巴巴平台。

阿里巴巴的动作是迅速的，处理的手段是严厉的。阿里巴巴内部被认为负有直接责任的近百名销售人员及部分主管和销售经理，将接受包括开除在内的多项处理，首席执行官卫哲与首席运营官李旭辉引咎辞职，涉嫌诈骗者的信息将提交司法机关深入调查。

这一行动将进一步坚定交易者的如下信心：阿里巴巴网站以及其所属的母公司文化是以诚信为第一价值的。因此，虽然目前阿里巴巴的客户量下降、维护成本上升，但未来阿里巴巴的交易信用成本将更加低廉。就未来商业前景而言，作为商务网站所必需的金融诚信度因此提升，这将有助于阿里巴巴获得第三方交易等金融工具。

股价下挫不会伤及阿里巴巴的筋骨。虽然由于短期客户数量增速下降，一些证券机构的分析师下调了其股票评级，但多数分析师认为此举有利于阿里巴巴的长远发展，所有分析师一致认可阿里巴巴的行为。

没有一家企业会因为失信而获得长期的收益，一个经济体也是如此，长期失信的结果就是中国产品全部在市场上折价，只能以低价在国际市场出售。阿里巴巴的整肃有必要成为中国市场规则的样板。

阿里巴巴集团主席马云在致阿里巴巴全体员工的邮件中表示，对于这种触犯商业诚信原则和公司价值观底线的行为，任何的容忍姑息都是对更多诚信客户、更多诚信阿里人的犯罪！这表明，这是一家有明确价值观的企业。

著名危机管理专家、清华大学教授王微表示，作为一家知名的上市公司，“诚信”二字对阿里巴巴及淘宝的意义重大，“诚信”就是生命，任何不诚信的行为都有可能给企业带来巨大损失。出现欺诈事件后，一般的企业可能会遮遮掩掩，但事情一旦被揭露则会让企业失去公信力。

马云的做法一方面可以维护“诚信”，维护企业价值观；另一方面也可以为企业发展扫清障碍，严肃“军纪”，使团队更有战斗力。同时，阿里巴巴自曝“家丑”，也可能为电子商务发展扫清障碍。

资料来源：叶檀：《阿里巴巴刮骨疗毒的典范意义》，《东方早报》，2011 年 2 月。

思考题：

阿里巴巴为什么要“自曝家丑”？

一、造成我国企业信誉缺失的原因

问题 9：造成我国企业信誉缺失的原因有哪些？

目前，造成我国企业信誉缺失的原因主要有以下七点：

1. 企业主体以利润为最高目标，这是企业信用缺失的主要原因

结束了长期的计划经济体制后，中国人对利益的追求和渴望已经成为合理的人性而不再被禁止。随着改革开放和市场经济的演进，特别是市场经济利益原则的确认，企业利润的最大化成为众多企业的主要目标。另外，我国相当一部分企业缺乏符合市场经济要求的企业核心价值观，在利润的驱动下以假冒伪劣商品欺骗消费者，以牟取暴利，这给企业的信誉造成了严重的损害。

2. 社会信用意识淡薄，这是滋生失信的土壤

民间有句话叫：“无商不奸，无奸不商。”经商需要奸猾，只有不守信用才能赚到钱，这种思想根源是产生信用意识淡薄的基础。

3. 规范信用的法律法规不健全

法制建设的不健全导致市场经济的混乱、无序。在我国目前的法律制度中，与信用有关的法规主要有《民法通则》、《合同法》、《担保法》、《刑法》等，

但是还没有一部完整的、系统的规范信用活动的专门法律。现有的法律法规也过于宏观，法律的刚性不够，缺乏可操作性，给执法者的自由裁量权也太大。

4. 处罚力度不够，失信成本太低

我国现有的法律法规，无论是对个体私营企业的制假售假，还是对国有企业的恶意欠债逃债，或者是上市公司欺骗公众投资者等行为打击制裁不到位，力度相当有限，客观上纵容了不讲信用的企业行为。

5. 严重的地方保护主义是不讲信用的保护伞

制假售假能够大规模发展，与地方保护主义是分不开的。因为不少规模化、产业化的制假售假不是偷偷摸摸，而是在光天化日之下展开的。这些制假售假者一点也不掩饰。作为地方的管理者，对于这样的情况采取睁一眼闭一眼的态度。更有甚者，当有关部门进行查处时，有的地方政府还为其辩解保护，甚至说是地方财政的主要经济来源。

6. 信用评价机制不健全，使守信者得不到应有的保护，失信者难以得到应有的惩罚

目前，我国还没有完全建立起社会信用评价管理体系，企业资信评价缺乏一套全国统一的评估办法，行业、部门各自为政，评价资料难以实现共享，评价结果的独立性、公正性得不到社会认可，许多行业只认自己评价出的信用指标，致使失信者在甲地失信后，转移到乙地依然不受影响，企业信用管理更跟不上市场形势发展的需要。

7. 企业舆情应对能力普遍偏低

通过建立企业舆情应对能力指标体系。报告显示，2010 年企业舆情应对能力普遍偏低，各季度能力均在平均水平以下，其中第三季度企业应对相对较好，居全年之首。企业舆情应对和公关能力各分指标中，现实问题解决能力、沟通能力、信息发布及与公众沟通的能力表现平平，而事前的研判、事后的危机恢复管理以及舆情应对过程中的议题管理能力则显得较为薄弱。可见，企业在事前研判、事中的议题管理及事后的危机恢复能力有待提高。

从各类企业应对能力来看，国企普遍表现出良好的政府沟通能力，政府介入促进事态迅速好转。不足之处在于，应对危机时效性差，反应迟缓，危机公关策略多为强势应对或“鸵鸟策略”，不善于利用新媒体，与公众沟通欠佳。

民营企业在危机公关中，态度积极主动，危机应对速度快；与公众沟通良好，能够及时争取公众的理解；新媒体应用手段突出，微博成为亮点。

外企及港澳台地区企业总体应对能力尚可，但沟通能力欠缺，忽视公众利益，研判能力普遍不足，现实问题处理能力有待提高。

面对这样的情况，有关专家也给出了专门的建议：①提升运用新媒体的能

力，全面拓展新媒体信息发布渠道，并遵守信息发布的3T原则，即快速、全面、以自我为中心。企业发布信息必须争分夺秒，否则会被公众看做逃避责任，产生新的质疑，越早介入舆情事件，越有助于舆情消退；企业在发布信息特别是第一次发布信息之时，要做到全面客观，以免陷入新一轮的舆情危机；企业发布信息除了要及时、全面，还应该主动掌握信息发布的主动权。②采取合作而非对抗的危机应对策略，勇于承担责任。企业要认识到，在目前企业和消费者之间、企业和媒体之间、企业与企业之间闹得不可开交的时候，他们之间的共同利益仍然存在。企业要坦诚地公开信息，让公众、消费者或媒体参与企业舆情事件的处理，这有助于企业化解危机。③提高环境监测能力，增强对于危机的研判能力。报告建议通过建立企业舆情事件案例库、数据库，探索新媒体环境下企业舆情危机的特征和发展、演变规律，以及时发现舆情，对危机作出预警。

二、维护好企业信誉的方法

问题10：如何维护好企业的信誉？

1. 树立全员信誉意识

这是企业信誉管理工作的首要大事，信誉意识贯穿于企业的整个管理活动之中。企业信誉的建立和维护更多的是通过企业的行为也即企业员工和企业经营者的行为表现出来，所以企业员工首先必须树立信誉第一的意识，明确信誉是企业生存发展的大事，只有使信誉与企业每个员工的利益息息相关，才能防止企业全体成员杜绝损害企业信誉的行为发生。特别是企业的经营者，其信誉意识可以说决定了企业信誉的大方向。

2. 把信誉管理放在战略的高度

信誉的好坏关系到企业的兴旺和发展，因此要把信誉当做企业经营者的头等大事来抓。企业当以提高和维护企业的信誉为出发点，严把产品的质量关，严把服务的质量关，确定合适的价格，采取合适的营销工作，企业才能在市场上站稳脚跟，求得发展。如果只是把信誉管理当做问题出现后的补救手段，就已经为时已晚。

3. 进行全过程的信誉管理

产品信誉、服务信誉、财务信誉、商业信誉等任何一个环节的信誉出了问题都会引发连锁反应，对整个企业的信誉都会产生重大的影响。因此企业要对信誉进行全过程的管理，加强产品的质量管理，提高服务的质量水平，处理好与外部各方的关系，包括竞争对手、供应商、顾客、媒体、政府等，企业才能在全局上取得良好的信誉。

4. 加强企业自身的信誉保护

加强企业自身的信誉保护，特别是在一个整体信誉缺失的环境下。企业应该加强对客户的信誉全程管理。在和客户谈判、接洽时就要调查和评估客户的信用状况，然后决定是否提供信任。这样有助于企业把握商业机会，降低违信风险。当货物销售出去之后，应对销售的货物和客户时时进行监控，既保证客户得到满意的服务，又可以随时了解到客户的资金状况，有助于货款的按时回收。当出现货款拖欠情况时，要加强催收的力度，制定合理的催收政策。

5. 加强企业信誉的组织管理

企业的信誉管理是一个有组织的过程。有系统、有组织的管理更加有助于企业信誉的建立和维护。在发达国家，一般企业均设有信用管理部或设有信用管理经理一职。在我国，企业可以依据其自身情况，在企业内部设置信誉总监，负责保证信誉管理的顺利实施，或者建立信用管理部门：①建立客户的信誉档案；②负责对企业客户的动态信誉管理，时刻跟踪客户的信誉状况变化，分析客户的信誉度，将资信状况发生变化的企业随时通知企业的销售部门和财务部门；③对业已经发生的债务进行分析以帮助企业防范坏账风险，保证企业正常运行；④建立标准的催账程序和高效的追账队伍；⑤负责对企业自身的信誉状况的分析，随时与企业的供应商、顾客、银行、投资者等联系沟通，了解企业自身的信誉度，对信誉薄弱的环节加以控制和改进，进一步提高企业的信誉度。

6. 建立信誉的惩罚与激励制度

对破坏企业形象的行为要严厉予以制止，并对其责任人予以惩罚，而对维护企业信誉的行为要予以表扬和激励。如果没有相应的惩罚措施，企业成员做出有损企业信誉的行为时没有任何制裁，那么企业成员也就没有积极性去维护企业的信誉。

企业信誉是企业的生命，塑造和维护企业信誉是一个长期的、系统的过程，因此企业要牢固树立“信誉是企业的生命”的观念，长期不懈狠抓企业信誉管理，才能有力地提高企业在市场中的竞争地位，获得良好的声誉。

活动 3：收集近年来影响比较恶劣的影响企业信誉的事件，看看面对信誉的缺失，企业是怎样做的。

考试链接

1. 我国企业信誉缺失的原因。

2. 维护企业信誉的方法。

案例分析

坦诚，才能赢得谅解

美国的强生公司在世界上名气很大，它生产的保健品和婴幼儿药品为千千万万个家庭所熟悉。

在强生的产品中，有一种名叫“泰利诺”的止痛药年销售额达 4.5 亿美元，这一数字所带来的利润，是整个强生公司总利润的 1/5。从 1975 年问世到 1982 年的短短几年时间，该药就占领了美国 35%的成人止痛药市场。

如此的业绩当然会有人眼红，于是，在 1982 年，有愤愤不平的眼红者故意打开包装，在药中加入剧毒氰化物导致 7 人死亡！这就是强生历史上有名的泰利诺“中毒”事件。加上别有用心的造谣和不明就里的媒体的负面报道，强生公司的信誉遭受到了有史以来最严峻的考验，其光辉形象也是一落千丈。

为了澄清事实，挽回自己的声誉，赢得消费者的谅解，强生公司作最坏的打算来处理危机，并且坚持“公司首先考虑公众和消费者的利益”这一经营理念。

强生迅速地通过各种媒体向公众公布了事实的真相，并以真诚的态度来对消费者解释；在很短的时间内从市场上收回并销毁了价值 1 亿美元的 3200 万瓶泰利诺，对其中的 800 万瓶进行试验，查明是否受过其他污染；成立专门的部门来负责答复媒体的采访；花费 50 万美元发出 45 万份电报、传真请相关的内科医生、医院和经销商提高警惕；暂停推销广告；公司的所有领导都在美国的电视新闻节目上露面，其销售代理通过当地的电视向全国发表讲话达 75 次之多……

这些补救措施取得了社会公众和舆论的广泛同情，对挽回声誉和重新赢回消费者起到了至关重要的作用。

接下来，强生公司为了进一步了解自己在消费者心中的地位，进行了大规模的直接询问，历时 50 天。通过调查得知，有 90%的人知道这次事件，在这 90%的人中又有 90%的人认为强生不应该受到指责，因为公司已经为保护公众的利益而采取了应有的行动。可见，公司在消费者心目中的形象已渐渐得到了恢复。

1 个月以后，强生公司开始制订恢复市场的计划。由于泰利诺事件的发生，美国政府和芝加哥地方政府及其他州政府正在制订新的药品安全法，强生认为这是一次最好的营销机会。它果断地出击，推出了新型的泰利诺胶囊，此种胶囊有更为坚固的三层密封包装，是名副其实的“防污染包装”。至此，强生成为第一个对新的药品管理法做出反应的企业。

强生公司的高明之处在于将自己的利益和消费者的利益挂钩。为了让这种新包装的泰利诺重新取得社会的信任，公司派出了大量的公关人员走访医疗机构上百万次，散发价值5000万美元的赠送券，向消费者免费赠送新包装的止痛药。其广告宣传语气谦逊，尽量不引起公众的反感。公司还开通了免费电话接受消费者的咨询，鼓励客户打电话索取折扣券，以便在购买泰利诺时享受到相应的优惠。

强生公司的真诚做法受到了公众的一致赞赏，产品重新获得了公众的信任。5个月内，泰利诺的销量就回升到了原来的七成。一年后，又重写了曾经的辉煌，强生终于从危机中走了出来。泰利诺事件也被认为是当今世界上处理危机最为有效的典范之一。1983年，美国荣誉和奖品颁发委员会的公共关系学会破天荒地向强生联营公司颁发了以表彰其恰当处理这场危机的银钻奖。

资料来源：姜慧德、刘爱芹：《全美企业管理经典案例集·经营战略》，科学技术文献出版社，2007年。

问题讨论：

有着100多年历史的强生公司在危机处理之后，还能荣登最佳声誉公司宝座。在市场竞争激烈的今天，是什么促使强生公司能够依然叱咤风云？

本章小结

品牌信誉形象是社会公众及消费者对一个品牌信任度的认知和评价，其实质来源于产品信誉。品牌信誉的建立需要企业各方面的共同努力，需要贯穿于整个品牌经营活动之中，它包含了丰富的内容，即质量信誉、服务信誉、合同信誉、包装信誉、三包三保信誉、首选信誉等，这些一样也不能少。品牌信誉既是维护顾客品牌忠诚度的前提，也是品牌维持其魅力的法宝。

企业信誉是企业在其生产经营活动中所获得的社会上公认的信用和名声。企业信誉是企业无形的资本，较高的信誉是企业立足市场求得发展、获得竞争优势的法宝，有利于企业降低融资成本、规范商业风险、改善经营管理、提高社会知名度、扩大市场份额。因此塑造企业良好的信誉是每一个企业应注重和着重解决的问题。

深入学习与考试预备知识

企业信誉的组织管理

企业的信誉管理是一个有组织的过程。有系统、有组织的管理更加有助于企业信誉的建立和维护。在发达国家，一般企业均设有信用管理部或设有信用管理经理一职。在我国，企业可以依据其自身情况，在企业内部设置信誉总监，负责保证信誉管理的顺利实施，或者建立信用管理部门：①建立客户的信誉档案；②负责对企业客户的动态信誉管理，时刻跟踪客户的信誉状况变化，分析客户的信誉度，将资信状况发生变化的企业随时通知企业的销售部门和财务部门；③对业已经发生的债务进行分析以帮助企业防范坏账风险，保证企业正常运行；④建立标准的催账程序和高效的追账队伍；⑤负责对企业自身的信誉状况的分析，随时与企业的供应商、顾客、银行、投资者等联系沟通，了解企业自身的信誉度，对信誉薄弱的环节加以控制和改进，进一步提高企业的信誉度。

知识拓展

中国企业步入“舆情危机时代”

上海交通大学舆情研究实验室、舆情网今天联合发布的《2010 中国企业舆情与危机公关年度报告》显示，2010 年中国的企业面临着前所未有的信誉危机，主要有四方面的特征：

（1）数量比较多、范围比较广。据不完全统计，2010 年发生影响较大的企业诚信危机达到 400 多起，既有央（国）企，也有民企和外企。包括公众熟知的“3Q”大战、“天价微博”、紫金矿业水污染事件、中石化的“网传南京加油站爆炸”、东航的“群殴”、中国联通的“天价微博”等。数据对比显示，当年企业舆情危机事件呈现井喷趋势，同比增幅达到 83.3%。而“漠视公众利益”是众多危机管理专家对这些事件的主要评价。

（2）危害比较大，解决比较难。首先，企业涉嫌违法或违规操作类事件最多，占 3 成，并集中于互联网行业；其次，产品缺陷问题，占舆情事件的 24%，集中于食品、汽车行业；再次，灾害事故和企业内部管理不善引发的危机，分别占总体舆情的 16%和 14%，其中灾害事故危险级别高、影响范围广、应对难度大，主要集中于一些大型企业，如中石油大连输油管爆炸、伊春空难、华侨城事故、苹果代工厂中毒事件等；最后，企业内部管理不善的案例，如本田停工门、富士康跳楼事件等，引起了极大的社会负面影响。此外，企业营销问题、企业产权问题、企业家个人问题等也可能引发企业危机。

（3）企业家个人的舆情成为2010年企业舆情的新亮点。企业家是企业发展的中坚力量，良好的社会形象和美誉度不仅对企业家个人有利，对企业发展也有很好的推动作用；反之，不但会使企业家身陷危机，而且可能危害所在企业，甚至殃及它所处的整个行业。2010年与企业家相关的重大舆情事件中，公众的关注点主要集中在企业家慈善行为、道德问题、个人言论、企业竞争、企业内部管理五个方面。其中唐骏的“学历门”、任志强的“扔鞋门”、宋山木的“强奸门”以及富士康跳楼事件中的郭台铭、国美股权危机中的黄光裕等，都曾成为公众关注的焦点。总体看来，在企业家的舆情尤其是影响力重大的舆情事件中，负面信息比例较大，可见现在企业家的舆情不容乐观。

（4）在危机事件中，消费者作为弱势群体损失最大，人身受到侵害，精神受到折磨，索赔难以兑现。企业损失也不小，几代经营群体的不懈努力付之东流。这些危机事件的处理结果大都不理想，可以得到基本解决的危机占到2/3，一些危机多年得不到解决，成为社会不稳定的隐患。

报告称，纵观2010年企业全年舆情案例，引起企业信誉危机的原因呈现出两个特点：一是对民企而言，同业恶性竞争成为危机的重要诱因；二是对于外企及港澳台地区企业而言，劳资关系紧张成为危机的重要诱因。

对于民企，由于同行业之间、企业与上下游产业链之间因为经济利益而导致的恶性竞争不在少数。其中，同业间的竞争方式包括技术封杀、恶意中伤、口水战、产品封杀、互相揭短、肢体冲突等。

例如，腾讯与360的网际大战以及由此引发的360与金山、百度、腾讯、傲游等企业的口水战；乳制品行业的蒙牛与圣元、伊利的“诽谤门”，使原本脆弱的国内乳制品行业再起波澜；海信与格力在微博上的“变频空调”与“无氟空调”之争；国内各大视频网站的“去盗版化”混战，涉事的主要有优酷、酷6、土豆、搜狐等。此外，还有雪花终端封杀燕京啤酒、霸王洗发水致癌门、格力与美的十一促销期间工作人员大打出手并致人死亡、美的与九阳豆浆机促销员群殴等。

对于外企及港澳台地区企业，企业薪资待遇不合理引发员工不满是造成危机形成一个鲜明的特点。长期以来，外资和港澳台企业纷纷在大陆开设制造业工厂，通过低廉的员工薪资获得更高的利润。然而，随着中国经济的持续发展和公众意识的不断觉醒，这种状况正悄然发生变化。

2010 年闹得沸沸扬扬的本田停工门、富士康员工跳楼事件，以及松下员工不满补偿围堵厂门事件等，这些企业危机爆发的原因中都包含了员工对企业所提供的薪资待遇不满的因素。此外，部分企业一味追求经济利益，采用一些强硬的管理措施，缺乏对员工的关怀和尊重，也成为企业信誉危机扩大的诱因。

资料来源：中国新闻网：《2010 中国企业舆情与危机公关年度报告发布》，2011 年 1 月。

答案

第一节：

安然公司倒闭的表面原因是公司的执行董事和财务总监在公开的财务报表上作假，隐藏债务，哄抬股票价格并从中牟利。其实质原因是信誉缺失，失信于消费者的企业终究难逃破产的命运。

第二节：

同仁堂从七个方面来打造企业信誉的：①保证药品质量，严把选料关。从开业之初，同仁堂就十分重视药品质量，并且以严格的管理作为保证。②以做生意的精神经营大药店。③代顾客煎药是药店的老规矩，冬去春来，尽管煎药岗位上的操作工换了一茬又一茬，但从未间断，也从未发生任何事故。④同仁堂人的自律意识。⑤历代同仁堂人恪守诚实敬业的药德，提出“修合无人见，存心有天知”的信条，制药过程严格依照配方，选用地道药材，从不偷工减料，以次充好。⑥同仁堂人坚持“配方独特、选料上乘、工艺精湛、疗效显著”四大制药特色，生产出了众多疗效显著的中成药。⑦在市场经济的竞争环境中，同仁堂始终认为“诚实守信”是对一个企业最基本的职业道德要求，讲信誉是商业行为最根本的准则。

第三节：

阿里巴巴“自曝家丑”最主要的原因是为了维护良好的企业形象。“诚信”是企业的生命，任何不诚信的行为都有可能为企业带来巨大的损失。阿里巴巴的做法一方面可以维护诚信，维护企业的价值观；另一方面也为企业的发展扫清了障碍。

案例分析：

强生公司在危机处理后还能荣登最佳商誉的宝座，主要的原因在于强生在面临信誉危机时能秉承对消费者坦诚的态度，坚持“首先考虑公众和消费者的利益”。主要的做法：首先，迅速地通过各种媒体向公众公布了事实的真相，并以真诚的态度来对消费者解释；其次，公司制订恢复市场的计划，并逐步实施。

第七章 售后服务与品牌信誉

学习目标

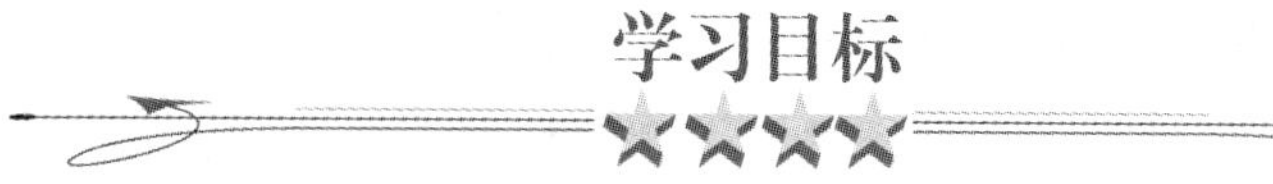

知识要求 通过本章的学习，掌握：

- 售后服务的含义与作用
- 售后服务的过程设计与实施
- 售后服务的信息反馈与改进

技能要求 通过本章的学习，能够：

- 通过本章的学习，能够设计一个简单的售后服务体系
- 了解售后服务的信息反馈，提出相应的改进措施

学习指导

1. 本章的主要内容：售后服务的含义、售后服务的过程设计与实施、售后服务的信息反馈与改进等。

2. 学习方法：掌握最基本的理论，结合案例理解概念，并进行知识延伸和讨论活动等。

3. 建议学时：8 学时。

第一节 售后服务的特点与作用

引导案例

西尔斯公司的王牌——优质的售后服务

搞好售后服务，是提高企业信誉、争取客户、获得高额利润的重要保证。美国著名的零售企业——西尔斯公司将售后服务作为自己的王牌，为自己带来了源源不断的客户流。

西尔斯公司是美国也是世界上最大的私人零售企业。它拥有 30 多万名员工，至今已有 100 多年的历史。它经历了美国社会生活的几次大变革，并跟上了潮流，在稳定中增长和发展，成为美国经营最成功和最赚钱的企业之一。在西方商业界享有“零售科学院”之誉。

“百货王”历经百年不衰，这与它的销售政策是分不开的。西尔斯公司为顾客提供良好的售后服务，从创业之初就制定了“包您满意，否则原价退回”的销售政策，成为全球最早实行“原价退货”制度的企业之一。

西尔斯对待顾客退货从来不说二话。即使有些爱占小便宜的顾客钻空子，他们也笑而纳之。有的顾客有时把磨得不像样的鞋退回来，有的顾客把穿了半年之久的衣服拿回来退，他们仍不予拒绝。因为西尔斯坚信，这样的顾客毕竟是极少数。

在西尔斯的营销理念中，他们始终把顾客的利益放在最重要的位置。西尔斯认识到好的商品是取得顾客信任的最根本保证。为了保证商品的质量，西尔斯公司派出 400 名采购员和 300 多名技术人员，深入到各供应商的产品一线进行监督指导，以确保这些产品符合西尔斯公司自己制定的检验标准。西尔斯还设有专门的产品实验室，每年对 1 万多种产品进行测试。为了检验床垫的质量，他们曾用重达 225 磅的木制圆筒在床垫上来回滚动 10 万次，而为了检验靴子的耐穿性，他们曾将靴子通宵达旦地泡在水里。

卓越的西尔斯商品质量为他们实施“无条件退货”制度奠定了基础。100 多年来，西尔斯凭借其良好的商品与服务，赢得了长盛不衰的发展。

资料来源：邢群麟、王爱民：《跟科特勒学营销》，黑龙江科学技术出版社，2008 年。

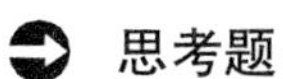

思考题：

西尔斯公司的服务之道是什么？

一、售后服务的内涵

问题1：什么是售后服务？

售后服务是指生产企业、经销商把产品（或服务）销售给消费者之后，为消费者提供的一系列服务，包括产品介绍、送货、安装、调试、维修、技术培训、上门服务等。

在市场激烈竞争的今天，随着消费者维权意识的提高和消费观念的变化，消费者在选购产品时，不仅重视产品实体本身，在同类产品的质量和性能相似的情况下，更加重视产品的售后服务。因此，企业在提供价廉物美的产品的同时，向消费者提供完善的售后服务，已成为现代企业市场竞争的新焦点。中国海尔集团因售后服务做得好，而销售稳步上升。

售后服务的主要内容是：

（1）代为消费者安装、调试产品。

（2）根据消费者要求，进行有关使用等方面的技术指导。

（3）保证维修零配件的供应。

（4）负责维修服务。

（5）对产品实行“三包”，即包修、包换、包退（现在许多人认为产品售后服务就是为“三包”，这是一种狭义的理解）。

（6）处理消费者来信来访，解答消费者的咨询。同时，用各种方式征集消费者对产品质量的意见，并根据情况及时改进。

客观地讲，优质的售后服务是品牌服务经济的产物，名牌产品的售后服务往往优于杂牌产品。名牌产品的价格普遍高于杂牌，一方面是基于产品成本和质量；另一方面也因为名牌产品的销售策略中已经考虑到了售后服务成本。

二、做好售后服务工作的方法

问题2：如何切实做好售后服务工作？

1. 抓住主要服务对象

做销售的时候我们经常说搞定某个人，也就是拍板的人。做售后服务的时候也是一样，即使你的服务被客户方所有技术人员都认可了，客户负责人一个“不”字就可以否定你的一切，所以在你做完服务后一定要得到客户负责人的认可后方可离开。

2. 不要轻视客户那里的每个人

客户那里的每个人都很重要，如果你只顾及了负责人的感觉，而对别人提的要求置之不理，就大错而特错了。当别人提的要求与责任人有冲突时，你要不厌其烦地给予合理的解释，以期得到别人的理解。

3. 抓住主要解决的问题

在做服务之前，要写出服务计划，要明确你主要解决的问题是什么，因为你不可能一直待在客户那里，有时间在约束着你。你一定要先把主要的问题解决掉，以免犯本末倒置的错误。这也是技术人员最容易犯的错误。

4. 不要讲太绝对的话

世上没有绝对的事情，你不要轻易说“绝对没问题”或“绝对应该这样做”。你可保持沉默，如果必须要说的话，你可以说“一般是没有问题的”、“可以做”、“有问题的话，我们会及时给您提供服务”、“正常来讲应该是这样的”之类的话。

5. 举止、谈吐、衣着大方得体，表现出公司的文化底蕴

“一滴水可以折射出一个太阳”，你的一言一行都代表着公司的形象，千万不可太随便，你的一句话一个动作都可以丢掉一个客户，因此一定要养成良好的职业习惯。毛手毛脚、不修边幅、无谓争吵等都是售后服务人员应该避免的。

6. 让客户感觉到你有强大的技术后盾作支撑

做技术的人容易犯的错误就是总认为自己的技术是最好的，甚至有人会在客户那里贬低同事，这是大忌。一个人的技术水平无论多高都是有限的，一旦在服务的过程中出现难题，解决不了，打电话向公司其他人求救，尽管你明知道其他人也解决不了问题，你要让客户感觉到公司还有人支持你。如果客户对你不认可，也不会对公司的信誉造成太大的影响。

7. 打有准备之仗，做好最坏打算

做售后服务不要抱侥幸心理，也许一根网线、一本说明书就要让你来回奔波几千里。新的设备、所带的工具一定要检查，没有把握的技术一定要先在服务之前做试验。

8. 见好就收

并不是说设备不明不白调试好了，就赶快收场，而是说如果你需要做的工作都做完了，就不要再做什么添枝加叶的事情，否则会造成迟迟不能交工。

9. 与客户主要负责人及技术人员建立一条联系通道

做完服务以后一定记下客户相关人员的联系方式（电话、传真、E-mail、

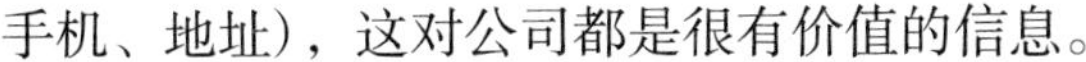

手机、地址），这对公司都是很有价值的信息。

10. 公司内部矛盾和问题不要反映到客户那里去

经常出现这样的情况，两个技术人员有个人矛盾，刚好被派在一起为客户提供售后服务。到了客户那里两人不是互相配合，而是互相较劲，谁也不听谁的。还有就是把公司的问题带到客户那里，譬如出差补贴少、公司经营问题、公司决策层矛盾、上级部门缺点等。

三、避免同质化的售后服务

问题 3：如何避免同质化的售后服务？

1. 加强全体员工服务观念

一个企业最可贵之处就是出现问题时不是想着去追究公司内部谁的责任，更不是在客户面前推脱责任，或找到充足理由证明客户是错的，而是站在客户的立场去想如何帮助他们尽快解决问题。对企业来讲可能是百分之一或万分之一的怠慢或失误，但是对客户来说就是百分之百的问题。对于有长远眼光的企业来说，为了信誉，不惜代价。

2. 货俏人不骄

货越俏，越要照顾好老客户，越要提供更优质服务。一个企业、一个产品是否已在客户的心里长久扎根，不是表现在产品迅速扩张时期，也不是表现在产品供不应求时期，而是在市场走向理性、趋向缓和时期，即在市场淡季是否依然能够拥有稳定客户。我们应该从产品开发、制造到售后服务过程中，为客户提供各种帮助，这样才能使新品牌有血有肉。

3. 建立客户档案制度

对所有的服务对象建立档案，及时联络，把使用过程中可能出现的问题消灭在萌芽状态；所有的客户来信，必须归档，并保证回复率 100%；同时对客户应不定期发放服务咨询卡、服务满意度调查表，回归后归档，并将意见反馈给公司决策层。

4. 开展多种形式的辅助营销服务工作

在每年一些有纪念的、有意义的日子，相关的市场人员为客户设备操作人员、管理人员等赠送一些小礼品或慰问信，同时组织公司相关领导对客户回访，情感服务和实地服务兼而有之。

5. 加强对售后服务人员的管理

严禁服务人员接受客户礼品，或以任何借口刁难客户，不准以任何形式加收服务费用，如有违反应严肃处理。对那些严格执行规定、维护技术精、服务态度好、工作认真负责的人员应予奖励。

总之，在产品不断“同质化”进程中，为了提高产品竞争力，除在技术、质量上再加把劲之外，还应在服务上做足文章，切实做到产品竞争和服务竞争两手硬，这样才能在激烈的竞争中赢得客户的忠诚。

四、售后服务的重要意义

问题 4：售后服务对企业的发展有什么样的意义？

在产品同质化日益严重的今天，售后服务作为销售的一部分已经成为众厂家和商家争夺消费者的重要领地，良好的售后服务是下一次销售前最好的促销，是提升消费者满意度和忠诚度的主要方式，是树立企业口碑和传播企业形象的重要途径。对于一些技术含量高的产品，售后服务显得更加重要，甚至成为客户选择产品时所要考虑的最重要因素。

（1）售后服务是一次营销的最后过程，也是再营销的开始，它是一个长期的过程。企业要树立这样一种观念，一个产品售出以后，如果所承诺的服务没有完成，那么可以说这次销售没有完成。一旦售后服务很好地被完成，也就意味着下一次营销的开始，正所谓：“良好的开端等于成功的一半。”

（2）售后服务过程中能够进一步了解客户和竞争对手更多的信息。其实，售后服务人员更像一个深入客户那里的考察者，售后人员一定要珍惜这个机会，以便能通过一次服务为公司带回更多的信息。你要清楚你能够唾手可得的信息可能就是销售人员急需而无法得到的。

（3）售后服务能与客户进一步增进感情，为下一步合作打下基础。一个好的售后服务人员，能够给客户留下一个好的印象，能够与不同类型的客户建立良好的关系，甚至成为朋友。实际上，你已经为下一次的合作增加了成功系数。当然这需要有扎实的技术功底、良好的职业道德和服务技巧。

（4）售后服务能为产品增值。我们知道产品销售出去以后，一般都有保修期，保修期过了之后一般是需要收取服务费的。假设产品可以有多家服务商来竞争，客户就不一定选择谁来做。如何保住和得到这一部分增值利润，很大程度上取决于公司整体的售后服务质量。

（5）售后服务是一种广告，是为公司赢得信誉的关键环节。人们常说，这家产品尽管贵些但服务不错，那家便宜但服务没保障。市场的规律已经证明，企业的信誉积累很大程度上来源于售后服务。

（6）售后服务的过程也是服务人员积累经验、提高技巧、增长才干的过程。在公司里也许你永远也看不到如此多的高档设备。在客户那里，你能学到你的产品如何与这些高档设备协同工作，而且有机会学到这些设备的使用方法。

活动1：调查附近的4S汽车销售店，看看哪家的售后服务做得最好，值得其他公司借鉴的方面有哪些。

考试链接

1. 售后服务的内涵。
2. 做好售后服务的方法。
3. 避免同质化的售后服务。
4. 售后服务的重要意义。

阅读材料

售后服务好坏关系企业成败

2011年1月18日，沈先生像往常一样打开2009年5月购买的东芝40ZF500C液晶电视。电视开机时，他发现左边10厘米宽的屏幕会被不同颜色的竖线条占满，闪动一段时间后，最后就会变成两条细线，且在关机前不会消失。沈先生立刻与东芝的客服人员取得联系。38天后的2月25日，东芝售后维修部给出了“换屏”的答复。

2008年9月，日立、松下两大巨头因屏幕存在“竖线”问题，相继在日本发布32英寸液晶电视召回公告，日立决定对其W32L-H8000、W32L-HR8000、W32L-H9000、W32L-HR9000等4款彩电采取免费检修召回措施；松下决定对其TH-32LX600一款32英寸液晶电视采取免费检修，更换零部件召回措施。

与西方国家相比，我国的缺陷产品追究机制还比较落后，因此，国际品牌在召回政策上，往往对中国消费者和国外消费者采取了差别化规定。这种“厚此薄彼”的不同待遇，导致国内消费者所产生的不满情绪，超过了由问题产品质量缺陷带来的不满。

从长期发展来看，消费者在选购产品时，更看重售后服务情况。售后服务的优劣将直接影响到消费者的选择。随着信息分享速度的加快，以及消费者维权听证会等新维权形式的出现，售后服务的好坏甚至关系到了企业的成败。企业的竞争很多时候是体现在服务竞争上。同为外资品牌，三星、索尼等早就采取一系列举措，如延长保修期、系统售后服务搭建等方法，加大企业在售后服务方面的竞争力度。

长久以来，日本家用电器给中国消费者留下的是技术领先、品牌过硬的印象。消费者之所以购买东芝的产品，正是因为看好它的品牌和服务。产品质量频现问题、售后处理不及时，久而久之就会破坏了东芝品牌在中国消费者心目中的形象。企业只有进一步加强产品质量监管，促进自身进步，才能取得良性发展的目标。否则，企业形象如遭到破坏，何谈各种市场战略？

当厂家知道自己的液晶电视存在缺陷时，不仅要承担维修责任，更应该在重大缺陷面前，采取召回的做法，以挽回消费者的心。

资料来源：《评东芝竖线门：售后服务好坏关系企业成败》，慧聪家电网，2011 年 4 月 18 日。

第二节　售后服务的过程设计与实施

透视海尔的售后服务

在中国家电领域内，海尔的售后服务是做得最出色的，也是做得最早的。它在售后服务方面积累了大量实战经验，并不断地加以科学合理的改进。如今，海尔的售后上门服务模式已经成熟稳定，深得消费者认可，也是众多企业争效模仿的对象之一。海尔的售后上门服务模式，有一整套的实施流程：

一、工程师接受服务任务

1. 接到上门服务任务

在接受顾客上门服务任务时，首先要明确并保证用户信息准确，用户信息包括用户姓名、地址、联系电话（或传呼、手机等）、产品型号、购买日期、故障现象、用户要求等。

2. 对用户信息进行分析

（1）根据用户反映的故障现象分析可能故障原因、维修措施及所需备件。

（2）据用户地址、要求上门时间及自己手中已接活的情况分析能否按时上门服务。

（3）此故障能否维修？如果是此故障从来未维修过或同类故障以前未处理好，应立即查阅资料并请教其他工程师，或同中心、总部联系。

（4）此故障能否在用户家维修？是否需拉修？是否需提供周转机？有可能无法在用户家维修，需要拉修的，应直接带周转机上门。

3. 联系用户

在问题确定并找到解决方法后，应电话联系用户，确认上门时间、地址、产品型号、购买日期、故障现象等。

二、准备出发

1. 准备好各种服务工具

服务工程师应准备好维修工具、备件（或周转机）、“五个一道具”（保修记录单、收据、收费标准、留言条、上岗证），其中垫布属于必备物品，以免弄脏用户的东西。

2. 服务工程师出发

服务工程师出发时间要提前 1 小时根据约定时间及路程所需时间确定，以确保到达时间比约定时间提前 5~10 分钟。

3. 服务工程师在路上

如果路上不出现塞车或意外，服务工程师在其他用户家不要耽误，以确保到达时间比约定时间提前 5~10 分钟；若服务工程师在路上遇到塞车或其他意外，要提前电话联系向用户道歉，在用户同意的前提下改约上门时间。

三、正式服务前的工作

1. 服务工程师进门前的准备工作

服务工程师应首先检查自己的仪容仪表，以保证：海尔工作服且正规整洁；仪容仪表清洁，精神饱满；眼神正直热情；面带微笑。

2. 敲门

虽然敲门只是一个微不足道的普通动作，但海尔照样严格要求服务工程师，一丝不苟。海尔规定的标准动作为连续轻敲 2 次，每次连续轻敲 3 下，有门铃的要先按门铃。海尔要求服务工程师平时多加练习，养成习惯；另外敲门前稍微稳定一下自己的情绪，防止连续敲不停、敲的力量过大。

3. 进门

服务工程师按约定时间或提前 5 分钟到达用户家，第一要自我介绍，确认用户，并出示上岗证。

（1）如果服务工程师遇到迟到，未按约定时间到达，用户不高兴甚至不让进门等情况，海尔给服务工程师提供了各种解决方法：如用户有联系电话，必须在同用户约定的时间前 1~2 分钟同用户取得联系，通过道歉取得用户的谅解。

（2）如果用户不在家，服务工程师要表示道歉，离开并落实原因，及时找到用户；如果用户本人不在家（在家的是保姆等）而不让进门，服务工程师应亮出自己的上岗证，向对方说明事由，请对方马上联系用户确认，特殊情况下改约。

(3) 若用户对上门服务工程师资格表示怀疑甚至不让进门，服务工程师应首先亮出上岗证，给用户讲明是受过正规培训的；把海尔的投诉、监督电话告诉用户；通过规范的咨询语言，熟练的维修技术来赢得用户的信任；如果用户就是不让进门，则同用户改约时间，由售后经理亲自上门。

(4) 服务工程师有可能遇到报修产品不在此处而在别地的情况。在这种情况下，服务工程师应在征得用户同意的前提下，由用户带领到产品所在地或自行前往或改约重新上门。

(5) 如果用户家临时停电或用户临时有事出门，在征得用户同意的前提下改约时间；如果用户正在吃饭，服务工程师应等用户吃完饭再上门，也可按用户的意见办。

4. 穿鞋套，放置工具箱

服务工程师穿鞋套时，先穿一只鞋套，踏进用户家，再穿另一只鞋套，踏进用户家门。放置工具箱时要找到一个靠近产品的合适位置，在保证工具箱不弄脏地面的前提下放好工具箱，取出垫布铺在地上，然后将工具箱放在垫布上。安装时，用盖布盖在附近可能因安装而弄脏的物品。

四、开始服务

1. 耐心听取用户意见

服务工程师要耐心听取用户意见，消除用户烦恼，服务工程师服务语言要规范，海尔要求服务工程师的语言文明、礼貌、得体；语调温和、悦耳、热情；吐字清晰，语速适中。

2. 故障诊断

服务工程师应准确判断故障原因及所需更换的零部件，若超保产品，则向用户讲明产品超保修收费，征得用户同意并出示收费标准。

(1) 服务工程师要严格按公司下发的相关技术资料，迅速排除产品故障。能在用户家修复的就现场修复，不能在用户家维修的，委婉向用户说明需拉回修，并提供周转机。

(2) 在用户家言行一定要规范：工具、工具包、备件等维修时用的或从产品上拆卸下的一切物品必须放在垫布上；尽可能不借用用户的东西，特殊情况下如需借用，则必须征求用户同意。

(3) 在实际维修中，如果用户小修不让换件，服务工程师要向用户咨询解释；如果在用户家无法修复，需拉回维修而用户不让拉修，或怀疑将好件给换掉或怀疑产品有大毛病而不让拉修，服务工程师应以维修后需全面检测为由，讲明拉修的好处，说服用户拉修；如用户就是不同意拉修，则在用户同意的前提下在用户家中修，可让用户记下备件编号。同时为用户提供周转机，将用户产品拉回，提供收条，并跟用户约定送回时间，按规定时间送回。

（4）如果在维修中遇到新的问题，服务工程师要暂时回避用户，及时将新问题反馈到中心或总部技术科，争取当场解决，若无法保证当场解决则以检测为由说服用户拉修。

（5）如果服务工程师在用户家服务时接到另一上门信息，需马上上门处理，要向用户解释需打个电话（不准用用户家电话），向中心讲明现正在用户家服务及尚需时间，由中心根据用户的轻重缓急程度改派其他服务工程师或同用户改约时间。

如果在维修时遇用户家吃饭而产品一时不能修复，原则上在征得用户同意的前提下继续维修，如确有不便则清理现场，与用户约定等用户吃完饭再回来，明确再回来的时间（不能在用户家吃饭）；若用户强烈要求服务工程师吃饭，则婉言谢绝。

（6）服务工程师如果遇到用户以其提出的条件没有得到满足为由，扣押服务工程师或扣押服务工程师工具，或用户态度蛮横，对服务工程师打骂等情况，不要同用户发生正面冲突，电话通知中心，由中心出面处理。

（7）试机通检。服务工程师要保证产品修复正常，且无报修外的其他故障隐患。

（8）指导用户使用和产品清擦及现场清理。服务工程师在试机通检后，要向用户培训产品的基本使用常识及保养常识，对于用户不会使用等常见问题进行耐心讲解。

维修完毕后，服务工程师要将产品恢复原位，用自带干净抹布将产品内外清擦干净，并清擦地板，清理维修工具。让用户签意见之前，自己要对产品及现场自检一遍，整理工具箱，对工具箱自检一遍，防止产品清擦不干净或现场清理不干净、工具遗漏在用户家等；如果产品搬动复位时将地板、产品碰坏，给用户照价赔偿。

五、收费

1. 升级费用

在上门维修前服务工程师要首先给用户出示收费标准和服务政策。如果使用备件要给用户出示备件费用，按用户要求给用户升级收费并给用户开具发票或收据；用户要求将旧件折费的，服务工程师要给用户讲明服务政策及公司规定，按标准收费。

2. 软件收费

上门安装一个月内的软件，给用户免费调试并培训到位；三个月后的给用户调试，收费并给用户开具发票或收据。

3. 超保收费

出示收费标准，严格按收费标准进行收费，并开具收据，如用户要求开发票，则必须给用户开发票。如果收费标准与用户保修证标准不符，要以二者中最低收费标准为准，若现场未带发票，应与用户约定再送发票或寄发票。

4. 其他

如果保收费用户不交，或要求减免费用再修，服务工程师要详细向用户解释国家三包规定及保修期范围，以真诚打动用户，让用户明白收费的合理性，如果用户一再坚持，则将信息处理结果报回中心，根据中心批示处理，特殊情况向中心领导汇报，请求批示。

六、服务完毕

1. 征询用户意见

服务工程师在维修完毕后要详细填写保修记录单内容，让用户对产品的维修质量和服务态度进行评价，并签名。

2. 赠送小礼品及服务名片

最后服务工程师要向用户赠送小礼品及名片，若用户再有什么要求可按服务名片上的电话进行联系。如果用户要求服务工程师留下电话，服务工程师要向用户解释，名片上的电话为公司服务电话，若有什么要求我们都会及时上门服务。

3. 向用户道别

同用户道别时，服务工程师要走到门口时先脱下一只鞋套跨出门外，再脱另一只鞋套，站到门外，最后再次向用户道别。

七、回访与信息反馈

1. 回访

对没有彻底修复把握的用户信息，维修工 3 小时后回访（正常情况下由电话中心统一回访，或中心回访用户），若回访用户不满意，则重新上门服务直至用户满意为止。

2. 信息反馈

服务工程师要将《服务任务监督卡》当天反馈至网点信息员处，网点信息员当天将用户结果反馈中心。如果《服务任务监督卡》中“满意”非用户所签或保修记录单未及时反馈，网点信息员每日与维修人员核对，对弄虚作假按规定处理，并及时回访用户采取补救措施；若网点信息员信息反馈不及时，中心信息员每天同网点信息员在固定时间核对，并按规定处理。

资料来源：于长江、吴金河、张志强：《透视海尔的售后服务》，《中国中小企业》，2003 年第 7 期。

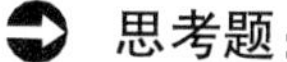

思考题：

想一想，其他的家电企业应向海尔的售后服务学习些什么？

一、售后服务体系的设计流程

问题5：售后服务体系的设计流程应该如何做？

售后服务体系是售后服务的内容、服务的操作、企业的售后服务运作等一系列因素的结构化服务运作组合。设计售后服务体系是为了能够满足顾客要求，兑现售前的服务承诺，增强企业的服务质量和品牌声誉，提高顾客忠诚度和销量。企业在进行一项售后服务体系的设计时，需要全企业系统的共同合作。制定售后服务体系还要考虑服务执行时的可操作性和便利性。因此，售后服务体系的设计流程如下：

1. 全体员工参与

售后服务是个系统工程，并不是某个部门的职责而已，需要各个部门的配合，才能达到优秀的售后服务水准。设计售后服务体系，需要全体员工的参与，特别是领导的支持。动员所有部门的员工，将售后服务有关的职责与所需的部门挂钩，分配不同的售后服务任务、反应程序、沟通办法等。

2. 熟知顾客

确定公司的目标顾客，将公司的一般服务顾客、增值顾客的价值划分清楚。分别了解不同价值顾客的期望要求，他们需要哪种程度的服务、在什么时间和什么地点接受服务、以什么样的方式服务，了解顾客对服务结果的看法。

3. 界定服务类型

明确和划分服务类别：具体服务和特色服务。将企业提供的服务和顾客要求的服务归结到这两种不同的服务类型中去；规定不同的服务水准和收费标准。

4. 设计服务的操作标准

设计售后服务流程，寻找关键时刻，并使之标准化和规范化。对每一流程进行高效的设计，运用可观测的指标来衡量流程是否顺畅，系统是否灵活有弹性，内部和外部信息是否能够得到沟通，组织和监管是否协调。

5. 组建售后服务团队

设计服务岗位，并进行岗位描述。按照售后服务的内容，设计服务岗位和职务，并进行职务分析，表述每个岗位的工作内容、人员要求及一般岗位情况。

进行人员招聘，并进行技术和服务技能培训。根据岗位分析和企业需要的预测数量，分配每个岗位的招聘人数、人才分析后，实施对每个岗位的人才招聘。对新人或老员工都需要定期进行服务技能和技术培训。

6. 建立售后服务监控系统

要建立起内部质量监督小组，对每一个售后服务步骤的服务质量进行监控。从顾客寻求售后服务起，到顾客问题解决并进行服务回访后止，监督售后服务与顾客要求是否一致，确定不一致的原因，并采取行动。

7. 为持续改进而努力

不断搜寻系统中的问题，寻求改进方法；必须在每项业务活动中减少浪费，改进质量，建立岗位培训的现代方法和现代监督方法。执行的关键在于从顾客的立场来设计这个体系。

二、售后服务的实施

问题 6： 怎样才能有效地保障售后服务的实施？

企业的售后服务一方面是对前期服务的兑现，以费用支出为主；另一方面对有增值的服务，适当收费。无论是哪方面都需要控制服务的每个环节，加强企业的内部控制措施。为了提升企业的服务水平，加强企业的售后服务管理，有必要实施以下的内部控制措施：

1. 提高售后服务人员的职业素质

售后服务的质量，首先取决于售后服务队伍的自身素质。坚持思想教育、组织整顿、专业技术培训“三结合”，不断选派思想好、作风正、技术精的干部员工充实维修力量。强调售后服务人员的职业精神、职业道德、职业操守，以职业道德作为标准。

2. 加强人员技术培训

技术培训首先是选派优秀教员，做定期或专项培训。其次是派精通技术、有责任感的管理骨干与技术尖子充实到服务队伍，强化对服务人员的业务技能培训与规范化管理。

3. 建设网络信息平台

网络信息系统整合了售后五个方面的管理工作，即客户、配件、结算、技术和信息。客户中心负责用户信息自动跟踪、显示，网上或短信息派单等工作。它根据顾客的服务要求，联系和调配各部门的工作。

4. 加强服务站网点管理

依照公司建站、撤站的制度规定，强化对服务网点的管理。随着销量增加，并根据产品流向和区域投放量，择优建站，做到“成熟一个，巩固一个”。

对各地特约维修网点实行划区分片管理，责任到人，健全售后服务内部控制体系。

5. 完善激励制度

对公司的售后服务总部、区域服务中心、各维修站点服务质量实行 A、B、C 三级考核办法，对不同等级的服务质量分别给予考核，奖优惩劣，促进完善和优化服务。

6. 加强服务监督

一个用户从报修到圆满处理及回访落实，形成一个封闭环。无论哪一环脱节，都能及时发现。对于用户的处理，实行服务站、服务中心、总部三级督办，做到不遗漏一位用户，并使用户满意。

7. 优质服务具体化

许多公司都参考并采用了 ISO 的服务标准。企业应将整个售后服务过程分解为不同的步骤，制定管理规定和程序，包括服务人员的礼仪规范、行为规范、工作细节等内容。

8. 控制服务成本

售后服务是有成本的，控制本身也是有成本的。严格控制用户的维护登记、零配件使用单，做到每个步骤的费用清清楚楚，有账可查。

9. 掌握本行业有关的法律规定

售后服务具有很强的技术性和政策性。就政策性而言，法律法规对消费者、自然环境的保护力度越来越大。加强对《中华人民共和国消费权益保护法》、《部分商品修理更换退货责任规定》、《环境保护措施》等法律法规的学习。

活动 2：调查身边的朋友，看哪些品牌的售后服务做得好，它们是怎么实施售后服务的。

考试链接

1. 售后服务体系的设计流程。
2. 售后服务的实施。

第三节 售后服务的信息反馈与改进

引导案例

有名无实的售后服务

在经济陷于长期低迷的日本，如何能让老百姓松开紧攥钱包的手掏钱购物，日本《日经商务》杂志于2001年底对1万名消费者进行了一次“售后服务满意度”的网上调查。结果表明，消费者已不再局限于“价格低”、“性能高”，更看重的是“买后的放心感”，因而提高企业的售后服务水平已成为所有的企业生存发展的重大课题。日本企业的前车之鉴对中国企业不无裨益。

每个公司在推销自己的产品时，都会对用户承诺一系列的售后服务，然而当用户真正将商品买到手以后，是否还能兑现这些承诺则是另外一回事。一位日本消费者想买一台电脑，在电脑市场转了多时，在反复比较了不少品牌之后，选中了一套在日本小有名气的厂家的产品。因在相同水平的功能中，这套产品价格比其他公司便宜，且承诺一年保修期，售后服务也不比其他公司逊色，于是买下了这套机器。可不想回到家，必要的设定未进行完就死机了。用户通过电话维修系统，多次检修无果，当用户为此疲惫不堪时，厂家才同意换一台。用户形象地将此售后服务比喻成吃自助餐，尽管随便吃，但第一个菜都迟迟不上来，没东西可吃。也就是说承诺也有，责任明写着，甚至日本各厂家还都设有“用户服务窗口”、“用户热线”等，而不少厂家是有其“形”而无其“魂”，电话打不进或无人接听，即便有人接听也是敷衍了事。这种缺少了“魂”的售后服务实际上是名存实亡的，对这样的企业还有多少消费者肯光顾呢?

在日本市场上暴露的许多售后服务问题，在我们中国人看来都似曾相识，而我们的企业又有多少在售后服务上真正下过工夫，研究出一套更人性化、更个性化的服务来？在技术、性能都无大差异的各行业内，售后服务必然是企业连接消费者的唯一纽带。日本消费者说：“买了以后有放心感的商品，该企业就是我下次购买商品的企业。”中国的消费者何尝不是如此。

资料来源：邢群麟、王爱民：《跟科特勒学营销》，黑龙江科学技术出版社，2008年。

思考题：

日本《日经商务》杂志做出的调查结果是什么?

一、用户信息反馈流程的制定

问题7：如何制定顺畅的用户信息反馈流程？

现代市场营销的基本理念之一就是以顾客为中心。以顾客为中心就是发现消费者需求、确认需求、满足需求。消费者在使用产品或服务时，真实体验到了产品的情况：操作便利性、产品质量、注意问题和自创新用途。而收集客户的信息，建立顺畅的信息反馈流程，将会对新产品开发，老产品改进提供重要的线索，真正满足顾客的需求。

制定顺畅的用户信息反馈流程，需要各个部门的通力合作。首先，就是要重视用户的反馈意见，认真分析研究反馈意见的普遍性和可行性。信息按照接触顾客的远近依次而行，流程关键在于确定每个传递部门的建设和管理。其次，就是确定前一个信息接收点的准确性以及时传递给下一个信息服务点。这样才能保证信息反馈流程的正向顺利流动。

用户信息反馈流程的建立和信息运作步骤：

（1）建立信息的接收平台。用户使用产品后，可能会向公司反映一些情况。企业需要建立几种接收用户信息的路径。用户可能通过电话向销售人员或售后服务人员反映问题或要求服务。企业应设立专门的电话热线，并配置专门的服务接线生；或要求销售人员处理顾客信息。有些用户则直接向商家反映或要求服务。企业要建立完善的服务支持系统，并与销售商签订用户信息反馈协议。借助网络反馈信息的用户也越来越多。企业要建立专门的网站，建立售后服务信息反馈数据库，配置专门的人员处理网络信息。地区售后服务人员和业务员中间的横线表示两者可能相互替代接收客户信息。

（2）客户服务中心分类信息。客户服务中心将各地的用户信息汇总到一起，并将信息按一定的职能范围归类。若用户反馈的是产品设计、产品风格、产品的操作问题、产品的功能、产品的概念、产品类型等问题，则将信息传递给市场部；若用户反馈的信息是产品的购买便利、价格、促销、销售人员等问题，则将传递给销售部。客户服务中心还要负责跟踪信息传递后的处理决定。

（3）销售部接到用户的意见，应及时调整销售策略、整顿零售商、培训销售人员。

（4）市场部接到反馈意见有两种类型：一种是产品定位、市场策略方面的问题；另一种是产品线、产品质量功能方面的问题。第一种问题，市场需要确认产品定位的顾客接收情况、品牌认知度和美誉度等，再行调整市场策略；第二种问题，市场部要调整顾客的消费行为和价值，给出意见，将信息传递给开发部。

（5）开发部根据市场部的顾客需求情况，更改产品的设计、生产，或重新确定开发新品种。这个阶段，市场部、生产部要协调开发部的设计、测试等产品调研，开发部将设计样图交给生产部。

（6）生产部按照新的样图或产品类型重新安排产品生产节奏。

二、售后服务的改进

问题8：如何改进售后服务？

售后服务对企业、对社会而言具有极为重要的现实意义，关系到企业的盈亏，关系到社会的和谐。因此，不管是从自身还是从社会的角度看，企业都应该采取积极有效的措施完善售后服务，提高服务质量。

1. 要树立售后服务的战略意识，充分认识到售后服务在企业各项活动中的重要性

售后服务能够在相对较小的投入下提高公司及产品品牌形象、获取竞争优势。因此，企业应提升售后服务的战略意识，将售后服务作为获取竞争优势、提升公司和产品品牌形象的重要手段。

2. 加强和完善售后服务的网络建设

售后服务网络的建设要坚持两个原则：①售后服务网络要与产品的营销网络相匹配，前者的建设应适度提前于或至少不落后于后者的建设。②售后服务网络的建设要能够覆盖企业的主要目标市场。只有这样的售后服务网络的建设，才能够缩短售后服务的响应时间，及时有效地为客户提供服务。

3. 改进售后服务的流程

进行售后服务流程改进就是通过顾客的反馈，发现原来的售后服务体系存在不足的地方，进而改进。其目的是为了使售后服务更加标准化和更具实际操作性，以便更能响应顾客的服务要求。售后服务的流程改进可以发现“实现卓越服务”的阻挠和障碍，改进服务的及时性和准确性。

4. 提升售后服务人员的素质和能力

售后服务人员代表着企业的形象，应当是企业中素质和能力较高的人员。他们不仅要具备专业技能，对本企业乃至本行业产品的性能和特点都比较熟悉，能维修产品并为顾客进行讲解，而且还要具备良好的表达能力，要能够顺畅地与客户进行交流。售后服务人员要注重自身的仪表与行为，要着装整洁、行动到位。因此，企业应加强对售后服务人员的培训，并定期加以考核，同时要制定跟售后服务相配套的规章制度，并确保售后服务人员能够严格遵守。

5. 提高售后服务的创新能力

随着售后服务同质化竞争激烈，企业要想在售后服务中独树一帜，以较少的投入带来较高的回报，就必须不断进行创新。例如企业可以通过网络为消费者提供更为周到的售后服务：企业可以把详尽的产品使用说明挂到网上，以供消费者随时下载；也可以通过在线交流的方式跟消费者进行互动，解答消费者在产品使用过程中遇到的问题。再例如，企业可以改变传统的被动的售后服务方式，而进行主动的上门回访或者进行专项免费维修保养服务等。

6. 进一步完善售后服务认证体系

2006 年 5 月 12 日，商务部颁布了我国第一部售后服务标准——《商品售后服务评价体系》，这在一定程度上推动了我国企业完善售后服务体系的进程。企业应当进一步完善售后服务的认证体系，提高自身的售后服务水平。

活动 3：试着制定一份售后服务的信息反馈单。

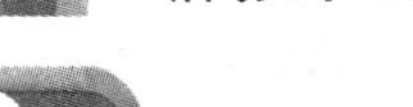

考试链接

1. 用户信息反馈流程的制定。
2. 售后服务的改进。

案例分析

售后服务是营销环节不可缺少的重要一环

1873 年，美国爆发金融大恐慌。13 岁的伯纳德·克罗格辍学了。他依靠单薄的肩膀帮助父亲度过了许多家中的困窘，做起沿街兜售咖啡的小本生意。

20 岁的时候，他用攒下的一笔钱，买了一家杂货铺。到了 1883 年，他开设了全美第一家连锁店公司——大西方茶叶公司。又过了 10 年，他拥有了 40 家商店和一个食品加工厂，并将公司更名为克罗格杂货与面包公司。

克罗格之所以能够将生意迅速做大，重要的一点在于公司直接与顾客打交道，并以顾客需要为服务宗旨。

第二次世界大战结束后，约瑟夫·霍尔出任克罗格杂货与面包公司总裁。霍尔将公司更名为克罗格公司，并一下子引进 45 种公司专卖商标，以加深顾客对公司商品的印象。

霍尔上任后主持了一项重大改革措施：顾客调查活动。霍尔对他的员工们阐述道："无论什么时候，都不能怠慢顾客。对公司发展什么商品、增加哪些服务、使用什么销售手段等问题最有发言权的就是顾客。"

为此，克罗格公司在所有现金出纳机旁安装了顾客“投票箱”。顾客可以把自己对克罗格公司的意见和建议投入箱中，如需要哪种商品、哪种商品应如何改进、需要什么专项服务等等。

一天，一个叫芬利的顾客，接到了来自克罗格公司的电话：“您可以到我们公司来挑选您中意的商品了。”

芬利：“谢谢，我经常到贵公司去买东西，你们最近又有什么新的好东西吗？”

“我们非常感谢你对公司的关心。您的建议被我们公司采纳了，所以我们告诉您，您可以到我们公司来免费选购您提出合理化意见的商品……”

原来，克罗格公司在每一张“票”上都留下顾客的姓名和联系地址，一旦该顾客的建议被采纳，可以终身免费在克罗格公司的商店里享受该种服务或购买该种商品，还可以获得公司赠予的优惠折扣消费卡，购买任何商品时都享受减价优待。

“投票箱”深受顾客欢迎，提建议者络绎不绝。克罗格公司根据顾客的建议对症下药，使公司每一种新上市的商品一炮走红，公司的经营覆盖区域扩大到得克萨斯、明尼苏达和加利福尼亚，1952 年的销售额突破 10 亿美元大关。

1970 年，詹姆斯·赫林就任克罗格公司总裁，他不仅强调兴建品种齐全的超级商场，也注重设立品种较集中的专卖商店，以特色商品吸引顾客。赫林继承了前任的管理思想，他把顾客的“投票箱”改称为“科学的市场调查法”。他对员工说：“如果我们要生存得更好，就只有像满足情人的要求那样，去满足顾客的要求。”

进入 20 世纪 80 年代后，克罗格公司把发展方向转到“一次停车”型的超大超级商场上。这种商场的经营品种达到了包罗万象的程度，不仅从事零售业，还经营美容沙龙、金融服务、快餐店、加油站等，使顾客只需停车一次，就可以购齐全部商品，获得所需的各种服务。

资料来源：姜慧德、刘爱芹：《全美企业管理经典案例集·经营战略》，科学技术文献出版社，2007 年。

问题讨论：

你从这个故事中受到了什么启发？

本章小结

售后服务，就是在商品出售以后所提供的各种服务活动。在市场竞争激烈的今天，随着消费者维权意识的提高和消费观念的变化，消费者在选购产品时，不仅注重产品实体本身，在同类产品的质量和性能相似的情况下，更加重

视产品的售后服务。因此，向消费者提供完善的售后服务，已成为现代企业市场竞争的新焦点。

售后服务体系是售后服务的内容、服务的操作、企业的售后服务运作等一系列因素的结构化服务运作组合。设计售后服务体系是为了能够满足顾客要求，兑现售前的服务承诺，增强企业的服务质量和品牌声誉，提高顾客忠诚度和销量。企业在进行一项售后服务体系的设计时，需要全企业系统的共同合作。制定售后服务体系还要考虑服务执行时的可操作性和便利性。

企业在不断提供售后服务的同时，还要根据用户的反馈不断改进售后服务体系。这就需要不断收集客户的信息，建立顺畅的信息传递路径，为新产品开发、老产品改进提供重要的线索，以满足顾客的真实需求。

制定顺畅的用户信息反馈流程，需要各个部门的通力合作。首先，就是要重视用户的反馈意见，认真分析研究反馈意见的普遍性和可行性。信息按照接触顾客的远近依次而行，流程关键在于确定每个传递部门的建设和管理，其次，就是确定前一个信息接收点的准确性，能够及时传递给下一个信息服务点，这样才能保证信息反馈流程的正向顺利流动。

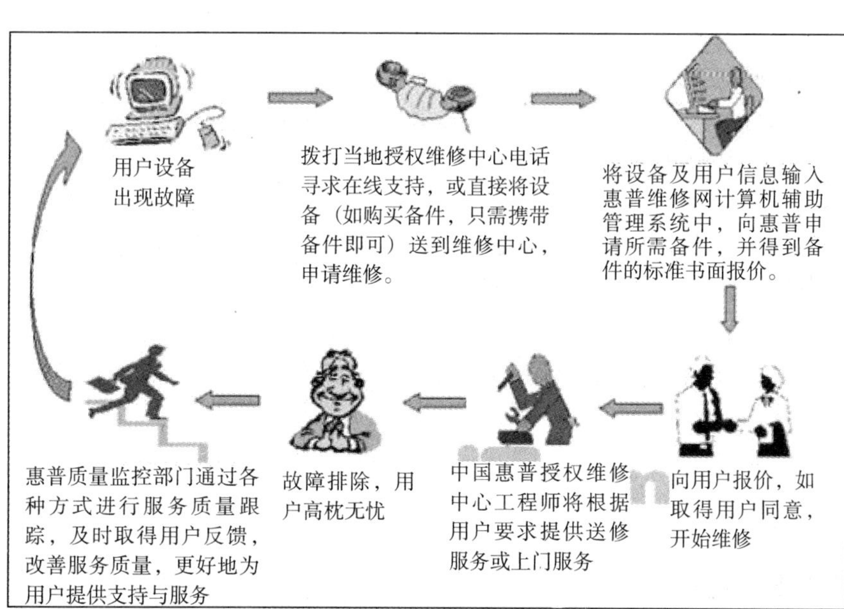

图 7-1　惠普售后服务流程图

知识拓展

售前服务的主要内容

售前服务实际上就是要企业充分重视客户的需求，将客户对产品的需求考虑到新产品设计中来，为客户设计出最符合其意愿的产品型号及产品功能。比如说，很多客户需要一个三角形冰箱，企业就可以考虑制造这种形状的冰箱。再比如，房地产行业也可以搞售前服务，即开发商不是先把房子建造出来再卖给购房者，而是由购房者提出自己要买的房子是什么样子的，由开发商按购房者意愿来建造。有的客户要求客厅要大，别的房间设计要小，开发商就可以按照这种要求来为购房者进行设计。这些都属于售前服务的例子，指在产品没有生产出来之前，客户完全可以提出自己的意见，企业尽量满足客户的要求。

哈佛商学院的罗伯特·海斯曼教授曾说，企业的竞争在50年前表现为价格的竞争，如今则是质量的竞争，而未来的竞争很大程度上表现为设计的竞争。谁的设计与客户距离越近，谁与竞争对手的距离就越远。工业设计已经成为提高企业竞争力和客户价值的重要手段。

在传统制造商那里，是不可能做到让客户参与到产品设计中来的，而在供应链环境下，让客户参与产品设计不仅是可能的，而且已成为企业制胜的法宝。对于生产商来说，当产品出现问题时就能够马上处理谓之效率，而产品出厂时就能够让客户满意谓之有效。最好的客户服务可能根本就不为客户所知，因为产品或服务送达之前就已经包含了充分的客户服务的保障。而要做到这一点，就必须让客户参与到产品或服务的设计中来。

其实，让客户参与到产品设计中来不难实施。对企业来说，带着设想，让一线营销人员或者专业技术人员主动去倾听客户的意见和建议就能够做到；对于客户来说，他们实际上非常愿意将他们的好想法，或者将对现有产品的不满之处告诉企业，即使是牢骚，也可能是一个好创意，关键是企业是否愿意深入到客户中去倾听他们的意见。

答　案

第一节：

西尔斯公司的服务之道是：优质的售后服务。西尔斯公司为顾客提供良好的售后服务，从创业之初就制定了“包您满意，否则原价退回”的销售政策，成为全球最早实行“原价退货”制度的企业之一。在西尔斯的营销理念中，他们始终把顾客的利益放在最重要的位置。卓越的西尔斯商品质量为他们实施“无条件退货”制度奠定了基础。100 多年来，西尔斯凭借其良好的商品与服务，赢得了长盛不衰的发展。

第二节：

略（查阅相关材料，结合本节案例，进行总结）。

第三节：

日本《日经商务》杂志做出的调查是：消费者已不再局限于“价格低”、“性能高”，更看重的是“买后的放心感”。因而提高企业的售后服务水平已成为所有的企业生存发展的重大课题。

案例分析：

略（查阅相关材料，结合本章知识进行概括）。

第八章 影响品牌信誉的隐患及召回制度

学习目标

知识要求 通过本章的学习，掌握：

- 品牌信誉的含义及特征
- 影响品牌信誉的因素
- 召回制度的含义
- 召回制度的分类
- 召回制度的实施条件

技能要求 通过本章的学习，能够：

- 能分析出影响品牌信誉的隐含要素
- 对最近发生的某一品牌产品召回，综合运用本章的知识进行分析，并提出合理的建议

学习指导

1. 本章的主要内容：品牌信誉的含义及特征、影响品牌信誉的因素、召回制度的含义及分类、汽车召回制度的内涵、召回制度的实施条件等。

2. 学习方法：掌握最基本的理论和产品召回的方法，结合案例理解概念，并进行知识延伸和讨论活动等。

3. 建议学时：12 学时。

第一节 影响品牌信誉的隐患

引导案例

品牌信誉的种种隐患

(1) 几年前，当 IBM、Sony、Intel 等国际大公司还在竞相占领电脑市场时，美国苹果公司就巧妙地转换了经营领域，从事了 MP3 的生产和销售，并在美国、英国等发达国家迅速占领了 MP3 市场，成为首屈一指的大品牌。然而，在 2005 年 9 月，苹果公司却遭受了国际公众的严厉批评，有的甚至将其告上了法庭。

国外媒体报道，苹果公司于 2005 年 9 月刚刚推出的“不可能再小”iPod nano 播放器的彩色显示屏特别容易被刮伤，甚至出现轻轻触及后爆裂的情况。这一质量问题激怒了美国加州已有 iPod nano 的使用者，他们对苹果提出集体诉讼。诉讼案由以 Jason Tomczak 为代表的 iPod nano 用户们提起。Tomczak 先生称，他只是用纸巾擦拭了 nano 屏幕的表面，就留下了“擦痕”。针对极易受损的 nano 屏幕，iPod nano 的使用者们要求苹果赔偿他们购买 iPod 的费用，并支付诉讼费用。除此之外，还要苹果公司将销售 iPod nano 所得的“不法利益”分摊回馈给消费者。事情发展到 11 月，引起国际连锁反应。来自英国和墨西哥的消费者也加入到了要求苹果公司进行赔偿的队伍中，使得这件案子扩大成了跨国诉讼案件。代表来自于世界各地，向苹果公司要求赔偿的消费者的律师 Steve Berman 说道：“无论在何地售出的 iPod nano，皆有屏幕容易刮伤的问题。”自从 9 月 6 日被曝光以后，iPod nano 的屏幕瑕疵就成了众多网络论坛、新闻特写的话题，法庭甚至还引用了几段网络上的评论。一时间，苹果公司陷入了巨大的品牌危机中。本想依靠 iPod nano 的新型外观吸引顾客的苹果公司，此时却因新产品的质量问题招来了公众的种种批判。

(2) 1999 年 6 月 9 日，比利时有 120 人在饮用可口可乐后发生中毒、呕吐、眼花及头痛的症状，法国也有 80 人出现这种情况。已经拥有了 113 年历史的可口可乐公司遭受了历史上罕见的重大危机。虽然可口可乐公司立即着手进行了中毒原因的调查，但是可口可乐公司没有给予足够的重视。亚特兰大的公司总部只是在公司网站上粘贴了一份相关报道，报道中充满了令人费解的专业词语。与此同时，也没有一个高层管理者对此事表示关切。此举激怒了公众，很快有许多消费者不再购买可口可乐，而且比利时政府强烈要求可口可乐公司收回所有产品。直到这时公司上下才意识到问题的严重性，但是危害已经造成。1999 年底公司宣布利润减少 30%，公司总损失达到了 1.3 亿美元，全球共裁员 5200 人。

（3）新华社 2002 年 9 月 1 日报道，安达信美国公司 2002 年 8 月 31 日在总部芝加哥宣布，将退出公司从事了 89 年之久的上市公司审计业务。

2001 年秋，美国安达信公司，一个拥有 90 多年历史的国际性会计师事务所由于出现了一系列的财务丑闻，最终退出了审计市场。这一史无前例的财务丑闻案的发生震惊了全球。与此同时，引发了人们对各大金融机构的怀疑。美国投资银行、证券分析、投资咨询机构、资信评级组织以及所有的交易所，注册会计师协会等机构都面临着全社会的信任危机。

（4）2001 年 12 月 26 日武汉的一位王先生及七名男子在武汉野生动物园砸了他的银色敞篷奔驰车。

这个不寻常的事件始于 2000 年底。王先生当时购买了这辆进口的 SLK230 型汽车。这种等级的汽车在中国不便宜，连同税和运输费用，他总共付了 90 万元人民币。虽说价格不菲，但是新车的喜悦超过了一切。然而好景不长，仅过了几个星期，这辆豪华车就出现了故障，驾驶位置上的警示灯时常亮起，油耗大，发动机几乎达不到功率要求。看到这些问题，王先生让人把车开到遥远的北京。奔驰公司让专业人员对车进行修理，车又回到武汉。然而仅两个月后同样的问题重新出现，警示灯亮起，并出现动力不足。王先生说，他总共让人修理了 5 次，最后越来越坏。

北京的奔驰公司对这件事另有看法：问题不在于车，而在于汽油。他们认为王先生总是使用劣质汽油，促成了问题的不断产生。然而，王先生认为这个事件不仅仅是技术问题，而是奔驰公司在搪塞自己，这也充分体现了奔驰公司的傲慢。所以，他准备砸汽车以引起奔驰公司的充分注意，将其演变成一个新闻事件。十几个摄影师和电视摄像机在武汉动物园拍摄了砸车行动，观众们鼓掌助威。

对此，奔驰公司在声明中对事件的定性是："极端的、没有必要的行为"，"非理性的而且无意义的举动"，以及"不必要且侵害我公司权益的行为"。这一回答燃起了许多中国用户的愤怒。《北京青年报》所作的一项调查表明，50% 的被调查者认为，"中国人民的情感受到了奔驰公司的伤害"。

资料来源：汪秀英：《企业品牌工程的运营与管理》，科学出版社，2010 年。

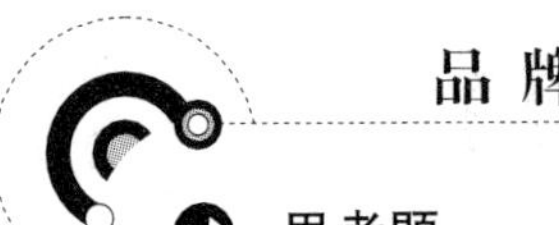

思考题：

分析以上案例，想想影响品牌信誉的因素有哪些？

一、影响品牌信誉的内部因素

问题1： 影响品牌信誉的内部因素有哪些？

信誉是品牌的基础。没有信誉的品牌几乎没有办法去竞争。加入WTO（世界贸易组织）后很多"洋"品牌同中国本土品牌竞争的热点就是信誉。由于"洋"品牌多年来在全球形成的规范的管理和经营体系使得消费者对其品牌的信誉度的认可肯定远超过本土的品牌。本土的企业在同跨国品牌竞争的起点是树立信誉，不是依靠炒作，而是依靠提升管理的水平、质量控制的能力来提高客户满意度的机制和提升团队的素质来建立信誉。中国企业必须马上开始研究客户需求的变化并不断创新出可以满足他们不同需求的有个性化功能的产品或服务。未来的品牌竞争是靠速度决定胜负的，只有第一时间了解到市场变化和客户消费习惯变化的品牌才可能以最快的速度调整战略以适应变化的环境并最终占领市场。

诚然，如今已是品牌化竞争的时代，要打造一个品牌是相当不容易，要守住品牌的信誉更是难上加难。影响品牌信誉的内部因素有：

1. 产品原因

产品原因主要包括产品的质量、价格、安全方面出现的种种问题而导致品牌信誉受到影响。

（1）产品质量。质量是企业及品牌生存的根本，如果缺乏质量基础，品牌基础不牢固，即使品牌推广速度快，其死亡的也快。

（2）产品价格。同样的质量比容量，谁的容量多就占据优势，同样的容量比价格，谁的价格低谁就占据竞争优势。价格战使许多厂家被迫参与其中，进退两难。参与价格战，销售所得的利润不能支持企业的正常经营而出现价格危机；不参与价格战，则成为市场中的另类而被经销商所唾弃，也被消费者放弃。另外，许多成本较低的小厂家逐渐将一些成本较高，但生产质量较好的大厂家挤垮，最终导致整个行业走向亏损，形成全行业的亏损和品牌信誉危机。

（3）产品安全。由于产品安全存在隐患，所以其对品牌形成的影响更具有破坏性。因为产品的安全问题一般会对使用者直接造成不可收拾的后果，轻则需要医护治疗，重则出现生命危险。对此，公众对生产公司的谅解程度就会降低。危机一旦出现，便会极大地挫伤消费者对企业的信任度，如果处理不好将会使企业迅速失去市场，因此它关乎企业品牌的生死存亡。

2. 人力资源原因

人才是企业的核心。某一企业因某一掌握核心技术的人才流失或关键职位人员的衔接不善，会使企业的发展停滞，会对企业的品牌信誉造成无法挽回的损失。这方面有两种情况。

（1）领导层的更换或分裂导致品牌信誉遭受危机。企业品牌的壮大，大多数都会拥有至少一位对品牌成功起到关键性作用的领导者。他是企业的核心，他带动着品牌的发展，推动企业走向成功。然而，当这位或者这些关键人物由于突然或必然的原因退出或分裂公司领导层时，必然会使企业受到巨大的打击。

（2）员工流失对品牌信誉造成重创。人才的适当流动可以使企业接收到更新鲜的血液，有利于公司的创新发展，但是大量员工的流失，甚至集体“跳槽”的出现会使企业元气大伤，殃及品牌的形象。

3. 财务原因

财务管理不善和财务丑闻是财务危机的两大主要类型。前者是由于财务的管理不善引起公众对企业管理层管理能力的怀疑，欠缺的大笔资金也会使整个生产陷入停滞状态，从而引发其他方面的危机；后者是因为丑闻一经披露会使广大公众产生强烈的不信任感，让企业遭受信任危机。

4. 营销原因

营销过程诱发企业危机的原因很多，主要有品牌定位不易被识别或不符合市场规则、营销手段不被市场所接纳、营销渠道关系接洽不畅、信息传播手段与方法令客户反感、客户关系处理不好等。其间出现的任何问题都有可能危及企业的品牌信誉。

5. 服务原因

在激烈的市场竞争中，产品和服务是两大关键因素。随着产品越来越同质化，只有服务才能创造差异，才能创造更多的附加值，所以，服务才是征服顾客的最有效手段。当企业面对顾客并向其提供服务时，如果出现顾客不满意的现象，而服务人员现场又不能及时更正自己的服务表现、不能及时解决服务中存在的问题，就会使顾客的不满情绪加剧和蔓延，顾客就会将矛头对准品牌，进而导致品牌信誉的受损。

二、影响品牌信誉的外部因素

问题 2： 影响品牌信誉的外部因素有哪些？

1. 恶意伤害

恶意伤害是指做这些伤害活动的目的是使该企业的品牌受到破坏和损失，这种情况多来自竞争对手，也有公众或其他对组织出于报复心理或嫉妒心理进行的诬蔑、陷害，这是每一个企业都应该警惕的。但如果是非竞争对手所造成的恶意伤害，则不能仅仅归结为外部原因，它在很大程度上是由于组织内部的公关工作没有做好。

2. 非恶意伤害

非恶意伤害是无心的过失造成的，比如媒体由于时间的紧迫和知识的局限或不负责导致的错误报道。2000 年 2 月 27 日，英国《星期日泰晤士报》刊登了一篇题为《秘密报告指控甜味剂》的报道，指出包括可口可乐在内的许多饮料使用一种叫做阿巴斯甜的甜味剂，这种甜味剂能分解出有毒物质，从而影响大脑的正常工作，同时它还会诱使消费者喝更多的这类饮料。消息很快传遍全球，引起舆论大哗。但事实上，可口可乐系列产品并没有使用阿巴斯甜，并且经美国全国饮料协会证明，阿巴斯甜并不存在上述问题，已被全球 90 多个国家批准使用。另外，非恶意伤害也可能是由和品牌有关的个人自身的错误、谣言或灾祸引发的。现在许多品牌都有形象代言人，代言人的一举一动如果不妥，必然使该品牌形象受到负面影响。例如 1999 年可口可乐公司选择张惠妹作为雪碧的代言人，高质量的电视广告与张惠妹的旺盛人气使雪碧销量大增，但由于之后张惠妹的错误的政治观点，其所代言的电视广告被全面封杀，而接替张惠妹担任代言人的伏明霞则因在新闻发布会上穿了一条标有不雅文字的裤子而遭到媒体指责，可口可乐代言人的不当行为给可口可乐的品牌形象带来了严重的损害，其损失是难以估量的。非恶意伤害是由社会上与组织生存发展本无直接关系的原因通过某种巧合或相似性，祸及组织造成品牌危机的灾难。如南京冠生园事件，又如冒用某品牌制造假冒伪劣产品等。

3. 由宏观原因所引起的组织外部伤害

该种外部伤害是指由社会不可抗力所造成的组织外部伤害，例如国家方针政策的变化、新法律条文的颁布、战争、恐怖主义、劫机等。这些改变与发生既不是针对某个品牌，也不是只对某个品牌或某些品牌造成伤害，而是会造成全社会性变动或伤害，属于社会背景的变化。

4. 自然灾害

这里的自然灾害是一个广义的概念，是指非人为原因造成的品牌危机的总称，既包括地震、台风、火灾、洪水、瘟疫等自然现象带来的狭义的自然灾害，也是指迫于其他自然规律的非人力所能控制的原因造成的伤害，如组织关键人物的突然死亡、经济规律导致的国际经济形势的变化、流行趋势的变化、社会的不断发展进步等。

活动 1： 收集一些著名企业的品牌危机案例，看看它们是怎样应对品牌危机的。

考试链接

1. 影响品牌信誉的内部因素。
2. 影响品牌信誉的外部因素。

第二节　召回制度及其对品牌信誉的特殊维护

引导案例

我国汽车召回制度面临"拷问"

从 2004 年 10 月 1 日开始算起，"中国式汽车召回"正值"七年之痒"，在丰田此次空前的"召回门"事件中走向顶峰，从最初主动召回赢得行业赞誉到现在视之为洪水猛兽，汽车召回似乎有被妖魔化的势头。

在此情形下，召回和产品质量差似乎画上了等号，原本对召回就"羞答答"的车企就更加属意"零召回"和"隐性召回"，由此，产品缺陷带来的危害就更大。目前，我国的汽车召回主要呈现出以下特点：

1. 召回频率在逐年上升

随着中国汽车市场的蓬勃发展，中国 2009 年已经以 1300 多万辆的销量成为全球最大市场，2010 年则有可能奔向 1500 万辆甚至是 1800 万辆的规模，国内召回的案例越来越多，召回的车辆也越来越多。

据国家质检总局缺陷产品管理中心为汽车召回管理设立的专业网站中"召回公报"资料显示，2004 年 6 月 18 日~2009 年 12 月 31 日，共计发生 210 余起召回，召回车辆 321 万余辆。召回频率也在逐年上升，从 2004 年的 10 起，到 2008 年的 47 起，再到 2009 年的 57 起召回，而今年 1 月 6 日到 2 月 5 日一个月时间，就有 9 起召回案例。

召回一般是有质量缺陷的情况下采取的补救措施，那么召回的车辆越来越多，是否意味着整车质量越来越差？

中国质量协会用户委员会、清华汽车工程研究院等联合发布的《2009年度中国汽车产品质量与服务质量投诉分析报告（CAAS）》也显示，2009年中国车主的投诉比2008年大幅上涨了39.7%。但汽车市场增长了46%，质量投诉2008年占67.4%，2009年占45.8%，每万辆新车的投诉从4.81次降为3.14次，因此说汽车质量得到较快提高。

整车是由几万个零部件组装而成，难免在一些细节上出现瑕疵。乘联会秘书长饶达表示，世界上90%以上的汽车召回是由于设计瑕疵。汽车百年来可靠性问题基本解决了，但在新结构设计细节上的疏忽，仍会发生潜在安全风险。

2. 自主品牌“零召回”被质疑

质检总局公告的中国汽车召回按累计数量排名显示，召回数量前十名分别是广汽丰田、广汽本田、一汽丰田、一汽大众、长安铃木、东风日产、北京现代、长安福特、丰田进口、东风本田，均为主流企业，其中广汽本田、一汽丰田、一汽大众、东风日产、北京现代还是国内乘用车企业的10强企业。召回数量排名前10名的企业有7家是日系车企业，前3名均为日系企业，排名最高的广汽丰田召回的数量之多超过其总产量，也相当于其所有销售的车辆都召回过。

令人意外的是，上海大众召回比例几乎接近零，而上海通用召回比例也只占1.84%。更让人不懂的是，国内的自主品牌部分企业如天津一汽、长安轿车、比亚迪、江淮为零召回。而现在行业人士一般认为，自主品牌的汽车质量与做工精良、质量可靠的日系车相比，还是有点差距，这也说明，召回并不等于质量差。

在美国市场，一个企业一次性召回百万辆以上的车型的案例比比皆是，但中国没有一起这样的案例，美国累计召回的车辆在2亿多辆，接近中国的80倍。而大家也都知道，同样的车辆，在美国销售的质量基本上要比中国的要好，这也说明，召回越多，不等于质量越差。

3. 缺乏强有力的法律标准和处罚措施

分析人士表示，部分车企不愿召回有缺陷的车辆，除了民众的负面看法外，更多的是缺乏强有力法律标准和处罚措施。中国目前仅依靠《汽车缺陷产品召回规定》这一部门规章约束相关汽车企业，企业在中国受到的约束远远小于海外，故不少企业不愿意在中国召回相关产品，或者以产品不一样的理由拒绝召回。

我国对实施汽车强制召回厂家的罚款额度为每次1500元，最高处罚仅3万元，要知道这点钱甚至还不如一辆整车的销售利润，在2009年部分厂家上百亿元的纯利润面前，几乎不值一提。而在美国，这一标准则是1500万美元，所以一般都是乖乖地主动召回；而厂家隐瞒严重质量缺陷及真相的，负责人可能被判处 15 年的徒刑，厂家可能被罚款 1500 万美元至上亿美元。

按照日本的《道路运输车辆修正案》，处罚额从此前的 100 万日元升至 2 亿日元，三菱高层就曾因为隐瞒质量问题入狱，三菱汽车从此一蹶不振。

在中国召回惩罚成本低，汽车“三包”迟迟不出，“召回门”给中国的最大启迪，也许不是企业对产品质量的重视，而是国家对法律治理的重视。中国汽车流通协会副秘书长罗磊呼吁，要为汽车缺陷的召回立法。

资料来源：《我国汽车召回制度面临“拷问”》，《济南日报》，2010 年 3 月。

思考题：

目前，我国汽车召回制度存在哪些问题？

一、产品召回制度的内涵

问题 3：什么是产品召回制度？

产品召回制度是指产品生产商、进口商、经销商在得知其生产、进口、经销的产品存在可能危及人身健康、财产安全的缺陷时，依法向政府部门报告，并告知消费者，从市场消费者手中无偿收回有问题的产品，实施予以修理、更换、赔偿等积极有效的措施，从而消除缺陷产品的危害风险，提高企业信誉。这种挽救措施的方法即为召回制度。

关键术语

产品召回制度

产品召回制度是指产品生产商、进口商、经销商在得知其生产、进口、经销的产品存在可能危及人身健康、财产安全的缺陷时，依法向政府部门报告，并告知消费者，从市场消费者手中无偿收回有问题的产品，实施予以修理、更换、赔偿等积极有效的措施，从而消除缺陷产品的危害风险，提高企业信誉。

产品的召回一般有四种情况：①危及人身和生命安全的产品需要召回。如果这样的产品出现，需要企业采取全面召回措施，并发出有意义的、完整的通知确保能够让公众尤其是用户最大范围地知晓，避免和防止发生重大伤亡的可能。②有潜在危险但不会威胁到生命安全的产品，企业需要坚持收回产品。③对生命或者财产没有重大威胁，但要求在一定范围内有限度收回的产品，这种情况可以不发出召回通知。④一些因为生产和设计上有缺陷而可能影响使用效果或者达不到预期效果的产品。生产这些产品的厂家往往采取对产品进行软件升级，对消费者适当补偿或者打折处理的方式。

根据不同的分类标准，对产品召回可分为四类：

1. 从产品召回的启动原因来看

可分为自主产品召回和强制性产品召回。自主产品召回是指当生产经营者自行或经他人通知发现其产品存在缺陷时，主动回收此缺陷产品，避免消费者权益遭受实际损害；强制性产品召回是指当产品存在缺陷，而生产经营者不主动召回该产品，由政府主管部门根据权限强制其召回的情形。这种程序上的分类，有利于消费者洞悉生产经营者承担责任的主动性。

2. 从召回产品种类或性质来看

可分为消费品召回、食品召回、机械产品召回、医药产品召回等。由于产品种类的繁多，这种分类数量庞大。对产品召回的这种分类有利于建立不同种类产品召回的主管部门，并针对产品性质制定出相应的召回规则及程序。

3. 从召回过程中针对产品缺陷而采用的具体措施来看

可以分为维修召回、撤回召回、更换召回、销毁召回。这几种召回措施可以同时存在于同一次产品召回中。

4. 从产品缺陷的严重程度、危害程度来看

可分为紧急产品召回、次紧急产品召回、普通产品召回。例如对缺陷程度特别严重、可能造成严重人身伤亡或财产损失的产品，应实施紧急产品召回。

二、我国实施缺陷产品召回制度的必要性

问题 4：在我国实施缺陷产品召回制度的必要性有哪些？

（1）实施缺陷产品召回制度可以净化我国市场环境。从国内的情况看，市场欺诈行为屡见不鲜，假冒伪劣商品充斥市场，产品质量控制主体缺位、监控无力，健康、安全、环保难以成为对产品的基本标准，企业诚信不足、自律较差。建立缺陷产品召回制度，无疑对生产厂商提出了更高的要求，产品一旦出现被召回的情况对厂商的影响是巨大的，明智的厂商必然强化自己的产品质量。可以说，实施产品召回制度，无疑将把那些质量差、技术落后、存在安全隐患、污染环境的问题产品逐出市场。实施产品召回制度，还可以强化消费者的维权意识，使不法厂商无立足之地，把缺陷产品驱逐出市场。

（2）经济全球化要求我国实施产品召回制度。中国已经加入 WTO，中国的企业都要依照国际市场的游戏规则进行经济运作，并与国际游戏规则接轨，这就需要我们自身先铺垫相关的法规标准的轨道。不在国内制订同样的规范，进入国际市场就会愈加被动。

（3）实施产品召回制度可以更好地保障消费者利益。由于没有召回制，生产厂商缺乏对产品质量意识的足够重视。生产商不注意产品质量的提高，甚至将市场作为产品的检测场、试验场。市场交易的弱势方——消费者，缺少制度上对其权益的有力保障，由于设计、生产失误而形成的缺陷产品给消费者人身、财产造成的损害日见增多。就进口产品而言，如果缺陷产品管理制度不建立，外国企业及产品在中国市场上将不受约束，类似曾经出现的召回只在其他国家实施，而遗漏中国市场的情况终将还会发生，消费者的合法权益受到损害的情况还将不能避免，这对中国消费者是不公平的。作为主要针对这些问题而产生的缺陷产品召回制度，如果能在我国构建并逐步完善，无疑将避免消费者合法权益受到大范围的侵害。

（4）建立"产品召回制度"有利于促进我国企业的技术进步。激烈的市场竞争迫使企业追求技术进步，不断开发新产品。但是个别企业急功近利，不注重产品的技术水平，在还不完善的情况下就急于投入市场，产品存在很大的安全隐患。即使在发生了事故之后，某些厂商仍旧百般推脱责任，逃避应尽的义务。如果建立了"产品召回制度"，就会迫使厂商不断修改设计，提高质量，弥补产品的内在缺陷，用新材料、新工艺、新方式加工产品。这自然会促进我国企业不断改进技术，提高生产加工水平，使产品技术水平得以提高。

三、产品召回制度对企业品牌信誉维护的影响

问题 5：产品召回制度对企业自身的发展有什么影响？

企业信誉和形象是企业的一种无形资产，是企业经营成败的重要因素。企业的信誉和形象集中表现在产品和服务的质量上，只有保证优质的产品和服务才能使企业立于不败之地。

问题产品被投放到市场上后，对消费者的健康和企业的品牌都会造成破坏，而召回是可以最大限度地减少这种破坏的处理方式。如果能够管理得合适，也能够处理得比较好的，召回可以平息消费者的不满情绪，表明企业的诚恳和对消费者负责的精神。还可以获得消费者的认同和公众的认可，从心理上打动消费者和社会公众，避免事件的进一步升级。

由此，我们不难看出，召回缺陷产品是企业对可能存在的问题的一种负责的态度，特别是"主动召回"，它是企业诚实品质的表现，是一种勇于负责的行为，值得称赞。在召回制度成熟的国家和地区，这更是企业所必须履行的法律义务。世界上的知名公司几乎都有过产品召回的经历。

四、召回制度的实施

问题6： 在我国，如何确保产品召回制度的实施?

1. 制定、完善相关法律

目前，我国的产品召回制度缺乏健全的法律保证。与产品召回制度相关的法律主要是《中华人民共和国产品质量法》、《消费者权益保护法》、《民法》中的民事赔偿制度和1988年通过行政手段实行的产品“三包”制度。虽然我国的上述法律法规为消费者提供了维权武器，但涉及缺陷产品召回方面的内容是泛泛而言，而且太笼统，缺乏可操作性。因此完善经济立法，是实施“产品召回制度”的前提。依法规范厂商的经营行为，依法检测认定产品，依法强制厂商召回问题产品是“产品召回制度”的基本运作方式。综观实施“产品召回制度”的国家，无一例外都是经济立法高度完善的国家。

2. 设立独立、公正、权威的检测机构，制定产品质量检测认定标准

当前中国缺陷产品管理上的困窘不仅来自立法的空白和执法的盲区，还在于没有独立公正的监督机构，更无从谈及相关的检验技术手段。第三方检测、认定是召回制度建立的一个重要环节。第三方机构不仅应具有技术属性，而且还应具有法律属性，属于法律仲裁机构，必须保持中立性和权威性。

只有制定出客观合理的产品质量检测认定标准，才能谈得上对问题产品进行判定和处罚，使厂商强制召回。在制定过程中，可以参考国外的相关标准特别是欧盟的标准。

3. 对违反召回制度的责任人，监管机构应给予有力的惩罚

缺陷产品召回制度的顺利实施，一方面依靠企业对产品质量的清醒认识和对召回制度的自觉遵守；另一方面依靠严厉的惩罚制度对付不愿意按照制度召回缺陷产品的生产商。要采用多种形式，主要是经济制裁，还可以是名誉制裁，甚至追究刑事责任。如对经营者主动采取措施召回商品、消除隐患的，工商部门将对其企业信誉给予良好记录；对拒绝承担应尽义务的，工商部门除依法进行行政处罚外，还要对其企业信誉做出不良记录。

4. 明确政府各职能部门的分工，严格执行监督职能

召回制也有局限性，不可能完全杜绝市场上的隐瞒、欺诈行为，如果没有强有力的监管制度作为保证，召回很容易流于形式。政府职能部门在缺陷产品召回中应发挥重要的作用，行使其评估权和监督权。在召回的整个过程中，政府职能部门对厂商的执行情况应进行全面的监督。由于政府职能部门的重要作用，各个政府职能部门之间必须有一个明确的分工。

活动 2： 选择近期内有召回经历的某一商品，查阅相关材料分析它的召回流程。

考试链接

1. 产品召回制度的内涵。
2. 我国实施产品召回制度的必要性。
3. 产品召回制度对企业品牌信誉的维护。
4. 确保产品召回制度的实施。

案例分析

中国汽车召回制度的第一个"吃螃蟹者"

2004 年 6 月 17 日，一汽轿车股份有限公司主动向国家质量监督检验检疫总局递交召回申请，决定于 6 月 18 日开始与日本马自达公司同步召回于 2002 年 12 月 26 日至 2004 年 3 月 25 日生产的 Mazda6 轿车，进行燃油箱隔热件加装。此番事件使一汽轿车成为中国汽车召回制度的第一个"吃螃蟹者"，同时更成为尊重中国用户的先行者！

据了解，Mazda6 在全球市场并未接到由于上述缺陷所带来的事故报告，该缺陷完全是日本马自达公司通过实验室试验发现的。一汽轿车之所以在日前接到马自达的正式报告之后，决定与马自达采取统一行动，目的就是为了让中国的广大用户能够享受到与国际市场同步的服务。一汽轿车销售公司副总经理于洪江表示："当时在与马自达公司谈技术引进时，我们就要求日方不仅要提供全球同步的新产品，而且要提供全球一致的高水平服务，创造让客户放心的用车环境。自从公布 Mazda6 2.3 的召回公告后，用户来电十分多，绝大多数用户对我们的举动表示了理解和赞赏"。

我国《缺陷汽车产品召回管理规定》的实施日期是 2004 年 10 月 1 日。在法规还未实施之前，一汽轿车并没有效仿以前诸多厂家的做法，用一个含混隐晦的诸如"免费保养"、"回馈行动"的名义，把问题消弭在无声无息当中，而是大胆、自觉地走上了法制的轨道。一汽轿车向广大用户提供与全球同步的优秀产品和国际化的售后服务，重视用户生命安全，在成为"第一汽车，第一伙伴"理念忠实践行者的同时，更积极推动了汽车行业的法制建设。这表达了一种经营理念的高尚境界。

召回制度是一个舶来品，只要简单了解一下国外实施召回的历史和情况，我们就会发现，召回行动一般都是厂商主动去做的。在这个制度的威慑下，世界车坛几乎每一款车型都有数量不等的召回记录，不管它多么负有盛名。“主动召回”是诚实品质的表现，是一种勇于负责的行为，值得称赞。在召回法规还没有实施的现在，别的轿车产品没有主动召回，并不等于没有设计和质量上的安全缺陷和隐患，主动与被动的根本区别在于如何对待消费者的态度上。从这个意义上讲，一汽轿车此番举动堪称尊重本土用户的先行者。但愿在一汽轿车之后，不乏诚实的追随者。真是这样的话，不啻是中国消费者的一大福音。

资料来源：《中国汽车召回制度的第一个“吃螃蟹者”》，网易汽车综合频道，2008 年 10 月。

问题讨论：

一汽轿车股份有限公司对缺陷产品的主动召回有哪些积极的作用？

本章小结

影响品牌信誉的因素有很多，主要有包括产品本身、品牌管理人才、品牌营销战略、财务状况等等。

产品召回制度是指产品生产商、进口商、经销商在得知其生产、进口、经销的产品存在可能危及人身健康、财产安全的缺陷时，依法向政府部门报告，并告知消费者，从市场消费者手中无偿收回有问题的产品，实施予以修理、更换、赔偿等积极有效的措施，从而消除缺陷产品的危害风险，提高企业信誉。

产品召回制度可以有效地维护品牌信誉。它是一种可以最大限度地减少破坏的处理方式。如果能够管理得合适，也能够处理得比较好的，召回可以平息消费者的不满情绪，表明企业的诚恳和对消费者负责的精神。还可以获得消费者的认同和公众的认可，从心理上打动消费者和社会公众，避免事件的进一步升级。

深入学习与考试预备知识

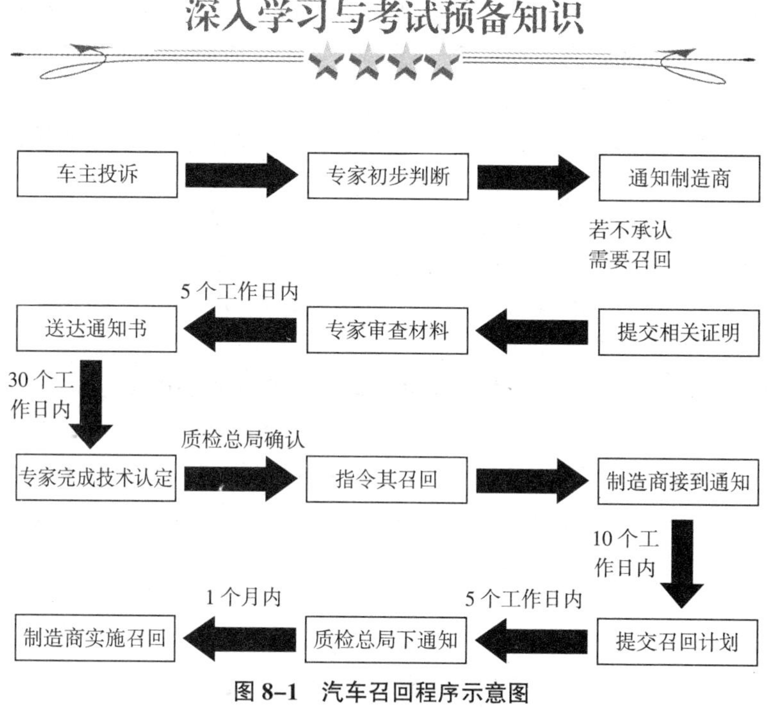

图 8-1 汽车召回程序示意图

知识拓展

汽车召回制度及其相关知识

汽车召回制度，就是投放于市场的汽车，发现由于设计或制造方面的原因存在缺陷，不符合有关法规、标准，有可能导致安全及环保问题，厂家必须及时向国家有关部门报告该产品存在问题、造成问题的原因、改善措施等，提出召回申请，经批准后对在用车辆进行改造，以消除事故隐患。厂家还有义务让用户及时了解有关情况，这对于维护消费者的合法权益具有重要意义。目前实行汽车召回制度的有美国、日本、加拿大、英国、澳大利亚等国。

美国的召回历史最长，相关的管理程序也最严密。美国早在 1966 年就开始对有缺陷的汽车进行召回了［主管部门为美国国家高速公路交通安全局(NHTSA)，参见美国《国家交通和机动车辆安全法》和美国法典第 49 条第 301 章］，至今美国总计已召回了 2 亿多辆整车，2400 多万条轮胎。涉及的车型有轿车、卡车、大客车、摩托车等多种，全球几乎所有汽车制造厂在美国都曾经历过召回案例。在这些召回案例中，大多数是由厂家主动召回的，但也有一些是因 NHTSA 的影响或 NHTSA 通过法院强制厂家召回的。美国法律规定，如果汽车厂家发现某个安全缺陷，必须通知 NHTSA 以及车主、销售商和代理商，然后再进行免费修复。NHTSA 负责监督厂家的修复措施和召回过程，以保证修复后的车辆能够满足法定要求。

日本从 1969 年开始实施汽车召回制度，1994 年将召回写进《公路运输车辆法》，并在 2002 年作了进一步修改和完善。截至 2001 年，日本共召回缺陷车辆 3483 万辆，仅 2001 年就召回 329 万辆。其中，大多数是由企业依法自主召回。

韩国从 1992 年开始进行汽车召回，当年只召回了 1100 辆，无论是汽车厂家还是车主对召回的认识都不十分清楚。但随着政府对汽车安全的要求更加严格，车主权利意识的不断提高，召回数量在不断增加。到 2000 年，召回数量增加到 56 万辆，2001 年 57 万辆，2002 年 129 万辆。这并不是说汽车质量下降了，而是说明公众的质量意识提高了。

法国实行汽车召回制度也有了相当长的时间，对缺陷汽车召回已经形成了比较成熟的管理制度。在法国，汽车召回属于各种商品召回的一部分，其法律依据是法国消费法的 L221-5 条款。这一条款授权政府部门针对可能对消费者造成直接和严重伤害的产品发出产品强制召回令。

在我国，由国家质检总局、国家发改委、商务部和海关总署共同制定的《缺陷汽车产品召回管理规定》于 2004 年 10 月 1 日起正式开始实施，正逐步走向成熟。汽车生产厂家不再忌谈召回，也很少利用召回机会作秀炒作。虽然有个别厂家仍在召回问题上采取回避态度，但多数企业已经将召回作为对消费者负责和表现企业诚信度的重要手段。在我国，召回制度为车主利益保驾护航的作用已经非常明显。

资料来源：中国汽车召回网。

答 案

第一节：

影响品牌信誉的因素有：内部因素包括：产品的质量、价格、安全、蕴涵的技术、人力资源、财务状况、营销原因、服务等；外部因素包括：恶意伤害、非恶意伤害、由宏观原因引起的组织外部伤害、自然伤害等。

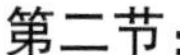

第二节：

目前，我国汽车召回制度存在的问题：召回频率在逐年上升；自主品牌“零召回”被质疑；缺乏强有力法律标准和处罚措施。

案例分析：

略（查阅相关材料，结合本章知识进行概括）。

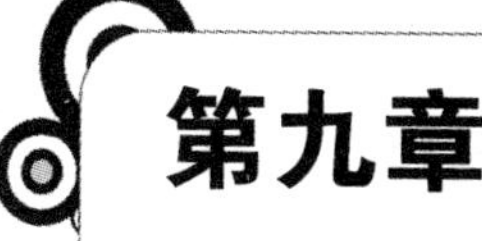

第九章 生产过程中的环境保护

学习目标

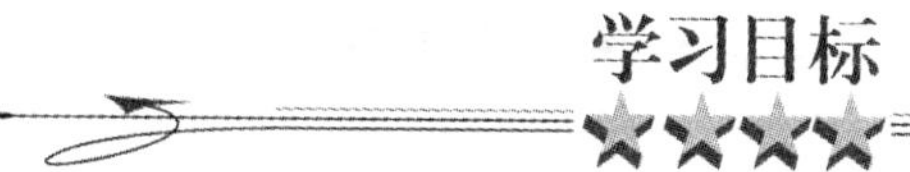

知识要求 通过本章的学习，掌握：

- 绿色品牌的含义与特征
- 实施绿色品牌战略的意义
- 安全生产的含义
- 清洁生产的含义
- 安全生产、清洁生产与品牌之间的关系
- 企业的安全问责制

技能要求 通过本章的学习，能够：

- 对产品生产过程中的环境保护有一个总体的了解
- 掌握绿色品牌战略、安全生产、清洁生产的实施方法
- 能运用本章的知识，对某一品牌生产过程中的环境保护提出合理的建议

学习指导

1. 本章的主要内容：绿色品牌的含义及特征、实施绿色品牌的意义、安全生产的内涵及原则、清洁生产的含义及实施方法、企业的安全问责制等。

2. 学习方法：掌握最基本的理论和几种常用的生产过程中环境保护的方法，结合案例理解概念，并进行知识延伸和讨论活动等。

3. 建议学时：12 学时。

第一节　环境保护与品牌

引导案例

海尔借助奥运主打健康节能牌

——绿色奥运产品上市

海尔结合2008年奥运会的要求，凭借其遍布全球的8个设计中心、10个信息情报站以及其超强的整合创新能力，开始了绿色奥运家电产品的全线研发，并成功成为北京2008年奥运会家电赞助商。采用宇航纳米绝热材料制造并能回收的“海尔鲜+变频”系列奥运冰箱；全球独创具有“更薄、更省、更健康”的三超直流双新风系列空调；“绿色奥运 nature 洗涤”的不用洗衣粉 nature 双动力洗衣机……成为北京奥运会指定产品。

在2006年2月1日海尔集团举行的“绿色奥运，HOT中国”新闻发布会上，首套15大系列、40多种具有“健康节能，环境友好”奥运品质的水电产品全面上市，拉开了海尔主打绿色奥运家电产品进军市场的序幕。

海尔首次推出的绿色奥运家电产品全部具有环保和节能双重功能，代表了行业最高和市场最前沿理念。如海尔最新研发的三超直流双新风空调拥有11项自主知识产权，采用国际领先的直流变频技术，省电50%以上的同时内机厚度仅为16厘米，“这些产品全部具有绿色奥运特色”。

借助奥运平台，海尔在领导家电市场的同时，也不遗余力地承担起社会责任。以海尔奥运冰箱BCD-212HDA为例，日耗电量0.39度，比普通冰箱日耗电量少0.81度（普通冰箱以1.2度/天计），每年可以节电296度。如果中国1.3亿台冰箱全部换为海尔奥运冰箱，则每年节电385亿度，相当于三个大亚湾核电站的发电量。海尔集团CEO张瑞敏诠释为，企业生存的目的不能仅仅是为了利润，而应该是为了推动社会进步，为消费者创造更好的生活质量。

海尔在此次“绿色奥运，HOT中国”活动中，还将在各大城市“海选”一名“环境友好使者”，通过动员全社会的广泛参与，创建美好生活环境，进一步强化全社会的“环境友好”意识，使我国早日进入资源节约型、环境友好型社会。

资料来源：《海尔借助奥运主打健康节能牌》，《半岛都市报》（财经版），2006年3月。

思考题：

海尔是怎样实施绿色品牌战略的？

一、环境保护在品牌中的重要性

问题1： 环境保护在品牌发展中占据着什么样的地位？

《中国企业公民报告（2009）》蓝皮书公开指出，目前我国工业企业仍是环境污染主要源头，约占总污染比重的70%。低碳发展是人类在气候危机的压力下，不得不奋起迎战和寻找机遇的战略决策。

"环保时代"的到来，将导致企业的标准，包括其价值标准和评价体系等发生深刻变化。在这场变革面前，可能会有一批今天看起来还生气勃勃但明天就会突然死亡的企业，因为它所产生的利润远不足以抵消高排放所需的成本，或者说因超排而接受的惩罚。与此同时，也有一批企业，尽管今天看起来很弱小，但围绕着节能环保可能会在不久的将来有爆发性的增长。

今后国际间的竞争，除了传统的资本、资源和劳动力竞争外，还包括环保方面的竞争，只有在节能减排方面实现突破性的进展的企业，只有以环保作为打造品牌优势的关键所在的企业，才能抢占未来国际竞争的制高点。

环保型企业比一般企业能更加清晰地看到企业和环境的未来，发展低碳经济、推动绿色经济，保护地球环境的可持续发展，已经是企业当仁不让的责任，要把环保发展的思路真正融入到企业社会责任的血液中去。

在可预见的将来，任何企业今后都势必面临更加严格的环保标准和排放要求，与其被动拖延，无所作为，使自己在未来面对更狭小的企业生存空间，不如主动出击，提升企业价值链条每个环节的内在价值，力争成为未来低碳经济的领跑者。

发展"环保"经济，不仅有利于企业担负起社会责任的形象，更有利于企业可持续发展。在市场竞争日益激烈的今天，"环保"经济行为，将为企业提高生产效益，提高企业竞争力起到更加积极的推进作用。在低碳经济时代，企业唯有在"环保"中先行一步，将"环保"融入到品牌的建设中，才会在市场竞争中游刃有余、脱颖而出。

二、绿色品牌的内涵

问题 2：什么是绿色品牌？

（一）绿色品牌的由来

人类进入工业化时代以来，由于受利益的驱使，人们一方面向自然环境无节制地索取了大量的有限资源；另一方面在生产过程中不断地向环境排放过多的有害物质，超过了生态环境所能承受的限度，导致各国都出现不同程度的资源耗竭问题、环境污染问题和生态破坏问题，并引起了一系列环境灾难。如全球变暖、沙尘暴、荒漠化、水危机、疯牛病、SARS 病毒、高致病性禽流感等，严重危害着人类的切身利益。特别是全球气候变暖已成为国际社会关注的焦点问题之一，人类与自然的和谐相处问题受到了社会各界的普遍关注。企业家们也逐渐意识到“绿色”主题的环保产品的重要性，开始实施绿色品牌战略。

从人类的消费角度出发，消费的物质对象可分为两大类。一类是客观存在于大自然中的所有自然资源如大气圈、生物圈、水圈、岩石圈等。它们不仅是人类生存、发展与财富生成的基础或母本，而且永远是满足人类快乐所需要的最重要的资源对象。另一类是通过对自然资源加入相应的人类劳动而形成的商品与劳务，如食品、衣服、房子等。从现象上看，人们行为的目的就是为了获取食物、衣服、居所、金钱等物质对象，即经济利益。但在这些物质形式追求的背后，即人类行为在其本质上，却在处处真正地表现为精神、快乐、健康的需要和对精神、快乐、健康的追求。这是满足人类健康、快乐需要的广义消费内涵。一切能够满足人的欲望、引起人们快乐需要满足的客观物质的存在和活动，如商品、劳务、阳光、空气、绿地、甘泉等都构成了人类消费需要的内涵，都能增进人们的整体福利，从而构成社会可持续发展不可或缺的要素。

伴随着社会经济的持续发展，人们越来越认识到环保的重要性。特别是2008 年北京奥运会之后，绿色奥运理念已深入到经济生活的各个领域。企业家们也越来越意识到绿色品牌的塑造对于全人类、全社会的深远意义，把绿色品牌的塑造和企业的社会责任感、企业的经济效益结合起来。社会的各行各业吹起了一股“绿色风”。同时，一大批企业在绿色品牌的塑造上取得了卓著成就。上海通用汽车的“绿色未来”战略，以“发展绿色产品”、“打造绿色体系”、“承担绿色责任”为核心，发展绿色产业，推出了代表绿色科技的别克 LaCROSSE（君越）Eco-Hybrid（油电混合动力）车，实现了技术与成本的完美平衡。联想集团在绿色和平组织发布的“绿色电子产品指南”中取代了诺基亚，位列第一，被评为“最绿色电子企业”的称号。

（二）绿色品牌的内涵

绿色品牌包括四个相互联系、不可分割的内容：①品牌产品生产消费对资源和能源的消耗最小；②品牌产品消费过程产生的废弃物和污染物最小；③品牌产品消费结果不危害消费者或他人的健康；④品牌产品消费结果不会危及人类后代的需求。这里的绿色品牌的内涵已不仅包含产品的消费结果，而且延伸到产品的生产、消费等一些过程。

绿色品牌的基本特征既有一般市场营销的共性，又有其自身的特殊性，其基本特征表现为：

1. 产品的绿色性

绿色产品不仅质量合格，而且在生产、使用和处理、处置过程中，符合特定的环境保护要求，与同类产品相比，具有低毒少害、节约资源等环境优势。具体而言，在设计时，考虑到资源与能源的保护与利用；生产中，要采用无废、少废技术和清洁生产工艺，有益于公众健康；在废弃阶段，应考虑产品的易于回收和处置。总之，它重视资源回收利用和产品的环境性能，不但要求尽可能地将污染消除在生产阶段，而且也最大限度地减少产品在使用和处理、处置过程中对环境的危害程度。绿色产品必须体现以下四种绿色理念：①企业在选择生产何种产品及应用何种技术时，必须考虑尽量减少对环境的不利影响；②既要考虑产品生产的安全性，又要考虑降低产品消费对环境的负面影响；③企业设计产品及包装时，必须重视降低原材料消耗，并减少包装对环境的不利影响；④产品及其形体的设计与售后服务都要注重节约及保护环境。

2. 采用绿色标志

采用绿色标志是绿色营销的重要特点。其产生于“利于环境”（Environmental-friendly）的思想，该思想是西方在20世纪90年代初提出的，环保主义者提倡进行利于环境的消费，从最早的废旧电池回收，到自备购物袋。开始只是约束消费者自身的购物、消费行为。后来有识之士认识到生产过程涉及环节众多，因此更要进行环保监控。于是，诸如“绿色标志”就成为衡量生产企业环保生产的标准。我国现行的绿色标志，是由国家指定的机构或民间组织依据环境标志产品标准（也称技术要求）及有关规定，对产品的环境性能及生产过程进行确认，并以标志图形的形式告知消费者哪些产品符合环境保护的要求，对生态环境更为有利。

3. 营销的绿色性

绿色营销强调生态意识，反对环境污染；提倡合理配置营销资源；倡导文明消费，净化社会风气，促进企业的可持续发展，实现人类社会、经济、人口、资源、环境等各方面的“共赢”。这既是绿色营销的本质特征，也是绿色营销其他特征的基础。

4. 实行绿色促销策略

绿色促销具有与传统促销不同的特点。绿色促销是通过绿色媒体，传递绿色产品及绿色企业的信息，从而引起消费者对绿色产品的需求及购买行为。在绿色促销中，绿色广告、绿色公关等具有重要的作用，它们同传统广告、公共关系、人员推销等相比具有不同的特征。

5. 价格的绿色性

绿色价格的主要特征是反映环境成本，即绿色产品通常包括与保护环境及改善环境有关的成本支出。因此，一个企业及产品的绿化程度将影响其成本构成。许多种情况会引起绿色价格上升。例如，引进对环保有利的原材料；用有利于环保的设备替换污染环境的设备；实施环保法也会增加费用；为推行绿色营销而改变公司组织结构及行政管理方式；等等。同时，绿色价格亦可能由于其他因素的作用而降低，如由于产品及包装原材料的节约而降低费用。

绿色品牌意味着企业的营销活动包含从产品生产到产品退出使用过程后的整个生命周期，反映企业强烈的社会责任感和社会公民意识；致力于维护社会环境，积极而主动地改善环境，通过企业环境友好型营销活动为人类社会的持续健康发展做贡献，在较高层次上实现企业利益、消费者利益、社会利益尤其是环境利益的统一。

显然，绿色品牌是可持续科学发展观的体现，其结果有益于增进社会整体利益和福利水平，降低整个社会的资源消耗水平、治污成本和其他管理成本。绿色品牌是构建和谐社会、创建环境友好型社会的现实选择。

三、企业实施绿色品牌战略的意义

问题 3：企业实施绿色品牌战略对企业的发展有着什么样的意义？

企业实施绿色品牌发展战略，无论是从社会角度还是从企业自身的角度，都有着鲜明的时代意义。

1. 绿色品牌战略的实施有利于企业的可持续发展

企业的可持续发展战略是以社会经济的可持续发展为基础的。而社会经济的可持续发展必须同自然环境及社会环境相联系，使经济建设与资源、环境相协调，使人口增长与社会生产力发展相适应，以保证社会实现良性循环发展的长远战略。因此，保护自然环境，治理环境污染，解决恶劣的社会环境，实施可持续发展战略已势在必行。

2. 绿色品牌战略实施是绿色消费浪潮的必然选择

消费者趋向于绿色消费主要源于两个方面的原因：①社会经济发展在为社会及广大消费者谋福利的同时，造成恶劣的自然环境及社会环境，已直接威胁着人们的身体健康。因此，人们迫切要求治理环境污染，要求企业停止生产有害环境及人们身体健康的产品。②社会经济的发展，使广大居民个人收入迅速提高，他们迫切要求高质量的生活环境及高质量的消费，亦即要求绿色消费。

3. 企业参与国际竞争必须实施绿色品牌战略

20 世纪 90 年代，世界范围内兴起了一场“绿色革命”，环境与发展问题已成为新一轮多边贸易谈判的中心，即“绿色回合”。由于 QVTO 允许各成员国采取相应措施加强环境保护，因此，绿色壁垒将必然存在，而且会成为最重要的“变相贸易壁垒”。为了遵循这些绿色贸易规则，冲破绿色壁垒，免遭贸易制裁，企业必须实施绿色品牌战略，才能求得快速健康的发展。

4. 社会环境要求企业实施绿色品牌战略

企业的生产经营活动面临着一系列的挑战。首先是宏观环境的压力，诸如保护消费者利益运动和保护生态平衡运动的压力，以及政府规范化立法的压力，从而驱使企业必须树立环保观念，实施绿色品牌战略，顺应时代要求。其次是广大消费者对绿色消费的需求剧增，企业必须顺应消费者的绿色消费需求，开展绿色经营，才能赢得顾客。最后是市场竞争优胜劣汰规律的作用，迫使企业改变经营观念，塑造绿色品牌，才能有力地对付竞争对手，不断地提高市场占有率。

四、企业实施绿色品牌战略的影响因素

问题 4：有哪些因素影响企业绿色品牌战略的实施？

1. 政府的引导和扶持影响企业绿色品牌战略的实施

政府对绿色产业发展的支持力度，既是过去绿色产业取得显著成就的重要因素，也是新时期新阶段加快发展绿色产业的重要保证。一是政府对绿色产业基地建设等方面的投入，是否能帮助企业改善生产条件，提高综合生产能力；二是政府是否将绿色产业开发规划区中治理污染所需投资纳入国家环境保护投资序列；三是政府能否给予企业一定的优惠政策，减免企业对监测费用以及治理污染、保护环境的费用。

2. 绿色消费浪潮决定了企业实施绿色品牌战略的必然

随着经济的发展，人们生活水平的提高，促使人们的健康意识大大增强，从而导致人们的消费观念发生重要的转变，绿色消费意识得到了各国消费者的

认同。一项调查显示，75%以上的美国人、67%的荷兰人、80%的德国人在购买商品时考虑环境问题，有40%的欧洲人愿意购买绿色食品。在我国，绿色需求在小康家庭也日益表现出来。面对绿色消费浪潮的冲击，企业必须关注自身的环境行为，实行绿色品牌经营，开发绿色产品，提高企业和产品的竞争力。

3. 企业的传统模式制约了绿色品牌的发展

我国经济发展依然是以牺牲自然资源和环境为代价来换取物质产出不断增长的传统发展模式。在传统模式主导的宏观形势下，相关法规和经济政策对企业把环境成本纳入到经营决策和发展战略中缺乏足够的激励，从而使我国企业的绿色竞争力不仅与发达国家差距大，而且在国内市场也缺乏竞争优势。

4. 国家的政策法律制度是企业绿色品牌战略的保障

一个国家的政策法律制度强有力的保障了经济的运行和发展。比如绿色税收制度、企业生产经营的许可证制度和企业融资的绿色约束制度。从企业自身来说，通过从线性价值实现模式转向基于循环价值链的经营模式，不仅能够指导企业提高创新能力，而且有助于企业与消费者、供应商、其他企业、政策制定者等所有利益相关者建立良好的关系。

五、实施绿色品牌战略的方法

问题 5：如何实施绿色品牌战略？

1. 树立企业的绿色品牌观念

企业应把节约资源、保护环境、谋求可持续发展作为企业经济增长的核心问题，把绿色品牌塑造作为今后工作的首要观念和基本思想。企业可根据企业的现实情况，站在维护全人类的生态平衡发展的高度，以不断提高人们生活水平；保证消费安全为出发点，从培育企业文化入手，在企业的生产经营活动中对全体员工培养环保意识，建立健全“绿色”运行机制，使绿色品牌观念真正成为经营管理的行动指南。

2. 企业必须进行制度创新，适应新形势下的市场竞争

在中国现时期的市场经济状况下，同行业间的竞争日益激烈，新产品、新工艺、新技术不断涌现，绿色品牌观念已深受重视，被越来越多的企业融入到长期的发展战略当中。如果哪个企业还维系着传统的发展模式就会逐渐在竞争中处于劣势。所以要提高企业的竞争力，必须进行制度创新，促使传统发展模式向可持续发展模式转变。在有利于可持续发展的制度支持下，企业需通过绿色技术创新，建立新的竞争力策略才能获得竞争优势。

3. 积极引导绿色产品的生产和消费

我国的绿色产品开发有着潜在的巨大市场。由于目前宣传力度不够和进入国内市场销售的绿色产品有限，消费者对绿色产品还重视不够。要通过多种方式，进一步加强绿色产品的宣传普及工作，增强广大消费者的安全和环保意识，促进我国绿色产品市场的形成和发展。要使更多的人了解到，购买和消费绿色产品，不仅有益于自身健康，也是为了保护环境。

4. 加大绿色产品科技开发和推广的力度

发展绿色产品，关键在科技。应加强对绿色产品生产加工技术的研究，推广现有成熟技术，完善科研开发、咨询和推广服务体系。

5. 积极推进绿色产品标志

积极推进绿色产品标志是促进绿色产品事业健康发展的重要基础。近年来，国家有关部门颁布了多个规范绿色食品生产的规定和标准。要在此基础上，借鉴国际经验，进一步修订和完善我国绿色食品管理法规和技术标准，规范绿色食品的生产和质量控制。要强化对绿色食品管理规定和标准执行情况的监督检查，确保绿色食品这一国家标志的权威性。

活动 1：组织全班同学，一起讨论怎样实施绿色品牌战略。

考试链接

1. 环境保护在品牌发展中的重要作用。
2. 绿色品牌的内涵。
3. 企业实施绿色品牌战略的意义。
4. 企业实施绿色品牌战略的影响因素。
5. 如何实施绿色品牌战略？

第二节　安全生产与品牌

引导案例

“毒苹果”事件

自 2007 年以来，苹果公司以其时尚设计和创新技术，推出了 iPad、iPhone

等一系列 IT 产品，引发了市场销售的阵阵狂潮。每当苹果新品推出的时候，在纽约、伦敦、东京、上海，大批粉丝甚至会彻夜排队，希望最先拥有和尝试这些产品。

但是，在时尚亮丽的外表后面，苹果的产品却有着不为人知的另外一面：污染、侵犯和毒害。这一面深深隐藏在其秘不示人的供应链中，很少为公众所了解。

当苹果不断刷新销售纪录的同时，生产苹果产品的员工却遭受着有毒化学品的侵害，许多中毒工人还在身体和精神的双重折磨中煎熬，劳工权益和尊严受到损害，周边社区和环境受到废水、废气的污染。

2010 年 2 月 15 日，苹果公司在其发布的《2010 年供应商责任进展报告》中，首度承认其在华供应商联建（中国）科技有限公司（以下简称联建科技）137 名工人"因暴露于正己烷环境，健康遭受不利影响"。

这一事件要回溯到 2008 年，苹果在苏州的供应商联建科技（后更名为"华胜科技"）分别有工人在生产车间出现四肢麻木、刺痛、晕倒等中毒症状。经过苏州第五人民医院检定为"正己烷中毒"。

随后经苏州工业园区安监局证实，联建科技使用正己烷中毒的情况确实存在的，但没有人因中毒死亡。安监局调查组认定发生这种情况的直接原因是由于该公司有关负责人违规使用有毒物质正己烷、忽视现场危害防范而导致。

2010 年 2 月 21 日，中央电视台《焦点访谈》晚间播出节目"无尘车间的怪病"，曝光了联建科技员工正己烷中毒事件，指出"除了违法偷偷使用正己烷，在生产过程中，联建公司也没有按照《职业病防治法》的要求，采取有效措施对员工进行必要的安全防护，甚至连基本的防毒口罩和面具都没有配备。"联建科技再次被推上了风口浪尖。

据多份公开材料显示，联建（中国）科技有限公司由中国台湾胜华科技股份有限公司于 1999 年 11 月投资成立，工厂设立在苏州工业园区。这家工厂是苹果公司触摸屏的重要供应商。

联建科技原本使用酒精擦拭显示屏。但是，2008 年 8 月突然要求员工用正己烷取代酒精让员工们擦拭手机显示屏。由于正己烷挥发速度明显快于酒精，提升了工作效率，同时可以大大降低次品率。然而正己烷具有一定的毒性，会通过呼吸道、皮肤等途径进入人体，长期接触可导致人体出现头痛、头晕、乏力、四肢麻木等慢性中毒症状，严重的可导致晕倒、神志丧失，甚至死亡。

联建公司使用有毒有害化学溶剂之前，违反中国《职业病防治法》规定，既没有向有关部门申报，也没有告知员工。联建公司的车间是密闭式的无尘车间，密封性好但是空气流动性差。当地相关部门在对生产现场的空气进行抽样检测后发现，挥发性极强的正己烷在空气中堆积，严重超过了国家规定的安全标准，员工们在没有有效的防护的情况下，时间一长，使整个车间内的许多员工慢性中毒。

2009 年下半年以来，联建公司许多员工也都染病，全身没力气，拿东西的时候会突然抓不住，一些员工甚至晕倒在车间里。根据医院检验报告和医生的诊断，这些患病员工的上下肢周围神经受到了损害，发生了病变，从而导致肢体周围神经的传导速度变慢，四肢瘫软、乏力。医生给出的结论是上下肢周围神经源性损害。从 2009 年 8 月开始，苏州市第五人民医院陆续收治了 49 名联建科技有限公司的患病员工。

由于联建科技是美国著名的苹果公司代工企业，此事一经曝光，有舆论开始将矛头指向苹果公司，质疑“带毒的苹果”。

2010 年 2 月 15 日，苹果公司在门户网站上公布《2010 年供应商责任报告》，终于公开承认它的中国供应商员工中有 137 名工人因污染致健康遭受不利影响。而此时，距离事情的发生已过去两年。然而，尽管这份确认姗姗来迟，但毕竟是苹果公司最终决定直面问题迈出的第一步，而且，其在履行企业社会责任方面的所作所为，也不无可赞许之处。

有毒的“苹果”事件总算告一段落，但折射出我国企业安全生产体系的孱弱，对企业缺乏足够的约束力。

资料来源：《苹果的另一面——IT 行业重金属污染报告》，《IT 行业重金属污染报告（第四期）：苹果特刊》，2011 年 1 月。

思考题：

我国该怎样加强企业的安全生产？

一、企业安全生产的内涵及企业品牌之间的关系

问题 6：什么是企业安全生产？

《辞海》中将“安全生产”解释为：为预防生产过程中发生人身、设备事故，形成良好劳动环境和工作秩序而采取的一系列措施和活动。

《中国大百科全书》中将“安全生产”解释为：旨在保护劳动者在生产过程中安全的一项方针，也是企业管理必须遵循的一项原则，要求最大限度地减少劳动者的工伤和职业病，保障劳动者在生产过程中的生命安全和身体健康。后者将安全生产解释为企业生产的一项方针、原则和要求，前者则解释为企业生产的一系列措施和活动。根据现代系统安全工程的观点，上述解释分别只表述了一个方面，都不够全面。

概括地说，安全生产是为了使生产过程在符合物质条件和工作秩序下进行的，防止发生人身伤亡和财产损失等生产事故，消除或控制危险、有害因素，保障人身安全与健康、设备和设施免受损坏、环境免遭破坏的总称。

关键术语

安全生产

安全生产是为了使生产过程在符合物质条件和工作秩序下进行的，防止发生人身伤亡和财产损失等生产事故，消除或控制危险、有害因素，保障人身安全与健康、设备和设施免受损坏、环境免遭破坏的总称。

安全生产对企业的发展有着重大的意义。首先，安全有效的生产可以减少企业不必要的经济损失，为企业经济稳定发展提供保证和支持。安全生产的经济效益与其他生产经营活动的经济效益相比有一定的特殊性，它不仅可以减少因事故造成的人身伤亡及善后处理支出的费用和毁坏财产的价值，保持企业生产秩序的稳定和员工队伍的稳定，还可以为企业树立良好的社会形象，带来一定的品牌效应。

二、确保企业的安全生产

问题 7：如何确保企业的安全生产？

安全是企业赖以生存的生命线，是每家每户幸福的源泉。没有了安全，就会面临危险；丢掉了安全，就可能要承受灾难。一念之差，违章作业，轻则受伤，重则亡命，后果不堪设想。同时还会对企业造成几千元、几万元，甚至几十万元、上百万元的直接损失，而事故所带来的间接损失，更是不可限量，难以估算。这些本不该有的额外负担，所花费、所吞噬的都是员工辛辛苦苦、拼命工作换来的血汗钱。企业没有了安全作为保障，就没有了效益可言，更谈不上什么企业信誉、企业品牌。确保企业的安全生产应从以下三个方面做起：

1. 在企业内树立安全生产的意识

首先，企业要为自己的员工创造一个安全的生产环节，确保他们的人身安全不会受到损害。其次，员工应该牢记“安全是员工的生命线，员工是安全的负责人”。每一名员工都应做到从“要我安全”到“我要安全”，直到“我会安全”，自觉将安全操作规程落实到现场作业中，认真细致地检查生产工作中设备运行的每一个环节，发现安全隐患，及时处理，做到防微杜渐。

2. 用监督机制来落实企业的安全生产

安全责任要想执行到位，仅靠自觉是不可能的，靠挂在墙上的制度也是远远不够的，因为制度是死的，环境却是在不断变化发展的，必须要有强有力的跟进、检查与监督。IBM 前总裁郭士纳曾说："人们不会做你希望的，只会做你检查的；如果你强调什么，你就检查什么，你不检查就等于不重视。"人们都不会十分在意没有人去强调和检查的东西，不检查就代表不重视，就代表它可有可无，既然如此，谁还会把时间和精力花费在这种"可有可无"的事情上呢？如果你想保证多项工作都得到切实的执行，唯一的办法就是不断跟进、检查与监督。如果管理者无法负起检查监督的责任，及时堵住制度的漏洞，后果很可能是无法弥补的。

3. 打造组织"责任链"

在企业组织中，岗位与岗位之间、员工与员工之间是责任与责任的关系，他们之间犹如一台高速运转的机器中相互咬合的齿轮，每一个齿轮的责任，都直接面向了与自己咬合的、上下左右的齿轮，如果某一个责任环节缺失了责任，责任链就会断裂，从而产生无法预测的危机。

为了避免责任链的断裂，企业需要构建坚实的责任链，使每一位员工都坚守自己的责任，落实好自己的责任。

每一个责任和岗位都被其相关联的责任驱动着，由此形成了组织源源不断的动力与效率。如果哪一环的责任或岗位出现了责任的混乱，或者应该承担的责任没有被承担起来，企业组织里的"责任链"就会像"多米诺骨牌"一样倒塌下去。企业需要将"责任链"构筑成"品牌长城"，保证屹立不倒。

那么，如何构造企业中的"责任链"？下面这则《构筑企业责任链宣言》或许能给人们带来一些启示：确认并设计企业组织的责任结构、部门岗位；确立明确、清晰和有限的岗位责任；以个人的"责任能力"为标准，来确认责任岗位的责任承担人；以完整有序、纵横交错的企业组织"责任链"，推动企业组织的责任使命实现和发展进步；以有效的"责任权重"的激励和处罚，来迫使每一个人承担其必须承担的责任；以培育企业良好的"责任价值观"，形成以承担责任为荣的良好的企业文化精神氛围。

三、企业问责制的内涵

问题 8：什么是企业问责制？

问责制是一种现代管理制度，组织成员的个人行为和业绩都要受到监督。组织成员必须落实自己的责任，为自己的言行举止、工作方法和效果负责，并接受来自上级和下级的多种方式的评判。简而言之，它是对企业成员的责任追究制度。

问责制是和责任密不可分的，它的逻辑基础就是有责任就必须落实，只要是在责任落实范围内出现某种事故，就必须有人来为此承担责任。严格意义上的问责制的前提是拥有清晰的权责，合理配置划分管理责任以及合理的进退制度。

关键术语

企业安全问责制

问责制是一种现代管理制度，组织成员的个人行为和业绩都要受到监督。组织成员必须落实自己的责任，为自己的言行举止、工作方法和效果负责，并接受来自上级和下级的多种方式的评判。

四、企业问责制的落实

问题 9：在企业中，如何有效地落实问责制?

如何将问责制落实到企业每一个成员身上呢？主要按下面四个方面去落实：

1. 领导要树立负责任的榜样力量，并对其所管辖的范围及所领导的下属进行教育、管理和监督制约

(1) 在问责过程中要讲究方法。所有管理工作事先多花些时间，研讨设定好考核标准，到时间期限时，就可实施问责制：营销计划目标问责；事事问责；人人问责。没有做到和完成工作任务的应该受到处罚，完成好的，应该得到奖赏。

(2) 领导负责等于没有负责人。这是问责制的一个重要原则，不要什么事情都是领导负责，要善于授权和分解压力，要让每个人都有权力，这样才便于你问责，否则就会出现没有权力就不承担责任的问题。

(3) 边缘工作首接负责制。一件事如果还没有界定该哪个部门负责时，谁首先遇到、接触到或者碰到就得负责到底。

2. 问责的基本方式

问责的基本方式有两种：①自我问责。主动承担责任，如自我检讨、道歉、请求辞职等。②组织问责。应根据没落实责任所造成的后果规定具体的问责档次，如责令作出书面检查、公开道歉、通报批评、调离工作岗位、辞职等。

3. 建立问责制要与绩效评估结合起来

绩效评估既是引导领导者和其他工作人员树立正确导向、尽职尽责落实好各项责任的一项重要制度，也是实行问责制的前提和基础。有了绩效评估的结果，问责才有可靠的依据。

4. 问责制的真正落实，还需要加强相关配套制度的建设

（1）要建立科学的考核评价制度，运用多层次、多角度、多渠道的评价方法，对组织成员的综合素质和落实责任的情况作出正确客观的评价，为问责制的实施提供有力依据。

（2）要建立健全舆论监督。

（3）要建立被问责人员的跟踪机制，对于主动承担责任、改进工作的人员要给予提拔重用。

活动 2：组织一场关于企业安全生产话题的讨论。

考试链接

1. 企业安全生产的内涵。
2. 企业安全生产与企业品牌之间的关系。
3. 如何确保企业的安全生产？
4. 企业安全问责制的内涵。
5. 企业安全问责制的落实。

第三节　清洁生产与品牌

引导案例

清洁生产在国外

欧洲许多国家把清洁生产作为一项基本国策。例如欧共体委员会于 1977 年 4 月就制定了关于“清洁工艺”的政策。1984 年、1987 年又制定了欧共体促进开发“清洁生产”的两个法规，明确对清洁工艺生产工业示范工程提供财政支持。1984 年有 12 项、1987 年有 24 项已得到财政资助。欧共体还建立了信息情报交流网络，其成员国可由该网络得到有关环保技术及市场信息情报。

法国：法国政府为防治或减少废物的产生制定了采用“清洁工艺”生产生态产品及回收利用和综合利用废物等一系列政策。法国环境部还设立了专门机构从事这一工作，每年给清洁生产示范工程补贴10%的投资，给科研的资助高达50%。法国从1980年起还设立了无污染工厂的奥斯卡奖金，奖励在采用无废工艺方面做出成绩的企业。法国环境部还对100多项无废工艺的技术经济情况进行了调查研究，其中无废工艺设备运行费低于原工艺设备运行费的占68%，对超过原工艺设备运行费的给予财政补贴和资助，以鼓励和支持无废工艺的发展和推行。

瑞士：瑞士是世界著名的旅游国，山多、湖泊多、景区秀丽，对环境保护要求十分严格。工业企业要想存在和发展，必须做到不污染环境，汽巴嘉基公司是瑞士的一家大化工公司，也是世界著名的以精细化工著称的最大的跨国公司之一。该公司有明确的环境意识和政策，十分强调生产与环境的统一，明确提出要在环境可接受的情况下生产产品。绝不能把环境不能接受的产品推向市场。该公司特别重视研究开发和采用清洁生产的工艺技术，改进生产工艺，从根本上减少废物的产生量。同时，对生产过程中不可避免产生的废物，必须切实采用有效方法加以治理。在研究开发新产品、新工艺时，要求选用不产生严重污染的生产工艺，要采用回收、循环利用的方法，提高产品收率，尽量减少废物产生量和排放量。由于汽巴嘉基公司一直致力于生产工艺的改进，1970~1988年使得废物产生量减少了50%，到2000年减少75%~80%。该公司由于采用了清洁生产的工艺技术，还取得了以下成效。①自1976年以来，每吨产品的能耗大约减少了40%；②从某些中间染料产品生产中排出的废水量减少了50%以上；③在光增白剂和杀虫剂生产中采用了闭路循环工艺，不排放废水；④采用循环利用或燃烧处理的方法，减少向大气排放有机溶剂；⑤不断减少使用有机氯溶剂；⑥将副产品废食盐净化，用作电解生产氯碱的原料；⑦硫酸的循环利用量已达60%。

加拿大：加拿大联邦环境部长政务会于1991年建立全国污染防治办公室，与工业企业共同推进“最大限度从源头削减污染物的产生与排放”的自愿创新行动。此外，该办公室还负责一个旨在推进资源减少或消除列明的有毒化学品的项目。到1996年已有100余家公司统一参加到该项目中来。加拿大自1996年起制定了为期三年的“绿色洗衣项目”，目的是设法减少并尽可能消除氯代溶剂尤其是全氯乙烯的使用，这也是安大略洗衣业主的一项志愿污染预防举措。

近年来，加拿大开展了“3R”运动，这个运动的范围相当广泛，从制订大的计划到民间组织自发的活动，形式多种多样。

德国：德国以项目实施推动清洁生产。德国政府积极出台政策支持各项清洁生产工艺，如将70%投资用于清洁工艺的工厂可以申请减税；德国积极支持清洁能源的开发，如许多地方政府对风力发电所得的每度电均有一定的补贴以鼓励风力发电；电网购买太阳能发电装置所发的电，电价远高于火电或核电电价，政府以此鼓励企业和个人进行风力及太阳能的投资与开发。德国很多地方政府都积极组织可促进清洁生产工作开展的清洁生产或环境管理项目，其中规模较大或具有典型性的有：针对企业开展的“生产过程一体化环保项目”、“生态经济盈利”，针对政府部门开展的“生态经济审核”及针对政府下属部门节能降耗开展的“现场办室”项目等。

项目1：“生产过程一体化环保项目”由政府委托成立的环境机构进行组织运作。一方面，环境机构组织企业参与“生产过程一体化环保项目”项目（参与企业以中小企业为主，即企业员工少于500人，集团公司参与程度小于50%的企业）；另一方面，这些环境机构又组织咨询研究机构对企业进行全面的环境保护技术上、管理上的咨询。企业可自选咨询机构。德国的16个州中有11个州推行了“生产过程一体化环保项目”，只有少数几个州未实行。以北威州为例，北威州开展“生产过程一体化环保项目”项目的环境机构——效益社成立于1998年，在州内许多地区均建有办事处，可随时对企业进行现场就地信息咨询服务。

项目2：“生态经济审核”是德国汉诺威市推行的一种在政府机关实行的涉及环境与安全的管理模式。从设计者的观点来看，“生态经济审核”是没有证书的ISO14001，适用于汉诺威市政府各机关及市属各企业（即政府所有企业），管理的内容是机关或企业内部的环境保护及劳动安全。因为按设计者的观念来说，劳动安全保护是广义的环境保护，避免了安全事故的发生也就同时保护了环境。这一项目没有截止期限，将一直进行下去。由市环保局进行管理模式咨询，各部门及市属企业领导参与，并任命环境管理者，由其具体进行内部体系建立及管理方面的工作。具体工作内容是节约能源、原材料并建立环境管理体系。市环保局环评办公室具体负责项目的协调领导及管理咨询工作。定期对各部门的环境管理者进行培训，并与环境管理者共同分析存在的环境问题、可能的改进潜力，根据需要组织人员对部门进行审核。汉诺威市共有23个职能机关或专业机关，均实行了“生态经济审核”管理项目，此项目在绝大部分政府部门均得到了很好的实施，截止到2004年底已有10个职能机关与专业机关经过了第一次审核。

澳大利亚：澳大利亚采取的鼓励性措施包括财政资助、补贴、奖励等手段，如对实施清洁生产的企业减免排污费、提供无息贷款，以刺激清洁生产的推行应用，并设立了“清洁生产奖”。

目前，澳大利亚已有近十所大学开办了与清洁生产相关的课程进行清洁生产理论研究和人才培训，清洁生产已进入高等教育，从而使清洁生产概念和技能的持续发展有了可靠保障。1992 年，澳大利亚制定了国家清洁生产计划。1993 年，率先在汽车工业、玻璃工业、印刷工业和塑料工业等领域进行了清洁生产试点和示范。

案例：澳大利亚 Smith 快餐有限公司是澳大利亚最大的快餐生产商。其阿德莱德工厂通过对土豆和玉米进行加工，生产出一系列产品，包括 Smith's Potato Chips，Ruffles 等品牌。南澳环保署的清洁产业示范计划（Cleaner Industries Demonstrating Scheme）为 Smith 快餐有限公司提供了 1.5 万美元的补助资金，就该公司运营对环境产生的影响进行了一项咨询研究。根据咨询报告，Smith 快餐有限公司实施了清洁生产措施。投资 3 万美元的水力旋流器中产生的水只包含极少量的污泥，污水处理的成本因此从每吨 144 美元下降到了每吨 40 美元，每年节省了 13 万美元。此外，公司还在研究各种措施对污泥和土豆皮进行消毒。为防止线虫菌危害，目前都是以深埋的方式进行处理，预计这方面的措施每年可以为公司节省 5.5 万美元的深埋费用。同时经过消毒处理的材料也可用于覆盖物或农业添加剂。

资料来源：闫敏：《国家社会推行清洁生产概况》，中国网，2005 年 1 月。

思考题：

在案例中，国外的清洁生产给我们带来什么样的启示？

一、清洁生产的内涵

问题 10：什么是清洁生产？

在一些国家，一些企业为了追求高额利润，任意向自然界排放各种有害物质，严重污染环境。特别是大气和水源的污染，造成社会公害，引起许多疾病，使人类的健康和生命受到严重威胁。因此，企业的清洁生产日益受到人们的关注和正视。

20 世纪 70 年代，美国率先提出清洁生产的思想，一经出现，便被越来越多的国家接受和实施。20 世纪 70 年代末期以来，不少发达国家的政府和各大企业集团（公司）都纷纷研究开发和采用清洁工艺（少废无废技术），开辟污染预防的新途径，把推行清洁生产作为经济和环境协调发展的一项战略措施。1992 年，联合国在巴西召开的“环境与发展大会”提出了全球环境与经济协调发展的新战略。我国政府积极响应，于 1994 年提出了“中国 21 世纪议程”，将清洁生产列为“重点项目”之一。

清洁生产是指将综合预防的环境保护策略持续应用于生产过程和产品中，以期减少对人类和环境的风险，这是一种新的、创造性的保护环境的战略措施。从本质上说，就是对生产过程与产品采取整体预防的环境策略，减少或者消除它们对人类及环境的可能危害，同时充分满足人类需要，是社会经济效益最大化的一种生产模式。

关键术语

清洁生产

清洁生产是指将综合预防的环境保护策略持续应用于生产过程和产品中，以期减少对人类和环境的风险，这是一种新的、创造性的保护环境的战略措施。从本质上说，就是对生产过程与产品采取整体预防的环境策略，减少或者消除它们对人类及环境的可能危害，同时充分满足人类需要，是社会经济效益最大化的一种生产模式。

清洁生产（Cleaner Production）在不同的发展阶段、不同的国家有着不同的叫法，例如“废物减量化”、“无废工艺”、“污染预防”等，但其基本内涵是一致的，即对产品和产品的生产过程采用预防污染的策略来减少污染物的产生，采取可持续的发展观，合理有效地利用现有的资源，提高资源的利用率，减少不必要的污染和浪费。

对生产过程而言，清洁生产包括节约原材料和能源，淘汰有毒、有害的原材料，并在全部排放物和废物离开生产过程以前，尽最大可能减少它们的排放量和毒性。对产品而言，清洁生产旨在减少产品整个生命周期中从原料的提取到产品的最终处置对人类和环境的影响。

清洁生产思考方法不同之处在于：过去考虑对环境的影响时，把注意力集中在污染物产生之后如何处理，以减小对环境的危害，而清洁生产则是要求把污染物消除在它产生之前。根据经济可持续发展对资源和环境的要求，清洁生产谋求达到两个目标：

（1）通过资源的综合利用，短缺资源的代用，二次能源的利用，以及节能、降耗、节水，合理利用自然资源，减缓资源的耗竭。

（2）减少废物和污染物的排放，促进工业产品的生产、消耗过程与环境相融，降低工业活动对人类和环境的风险。

二、清洁生产与品牌质量之间的关系

问题 11：清洁生产与品牌质量之间的关系？

（1）清洁生产的核心是"节能、降耗、减污、增效"。作为一种全新的发展战略，清洁生产改变了过去被动、滞后的污染控制手段，强调在污染发生之前就进行削减。这种方式不仅可以减小末端治理的负担，而且有效避免了末端治理的弊端，有效控制了环境的污染。便于企业在社会公众中树立良好的企业形象。

（2）清洁生产是一个系统工程，通过工艺改造、设备更新、废弃物回收利用等途径，可以降低生产成本，提高企业的综合效益，为锻造良好的品牌质量打下了基础。

（3）清洁生产强调提高企业的管理水平，提高管理人员、工程技术人员、操作工人等员工在经济观念、环境意识、参与管理意识、技术水平、职业道德等方面的素质。

（4）清洁生产可以有效改善操作工人的劳动环境和操作条件，减轻生产过程对员工健康的影响。可以加强员工对企业的归属感，培养员工良好的主人翁意识，这些都有利于为企业树立良好的品牌形象。

三、我国实施清洁生产的现状

问题 12：目前，我国实施清洁生产的现状实施是什么？

自 1993 年初我国开始清洁生产试点示范和相关研究以来，各地进行了不断探索和努力，取得了一些成绩，但是，目前清洁生产在运行机制和具体实施中还存在不少问题，清洁生产一直不能得以广泛深入实施，主要表现在：

（1）企业主动实施清洁生产的积极性不高。

（2）清洁生产审计的效果不能持久。

清洁生产在我国未能很好地实施的主要原因有四个方面：

（1）资源定价和排污收费不合理。

（2）供给驱动影响到企业等实施主体的主动性。例如我国目前清洁生产开展较好的地区均有国际合作项目的支持。

（3）缺少有效的实施清洁生产管理制度。

（4）缺乏有力的激励机制，政府推动不够。

因此，建立完善的激励机制，促进企事业单位、政府机构、社会团体等所有组织自愿、持续实施污染预防是推行清洁生产工作的关键。以市场驱动策略建立推行清洁生产激励机制，就要把拓展清洁生产市场和企业的经济效益联系起来。保证实施清洁生产的组织获得更好的经济效益。

四、在我国推进实施清洁生产的措施

问题 13：在我国，如何推进实施清洁生产？

为更好地在我国实施清洁生产，应从以下四个方面做好工作：

1. 实施产品绿色设计

企业实行清洁生产，在产品设计过程中，一要考虑环境保护，减少资源消耗，实现可持续发展战略；二要考虑商业利益，降低成本、减少潜在的责任风险，提高竞争力。具体做法：在产品设计之初就注意未来的可修改性，容易升级以及可生产几种产品的基础设计，提供减少固体废物污染的实质性机会；产品设计要达到只需要重新设计一些零件就可更新产品的目的，从而减少固体废物；在产品设计时还应考虑在生产中使用更少的材料或更多的节能成分，优先选择无毒、低毒、少污染的原辅材料替代原有毒性较大的原辅材料，防止原料及产品对人类和环境的危害。

2. 实施生产全过程控制

清洁的生产过程要求企业采用少废、无废的生产工艺技术和高效生产设备；尽量少用、不用有毒有害的原料；减少生产过程中的各种危险因素和有毒有害的中间产品；使用简便、可靠的操作和控制；建立良好的卫生规范（GMP）、卫生标准操作程序（SSOP）和危害分析与关键控制点（HACCP）；组织物料的再循环；建立全面质量管理系统（TQMS）；优化生产组织；进行必要的污染治理，实现清洁、高效的利用和生产。

3. 实施材料优化管理

材料优化管理是企业实施清洁生产的重要环节。选择材料，评估化学使用，估计生命周期是提高材料管理的重要方面。企业实施清洁生产，在选择材料时其要关心再使用与可循环性，具有再使用与再循环性的材料可以通过提高环境质量和减少成本获得经济与环境收益。实行合理的材料闭环流动，主要包括原材料和产品的回收处理过程的材料流动、产品使用过程的材料流动和产品制造过程的材料流动。

4. 遵循国家清洁生产审核

清洁生产审核既是实施清洁生产的前提和基础，也是评价各项环保措施实施效果的工具。我国的清洁生产审核分为自愿性清洁生产审核和强制性清洁生产审核。污染物排放达到国家或者地方排放标准的企业，可以自愿组织实施清洁生产审核，提出进一步节约资源、削减污染物排放量的目标。国家鼓励企业自愿开展清洁生产审核，而“双超双有”企业应当实施强制性清洁生产审核。

活动 3：能运用本节的知识，对某一品牌生产过程中的环境保护提出合理的建议。

考试链接

1. 清洁生产的内涵。
2. 清洁生产与品牌质量之间的关系。
3. 我国实施清洁生产的现状。
4. 在我国推进实施清洁生产的措施。

案例分析

宝钢，坚持发展与环保同行

宝钢是一个集冶金、化工、电力于一体的特大型钢铁联合企业。宝钢自1978年底建厂以来的20年，积极探索一条有中国特色的现代化钢铁企业生产经营与环境保护同步推进、协调发展的新路子。

1998年1月，宝钢在全国冶金企业中率先通过了国际环境管理体系标准的审核认证注册，标志着宝钢在环境管理方面达到了国际水平。

宝钢环境治理的特点是厂区面积大，物料消耗量大，“三废”产出量大，环保治理难度大，环保措施投资大。宝钢在实施环境保护战略中主要抓了“六领先”，即坚持环保目标领先、环保教育领先、环保装备领先、环保技术领先、环保管理领先和环保成果领先。

（1）坚持环保目标领先。宝钢从建厂开始，按照中央领导的要求，就明确提出高标准的环保奋斗目标，即努力创建世界一流的清洁工厂。宝钢先后以日本新日铁君津、韩国浦项等世界上工艺技术装备和环保设施指标最先进的企业为样板，认真吸取国际社会控制污染、保护环境的经验教训，在一、二、三期工程考虑建设方案的同时，认真制定与当时的现代化工艺装备相配套的完整的环保一流规划，并与各期各单元的建设项目同步设计、同步推进、同步投入运行。

（2）坚持环保教育领先。要让宝钢一流的环保目标成为全体员工共同的奋斗方向，要使环境防治变成全体员工的自觉行动，要在全体员工中大力开展环保宣传教育，为此，宝钢规定，在全体员工参加的定期员工政治轮训中，增设了环境保护和“可持续发展”的课程和内容。从1996年9月ISO14001标准正式颁布之日起，宝钢在全公司范围内，利用一切舆论工具和手段对员工进行广泛的宣传教育，在《宝钢日报》、宝钢有线电视台开设专栏，举办展览和系列讲座，组织领导和骨干专题学习等等。从而，把宝钢申请ISO14001的认证过程，变成对全体员工进行一次系统环保教育的过程，使全体员工大大增强了可持续发展观念和环保意识，提高了贯彻ISO14001标准的自觉性和积极性。如今，在宝钢逐步形成了“保护环境人人有责，治理环境家家有份”的好风气，爱护厂容、保护环境已成为每个宝钢人的应尽义务和崇高职责，创世界一流企业、走可持续发展道路已成为全体宝钢人的共识。

（3）坚持环保装备领先。宝钢一、二、三期工程总投资923亿元，其中用于环保的投资（包括绿化）高达43亿元，占总投资的4.66%。在环保投资中，重点又放在易产生污染的烧结、焦化、炼铁和炼钢单元，这些单元的环保投资分别占该单元投资的7%~15%。从国内有关统计资料中了解，宝钢的环保投资额与投资率大大高于国内同行及其他行业。

宝钢在环保上的高投入，目的是按照可持续发展战略的要求，为了最高限度地利用资源，尽可能减少废弃物的产生量，降低能耗物耗，减少对环境的污染，在提高经济效益的同时，大大改善生态环境。宝钢以此为指导思想，在工程设计和环保规划中，积极采取国际上先进的综合防治方案，参照西方发达国家的环保标准，大力采用世界上最先进、高效的环保设备，以达到最佳的环保效果。宝钢一期工程在引进先进的技术装备的同时，也引进了中国钢铁企业第一套环境自动监测系统。这套监测系统每天24小时对厂内主要大气污染源、排水泵站的排放水质、厂界噪声和气象参数以及厂区外围大气质量，进行连续自动测定并集中监视和管理，较好地体现了国际上综合防治污染的先进水平。

（4）坚持环保技术领先。宝钢从工艺设计开始，就注意采用最新的生产工艺，无污染或少污染的工艺，尽量能节约，回收资源和减少污染物排放量的先进生产工艺和环保工艺技术。例如对焦炉采用无烟装煤、无烟出焦、干法熄焦工艺，基本上消除烟气、粉尘的排放；对转炉采用OG法处理回收烟气，消除了烟尘污染；将焦炉、转炉、高炉煤气全部回收利用，按热值计算，每年相当于回收300多万吨标煤；在全厂给排水系统，采用世界上先进的分类供水、局部循环，串接使用的供水方式，使水循环率高达95%以上，大大降低了新水的消耗量和工业废水的排放量，这样的设计技术使宝钢高炉和转炉两大用水系统形成了工业废水的零排放。

宝钢十分重视“三废”的研究、开发和综合利用。20年来，先后开展了粉煤灰、高炉干渣、水渣、钢渣、废氧气、废油和石灰焙烧废气中二氧化碳等废资源的回收、净化、再生和深加工的项目和产品。千方百计变废为宝，减少污染，净化环境，增加效益，造福后代。

(5) 坚持环境管理领先。为了加强领导，宝钢专门成立了集团公司经理任组长、各主要管理部处和各生产厂行政一把手组成的环保综合治理领导小组。每年召开两次环保工作会议，制定环保方针、政策，审定有关环保制度和工作规划，研究环保措施，落实环保任务，下达环保指标，使环保管理成为宝钢企业管理的一个重要组成部分。

(6) 坚持环保成果领先。巨大的投入、辛勤的耕耘加上科学的防治和严格的管理，必定会结出丰硕的成果。凡是到宝钢参观过的人共同的感受是，宝钢是个大花园，清洁、美丽。这既是宝钢人的骄傲，也是中国人的自豪。宝钢的环保实践充分证明，任何工业企业只要思想重视，努力投入，严格管理，是能够做到生产、环保同步协调发展的。

现在，宝钢人爱宝钢，爱宝钢优美的环境，大家在这样的环境下工作心情舒畅、精力充沛、干劲实足。如今，宝钢 17.76 平方公里的厂区里绿化面积为 677 万平方米，绿化率高达 38.12%。上海市园林专家测算，宝钢现有绿地树林，每年产生的生态效益为 1.18 亿元。这几年，宝钢在年年取得生产经营优异业绩的同时，先后获得了“上海市绿化先进企业”、“上海市环境卫生先进单位”、“上海市资源综合利用先进企业”、“上海市花园单位”、“上海市文明单位”、“全国部门造林绿化 300 佳单位”、“全国绿化先进单位”和“全国环境保护先进单位”等称号，彻底改变了传统钢铁工业发展生产与污染环境难舍难分的弊端和“傻、大、黑、粗”的形象，树立起现代化钢铁工业花园式工厂的崭新面貌。宝钢初步建成了可与世界一流钢铁企业媲美的具有国际先进水平的清洁工厂，为国争了光。

资料来源：白光：《品牌文化——中外品牌案例》，中国时代经济出版社，2005 年。

问题讨论：

组织同学一起讨论，看看能从宝钢做法中得到什么样的启示？

本章小结

伴随着社会经济的持续发展，人们越来越认识到环保的重要性，企业也把环保纳入了品牌战略之中。

绿色品牌包括四个相互联系、不可分割的内容：①品牌产品生产消费对资源和能源的消耗最小；②品牌产品消费过程产生的废弃物和污染物最小；③品牌产品消费结果不危害消费者或他人的健康；④品牌产品消费结果不会危及人类后代的需求。这里的绿色品牌的内涵已不仅包含产品的消费结果，而且延伸到产品的生产、消费等过程。

安全生产是为了使生产过程在符合物质条件和工作秩序下进行，防止发生人身伤亡和财产损失等生产事故，消除或控制危险、有害因素，保障人身安全与健康、设备和设施免受损坏、环境免遭破坏的总称。

安全生产对企业的发展有着重大的意义。安全有效的生产可以减少企业不必要的经济损失，为企业经济稳定发展提供保证和支持。安全生产的经济效益与其他生产经营活动的经济效益相比有一定的特殊性，它不仅可以减少因事故造成的人身伤亡及善后处理支出的费用和毁坏财产的价值，保持企业生产秩序的稳定和职工队伍的稳定，还可以为企业树立良好的社会形象，带来一定的品牌效应。

清洁生产是指将综合预防的环境保护策略持续应用于生产过程和产品中，以期减少对人类和环境的风险，这是一种新的、创造性的保护环境的战略措施。从本质上说，就是对生产过程与产品采取整体预防的环境策略，减少或者消除它们对人类及环境的可能危害，同时能够充分满足人类需要，是社会经济效益最大化的一种生产模式。

推行精细化管理是做好安全生产的关键

一、精细化管理是提升安全管理水平的必由之路

精细化管理的内涵：精确定位、合理分工、细化责任、量化考核。精确定位就是指对每个部门、每个岗位的职责都要定位准确，对每个系统的各道工序和各个环节都要规范清晰、有机衔接；合理分工是指细分工作职责和办事程序，从而建立制衡有序、管理有责、高效运行的内部管理系统；细化目标是指通过对各业务部门的责任细化，建立完善的内部管理制度；量化考核是指将各部门的经营目标量值化，经济责任具体化，对运行行为与结果进行控制的过程，考核时做到定量准确，考核及时，奖惩兑现。

二、推进安全生产精细化管理，应抓好“四个环节”

（一）转变观念，做到事事有安排

在推进安全生产精细化管理过程中，管理者必须认识到位。一要转变观念，树立推进安全生产精细化管理的决心和信心。二要转变作风。严密控制各个工作环节，理顺工作过程，细分工作职责，明确目标任务，对每项工作、每个任务，都要安排到人，安排到位，不留任何死角和盲点，做到事事有安排。三要加强学习。管理人员必须不断加强学习，提高安全生产精细化管理知识和专业技能知识，成为管理高手和本专业的内行，才能在安排工作中做到科学合理，细致周到，有利于工作任务的完成。

（二）完善制度，做到事事有标准

管理制度是员工在工作生产中共同遵守的规定和准则，如果没有统一的规范性的管理制度，单位就不可能正常运行。因此，要保证单位安全生产的规范化和精细化运作，必须具备规范的、精细的管理制度和工作标准，才能依据相应的规章制度判断工作结果是否符合制度和标准要求。

（三）强化责任，做到事事有人管

责任是推动各项规章制度和任务落实的上方宝剑，如果没有把责任明确到每个人身上，则每个人身上都无约束、无压力、无动力，容易导致推诿扯皮、不了了之。因此，要顺利完成各项工作，必须强化责任，通过建立完善的安全生产岗位责任制和各项工作的量化分解，使每个岗位都有责任、各项工作层层分解，实现从部门、班组到个人都权责清晰、责任明确。

（四）严格奖惩，做到事事有考核

要通过考核、奖励、处罚等手段，引导、培育、推进安全生产精细化管理。如果只是一味地要求大家管理精细化，但在考核方面、激励方面没有先行一步，与精细化接轨，就必然导致精细化落不到实处。

总之，在安全生产工作中，想要牢牢把握安全工作的主动权，消除每个薄弱环节、每个细节的事故苗头，彻底消除不安全死角，唯一途径就是大力推进安全生产精细化管理。通过转变观念、完善制度、强化责任、严格考核，形成一个持续推进、循环往复的过程。由此可见，推进精细化管理是促进安全生产工作的关键和最有效、最根本的途经。

知识拓展

低碳经济

伴随着生物质能、风能、太阳能、水能、化石能、核能等的使用，人类逐步从原始文明走向农业文明和工业文明。而随着全球人口和经济规模的不断增长，能源使用带来的环境问题及其诱因不断地为人们所认识，不只是烟雾、光化学烟雾和酸雨等的危害，大气中二氧化碳浓度升高将带来的全球气候变化，也已被确认为不争的事实。在此背景下，“低碳足迹”、“低碳经济”、“低碳技术”、“低碳发展”、“低碳生活方式”、“低碳社会”、“低碳城市”、“低碳世界”等一系列新概念、新政策应运而生。而能源与经济以至价值观实行大变革的结果，可能将为逐步迈向生态文明走出一条新路，即摒弃20世纪的传统增长方式，直接应用新世纪的创新技术与创新机制，通过低碳经济模式与低碳生活方式，实现社会可持续发展。作为具有广泛社会性的前沿经济理念，低碳经济其实没有约定俗成的定义，其涉及广泛的产业领域和管理领域。

低碳经济（Low-carbon Economy）的特征是以减少温室气体排放为目标，构筑低能耗、低污染为基础的经济发展体系，包括低碳能源系统、低碳技术和低碳产业体系。低碳能源系统是指通过发展清洁能源，包括风能、太阳能、核能、地热能和生物质能等替代煤、石油等化石能源以减少二氧化碳（CO_2）排放。低碳技术包括清洁煤技术（IGCC）和二氧化碳捕捉及储存技术（CCS）等。低碳产业体系包括火电减排、新能源汽车、节能建筑、工业节能与减排、循环经济、资源回收、环保设备、节能材料等。

低碳经济有两个基本点：①它是包括生产、交换、分配、消费在内的社会再生产全过程的经济活动低碳化，把二氧化碳（CO_2）排放量尽可能减少到最低限度乃至零排放，获得最大的生态经济效益；②它是包括生产、交换、分配、消费在内的社会再生产全过程的能源消费生态化，形成了低碳能源和无碳能源的国民经济体系，保证生态经济社会有机整体的清洁发展、绿色发展、可持续发展。在一定意义上说，发展低碳经济就能够减少二氧化碳排放量，延缓气候变暖，所以就能够保护我们人类共同的家园。

发展低碳经济，一方面是积极承担环境保护责任，完成国家节能降耗指标的要求；另一方面是调整经济结构，提高能源利用效益，发展新兴工业，建设生态文明。这是摒弃以往先污染后治理、先低端后高端、先粗放后集约的发展模式的现实途径，也是实现经济发展与资源环境保护双赢的必然选择。

企业既是全社会推行低碳消费方式的“瓶颈”，也是“桥梁”。“瓶颈”是指企业是能源消费和碳排放大户，由于社会低碳消费意识的增长，低碳消费方式作为价值考量标准，促使企业不得不进行技术革新，降低能耗、提高资源的利用率，实行环境友好的排放方式。实现企业生产性消费的低碳化是一项长期、艰巨的任务，需要企业具有减排的社会责任意识并投入资金和人力资源，通过技术创新降低企业单位能源消费量的碳排放量，最终实现企业生产消费过程中能源结构趋向多元化和产业结构升级。“桥梁”是指企业也是低碳消费产品的提供主体，是联系低碳生产性消费和低碳非生产性消费的桥梁。低碳消费方式作为一种新的经济生活方式，给经济发展和企业经营带来新的机遇。只有企业提供了低碳节能的消费品，使公众在超市或其他商场购买产品时根据低碳化程度有所选择，才能有更广泛、更深入地推行全民低碳消费方式的物质基础。

资料来源：国务院新闻办公室：《中国应对气候变化的政策与行动》，2008 年 10 月。

答 案

第一节：

海尔的绿色战略包括了从设计到回收的一整套绿色体系。海尔在节能减排方面成为中国家电企业的标杆，并从 2005 年开始向社会发布环境报告白皮书。截至 2007 年底，其 34 个主导产品事业部全部完成清洁生产审核，全面建成绿色生产体系，每年的直接经济效益达 5000 余万元，减少排放废水 15 万吨、COD 300 多吨。

海尔还主动引导消费者的绿色消费理念，推出了节能环保冰箱、洗衣机、空调、冷柜、油烟机等产品，成为国内通过节能认证产品系列最多、规格最全的企业。例如，海尔早在 1997 年就在国内率先全面实现了冰箱无氟化生产，迄今已生产无氟冰箱逾 4500 万台，累计节电超过三峡工程一年的发电量。

海尔还在国内率先建成了 5500 平方米的国家级废旧家电回收处理示范基地，已回收各类废旧家电 38 万多台。该基地还有在建面积 2 万平方米，其后期处理能力将达到每年 60 万台套，并将开放为更多企业和用户服务。

第二节：

在我国应从以下几个方面加强企业的安全生产：①在企业内部树立起安全生产的意识；②通过完善监督机制来落实企业的安全生产；③打造企业内部的安全生产链。

第三节：

国外清洁生产的情况，对我们有以下启示：

（一）以宏观经济政策为保障

推行清洁生产首先需要制定和完善鼓励企业技术进步，开展清洁生产的宏观经济政策。

（1）对于企业技术进步和推行清洁生产，财政必须给予必要的资金保障。

（2）对于推行清洁生产和技术进步较多的企业，仍然要在税收减免方面给予优惠。

（3）企业推行清洁生产和技术进步，应当充分利用国际、国内两个市场，采取直接融资和间接融资两种方式，调动政策性银行和商业银行的积极性。

（4）制定以加速企业推行清洁生产，推进技术进步为目标的新的折旧制度，刺激企业的技术改造和运用新技术、新设备。

（5）在人才方面鼓励研究机构和高校的科技人员流向企业，开展技术创新，推行清洁生产，并给予一定的优惠条件。

（二）转变观念与机制

使企业真正成为推行清洁生产、研究开发与技术创新的主体，重视企业研究开发的经济功能，把研究开发、推行清洁生产作为企业生产过程的重要组成部分和企业发展的动力源。为此需要认真做到四点。

（1）转变观念，在生产方式上变过去的“要素投入粗放型”为“技术进步主导效益型”。

（2）积极促进股份制、股份合作制为主要内容的企业经营机制转换，明确产权关系，通过企业交叉持股等形式促使各企业及时采用新技术、新设备，并推行清洁生产，不断降低成本，提高效益。

（3）尽快制订《企业技术进步法》、《清洁生产法》。

（4）加强企业新技术（包括清洁生产技术）、新产品的开发能力。

案例分析：

略（查阅相关材料，结合本章知识进行概括）。

第十章 企业社会责任与品牌

学习目标

知识要求 通过本章的学习，掌握：

- 企业社会责任的含义及内容
- 企业社会责任报告的内涵
- 企业履行社会责任的品牌意义
- 企业社会责任实施策略
- 企业社会责任报告的编写与发布

技能要求 通过本章的学习，能够：

- 对企业社会责任与品牌的关系有一个总体了解
- 掌握企业社会责任的编写与发布
- 了解企业社会责任的实施策略，能分析出影响品牌信誉的隐含要素

学习指导

1. 本章的主要内容：企业社会责任的含义及内容、企业社会责任的品牌意义、企业社会责任的事实策略、企业社会责任书的编写与发布等。

2. 学习方法：掌握最基本的理论，结合案例理解概念，并进行知识延伸和讨论活动等。

3. 建议学时：8 学时。

第一节 企业社会责任的含义与内容

引导案例

中国企业社会责任百家优秀企业：吉利集团

浙江吉利控股集团有限公司是中国汽车行业十强中唯一一家民营轿车生产经营企业，始建于1986年，经过多年的建设与发展，在汽车、摩托车、汽车发动机、变速器、汽车电子电气及汽车零部件方面取得辉煌业绩。特别是1997年进入轿车领域以来，凭借灵活的经营机制和持续的自主创新，取得了快速的发展，资产总值超过90亿元，连续三年进入全国企业500强，被评为“中国汽车工业50年发展速度最快、成长最好的企业”，跻身于国内汽车行业十强。吉利集团在坚持为发展自主品牌而不懈努力的同时，并致力于回报社会。

1. 吉利对企业社会责任的理解

把企业的社会责任片面地理解为慈善是不正确的，吉利认为，企业的首要社会责任是经济责任，即“把企业做好”，让企业得到健康、快速的发展，并可持续发展；其次是法律责任，即企业要守法经营，如照章纳税、合法用工等；再次是道德责任，即企业应该努力使其运营活动、产品及服务不会主动对外界造成放任的消极影响，如积极提高汽车的排放水平；最后才是慈善责任，如公益、环保、慈善、教育、文化等。

2. 吉利对企业社会责任的态度

吉利认为，履行好企业的经济责任、法律责任是义不容辞的，即使是对于企业的道德责任、慈善责任，吉利也是热心、热情、热烈地参与，吉利仅用于慈善方面的捐赠就达人民币3.73亿元（含实物折算）。

吉利认为，慈善捐赠不是企业的负担，而是履行企业社会责任中的道德责任、慈善责任可以转化为一种企业发展的机会，例如吉利出产的无障碍出租车英伦TX4，极大地解决了轮椅人士出行难的问题，并在北京奥运会前夕、广州亚运会前夕分别投入使用，广受好评。

当然，除了直接的市场机会外，一个长期奉公守法、善待社会、勇于承担社会责任的企业还可以提升自己的形象，增加无形资产，这对于企业长远发展所带来的益处是难以估量的。

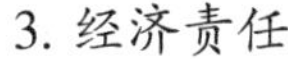

3. 经济责任

企业良性快速发展是企业履行其首要社会责任"把企业办好"的集中体现。到 2010 年底，吉利的资产总值预计达 330 亿元，为战略转型前的 2006 年的 3.2 倍；2010 年吉利汽车的销售收入预计可达 210 亿元左右，为 2006 年的 2.3 倍；2010 年吉利的利税预计为 32 亿元，约为 2006 年的 2.1 倍。

同时，吉利在全国战略布局、研发与技术突破、零部件配套体系建设、国际化、品牌建设等方面都有重大突破，新吉利、大品牌、国际化的一个大型汽车企业开始屹立在东方，100%收购沃尔沃轿车后，吉利被冠以"中国第一个跨国汽车公司"的称号。

4. 兴办教育

2007 年，吉利创办了中国第一所民办研究生院，即浙江汽车工程学院。同年，吉利与同济大学进行高层次（研究生）合作办学，吉利—同济汽车工程研究院横空出世。其实，20 世纪 90 年代末，几乎和盖汽车厂房同步，吉利在临海划地建校，办起了培养专业技工的"浙江吉利技师学院"、"浙江吉利汽车工业学校"等职业学校。

到目前为止，吉利旗下的民办学校在校学生已达 4 万余人，成为国家公办教育的重要补充，为社会承担了一份重大的责任。

5. 响应党中央和政府的号召、促进就业

响应国家"西部大开发"、"中部崛起"战略，在甘肃兰州、湖南湘潭分别建立起整车生产基地，在重庆建立了变速箱厂。吉利在国内多个地方建立了整车生产基地、相关零部件制造基地，这都属于技术密集、资金密集、知识密集的产业，而且整车厂是龙头企业。这些工厂的建立，对于促进当地的产业转型升级、扩大就业、增加当地财政收入等都具有十分积极的作用。

目前，吉利的员工总数超过了 13000 人，几乎是 2007 年底的两倍，大量不同层次的人才在吉利有了施展才华的广阔舞台。

6. 节能环保

吉利一方面不断提高汽车的排放标准；另一方面尽可能地采用环保材料，如各种环保的内饰材料应用使得吉利新车很清新，几乎没有什么味道。帝豪 EC7 的涂料是水性涂料，这种涂料即使喝下去也不会对人体造成损害。

吉利不但在产品本身追求节能环保，而且积极动员并实施全员、全过程节约资源，通过各种宣传渠道和培训使得清洁生产理念深入人心。

吉利创建了以"增强员工节能环保意识，降低办公消耗"为主题的绿色办公活动，特制定并颁发了《浙江吉利控股集团有限公司绿色办公管理办法》，从应用节能产品、节电、节油、节水、节材、资源重复利用等方面提出具体要求，倡导节约资源的办公习惯，开展资源循环利用活动。

7. 慈善责任

在胡润百富发布2007中国慈善家榜上，吉利集团董事长李书福以2.78亿元的捐赠额位居2007胡润慈善排行榜第七位，是中国最慷慨的慈善家之一。除了吉利用于慈善方面的捐赠3.73亿元人民币（含实物折算）之外，吉利员工为社区、社会进行义务劳动、无偿献血则是经常性的。在2008年的汶川大地震中，吉利集团的捐赠近1600万元；在青海玉树地震中捐款2200万元。除此之外，在助学贫困学子、助残助老、体育文化事业中吉利集团都做出了突出的贡献。

正如，吉利集团董事长李书福所说：一个没有社会责任心的企业，最终会被市场无情抛弃，这样的企业是不可能实现永续经营的。

资料来源：《中国企业社会责任百家优秀企业：吉利集团》，凤凰网，2011年1月。

思考题：

为什么一个没有社会责任心的企业，最终会被市场无情抛弃？

一、企业社会责任的内涵

问题1：什么是企业社会责任？

企业社会责任（Corporate Social Responsibility，CSR）是指企业在创造利润、对股东承担法律责任的同时，还要承担对员工、消费者、社区和环境的责任。企业的社会责任要求企业必须超越把利润作为唯一目标的传统理念，强调生产过程中对人的价值的关注，强调对消费者、对环境、对社会的贡献。

关键术语

企业社会责任

企业社会责任（Corporate Social Responsibility，CSR）是指企业在创造利润、对股东承担法律责任的同时，还要承担对员工、消费者、社区和环境的责任。

企业社会责任思想的起点是亚当·斯密（Adam Smith）的“看不见的手”。古典经济学理论认为，一个社会通过市场能够最好地确定其需要，如果企业尽可能高效率地使用资源以提供社会需要的产品和服务，并以消费者愿意支付的价格销售它们，企业就尽到了自己的社会责任。随着经济和社会的进步，企业社会责任的内涵也在不断发生着变化，现代的企业社会责任包括三个方面：

（1）在强劲的收益率基础上为客户提供价值，尊重和保护员工，与相关利益方合作。

（2）坚持依法纳税，可持续发展，不破坏环境。

（3）强化人文关怀的价值观，为社区和更广泛区域的人服务，重视企业在非商业层面的社会贡献。

二、企业社会责任的 SA8000 标准

问题 2： 什么是企业社会责任的 SA8000 标准？

SA8000 标准是根据《国际劳工组织公约》，以及《世界人权宣言》和《联合国儿童权益公约》制定的全球首个道德规范国际标准，1997 年 10 月公布。其宗旨是确保供应商所提供的产品，皆符合社会责任标准的要求。SA8000 标准适用于世界各地、任何行业、不同规范的企业。

SA8000 的核心要求是企业在赚钱的同时也要承担对环境和利益相关者的责任。它的宗旨是“赋予市场经济人道主义”。SA8000 标准的主要内容如下：

（1）公司不应使用或者支持使用童工。

（2）公司不得使用或支持使用强迫性劳动，也不得要求员工在受雇起始时缴纳“押金”或寄存身份证件。

（3）公司任何情况下都不能经常要求员工一周工作超过 48 小时，每周加班时间不超过 12 小时，应保证加班能获得额外津贴。

（4）公司支付给员工的工资不应低于法律或行业的最低标准，必须足以满足员工基本需求，对工资的扣除不能是惩罚性的。

（5）为所有员工提供安全卫生的生活环境，包括干净的浴室、洁净安全的宿舍、卫生的食品存储设备等。

SA8000 在一定程度上体现了“以人为本”的理念，通过制定和推广严格的劳工标准，关注社会弱势群体，改善劳工在与资本相互关系中的不利地位。SA8000 配备有相应的证书认证和监督机制，是一套可被第三方认证机构审核的国际标准。

在企业的层面上推行 SA8000，可以规范企业的日常管理，丰富、合理化经营目标。具体来说，表现在减少国外客户对供应商的第二方审核，节省费用；更大程度地符合当地法规要求；建立国际公信力；使消费者对产品建立正面情感；使合作伙伴对本企业建立长期信心。

三、企业社会责任包含的内容

问题 3：企业社会责任包含哪些内容?

对于一个企业应担负起哪些方面的社会责任，众说纷纭。全国政协常委、国务院参事任玉岭建议，应从以下几个方面来确立我国企业的社会责任标准：

1. 承担明理、诚信，确保产品货真价实的责任

由于种种原因造成的诚信缺失正在破坏着社会主义市场经济的正常运营。由于企业的不守信，造成假冒商品随时可见，消费者因此而造成的福利损失每年约 2500 亿~2700 亿元，占 GDP 比重的 3%~3.5%。很多企业因商品造假的干扰和打假难度过大，导致企业难以为继，岌岌可危。为了维护市场的秩序，保障人民群众的利益，企业必须承担起明理、诚信，确保产品货真价实的社会责任。

2. 承担科学发展与交纳税款的责任

企业的任务是发展和盈利，并担负着增加税收和国家发展的使命。企业必须承担起发展的责任，搞好经济发展，要以发展为中心，以发展为前提，不断扩大企业规模，扩大纳税份额，完成纳税任务，为国家发展作出大贡献。但是这个发展观必须是科学的，任何企业都不能只顾眼前，不顾长远，也不能只顾局部，不顾全局，更不能只顾自身，而不顾友邻。所以无论哪个企业，都要高度重视在“五个统筹”的科学发展观指导下的发展。

3. 承担可持续发展与节约资源的责任

中国是一个人均资源特别紧缺的国家，企业的发展一定要与节约资源相适应。企业不能顾此失彼，不顾全局。作为企业家，一定要站在全局立场上，坚持可持续发展，高度关注节约资源。要下决心转变经济发展方式，发展循环经济、调整产业结构。尤其要响应中央号召，实施“走出去”的战略，用好两种资源和两个市场，以保证经济的运行安全。这样，我们的发展才能持续，再翻两番的目标才能实现。

4. 承担保护环境和维护自然和谐的责任

随着全球和我国的经济发展，环境日益恶化，特别是大气、水、海洋的污染日益严重。野生动植物的生存面临危机，森林与矿产过度开采，给人类的生存和发展带来了很大威胁，环境问题成了经济发展的“瓶颈”。为了人类的生存和经济持续发展，企业一定要担当起保护环境维护自然和谐的重任。

5. 承担公共产品与文化建设的责任

医疗卫生、公共教育与文化建设，对一个国家的发展极为重要。特别是公共教育，对一个国家的脱除贫困、走向富强就更具有不可低估的作用。医疗卫

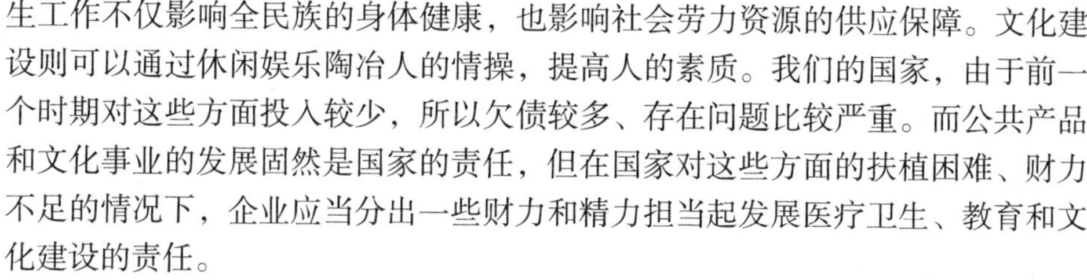

生工作不仅影响全民族的身体健康，也影响社会劳力资源的供应保障。文化建设则可以通过休闲娱乐陶冶人的情操，提高人的素质。我们的国家，由于前一个时期对这些方面投入较少，所以欠债较多、存在问题比较严重。而公共产品和文化事业的发展固然是国家的责任，但在国家对这些方面的扶植困难、财力不足的情况下，企业应当分出一些财力和精力担当起发展医疗卫生、教育和文化建设的责任。

6. 承担扶贫济困和发展慈善事业的责任

虽然我们的经济取得了巨大发展，但是作为一个有 13 亿多人口的大国还存在很多困难。特别是农村的困难就更为繁重，更有一些穷人需要扶贫济困。这些责任固然需要政府去努力，但也需要企业为国分忧，参与社会的扶贫济困。为了社会的发展，也是为企业自身的发展，我们的广大企业，更应该重视扶贫济困，更好承担起扶贫济困的责任。

7. 承担保护员工健康和确保员工待遇的责任

人力资源是社会的宝贵财富，也是企业发展的支撑力量。保障企业员工的生命、健康，确保员工的工作与收入待遇，这不仅关系到企业的持续健康发展，而且也关系到社会的发展与稳定。为了应对国际上对企业社会责任标准的要求，也为了使中央关于“以人为本”和构建和谐社会的目标落到实处，我们的企业必须承担起保护员工生命、健康和确保员工待遇的责任。作为企业，要坚决作好遵纪守法，爱护企业的员工，搞好劳动保护，不断提高工人工资水平和保证按时发放。企业要多与员工沟通，多为员工着想。

8. 承担发展科技创新和自主知识产权的责任

当前，就总的情况看，我国企业的经济效益是较差的，资源投入产出率也十分低。为解决效益低下问题，必须要重视科技创新。通过科技创新，降低煤、电、油、运的消耗，进一步提高企业效益。改革开放以来，我国为了尽快改变技术落后状况，实行了拿来主义，经济发展走了捷径。但时至今日，我们的引进风依然越刮越大，越刮越严重，很多工厂几乎都成了外国生产线的博览会，而对引进技术的消化吸收却没有引起注意。因此，企业要高度重视引进技术的消化吸收和科技研发，加大资金与人员的投入，努力做到创新以企业为主体。

9. 保护股东和债权人利益的责任

企业的一些经营决策可能为大股东或实际控制人操纵，企业成为他们为自身谋取利益的工具。企业的社会责任不仅要求企业对一般的企业外部的社会主体负责，更直接地要求企业保护同是社会的一部分的中小股东和企业的债权人。具体体现在企业在采取重大行动时禁止关联交易、及时向社会公众披露有关信息。

活动 1：对我国著名企业的企业社会责任履行程度进行一次对比分析，并做一个对比分析表。

考试链接

1. 企业社会责任的内涵。
2. 企业社会责任的 SA8000 标准。
3. 企业社会责任的内容。

第二节　企业履行社会责任的品牌意义

引导案例

企业社会责任的重要性

国内市场销量超过可口可乐的红色罐装王老吉凉茶遭遇“添加门”。在卫生部 2008 年 5 月 11 日的例行新闻发布会上，有中国香港记者提问，王老吉添加的夏枯草是否属卫生部公布的允许食用的药材名单。该名记者还称，“王老吉是一个食品的批号，但是它宣传的是特殊功效，是否得当？”中国疾控中心营养与食品安全所常务副所长严卫星现场回应：“关于王老吉凉茶的问题，因为《食品安全法》已经规定，既是食品又是药品的名单是卫生部公布的。卫生部过去也发布过这样的名单，的确王老吉中的有些成分和原料不包括在内。”严卫星称，目前卫生部正在组织清理在食品中添加的各种各样的物质。该消息一传出，媒体竞相报道。一石激起千层浪，王老吉转瞬间被推到舆论的风口浪尖。网络媒体调查显示，有很大一部分网民认为王老吉应该下架或召回产品。王老吉品牌看似命悬一线。

但是吉人自有天相，王老吉的命运在第四天即峰回路转。5 月 14 日，卫生部正式回应，对这场食品安全风波做出了最权威的表态——王老吉凉茶是依法备案和销售的产品，食用绝对安全。卫生部表示，王老吉凉茶是依据《食品卫生法》和《禁止食品加药卫生管理办法》等有关规定依法备案和销售的产品。卫生部这一表态，将身陷囹圄的王老吉彻底解救出来。

王老吉品牌在短短四天之内经历了从地狱到天堂的“生死时速”。表面来看，这次危机事件的导火索是中草药夏枯草，而中国消费者对于夏枯草清热去火的功效比较熟知，相对而言容易接受。加之卫生部很快出面澄清此事，以至于王老吉幕后的策划精英们轻而易举实施了网络公关和危机公关。其实不然，究其深层原因，挽救王老吉于危难之中的不是其精心策划，而是其自身长期以来因为积极承担社会责任而建立起来的良好企业形象。

百年老店王老吉一直以来注重慈善公益行动，积极承担社会责任。其品牌形象的高速提升得益于2008年抗震救灾1亿元的慷慨解囊。2008年5月18日晚，央视举办的“爱的奉献——2008抗震救灾募捐晚会”上，拥有红色罐装王老吉商标使用权的加多宝集团一口气捐出1亿元人民币，成为国内单笔最高捐款。这一壮举让国内许多知名地产商和赖捐企业顿显尴尬。王老吉的爱心义举得到了广大消费者的积极拥护，几乎一夜间各大超市的王老吉货架缺货，全国缺货，这在中国饮料史上史无前例。网络上的口号也流传开来：怕上火喝王老吉，爱国就喝王老吉；要捐就捐一个亿，要喝就喝王老吉！正所谓得道多助、失道寡助，成千上万的忠实拥趸成为了王老吉品牌化解危机的坚强后盾。

此次王老吉身陷囹圄的四天里，舆论中的各方观点直面交锋，各种力量胶着博弈。但有一种“挺王”力量始终占据主流，这就是：理解王老吉、相信王老吉、支持王老吉。以新华网为例，自王老吉事件以来相继刊发或转发了多篇相关报道、评论，例如《卫生部：王老吉所含部分成分确不在允许食用之列》、《王老吉陷入“添加门”怪谁》、《王老吉被推上“浪尖”》、《广东食品协会称王老吉添加物不违规》、《一把夏枯草尴尬了王老吉》、《王老吉错了，错在不说》等。但只要点击每一篇文章结尾的“查看评论”，我们就会惊奇地发现，绝大部分网民对于王老吉表示出相当的理解、高度的信任和积极的支持。例如：“王老吉我们家都喝快一年了没有什么不好呀，卫生部有本事去打击垃圾饮料可乐去呀，对自己的同胞使坏是男人干的缺德事吗?”“我妈妈说：夏枯草是一种很好的中药，可以治疗很多病，如淋巴癌等，没有病吃了对身体也没有什么坏处的。”“王老吉，我们应该支持它，大家不要忘记2008年它给四川灾区人民捐的1亿元，做人不能忘恩，更不能卸磨杀驴!”“莫要折腾民族品牌！传统文化保护势在必行!”“有夏枯草是真的吗？我马上去买王老吉!”新华网还发表了评论员倪小林的文章《由王老吉事件谈保卫中国凉茶》，把王老吉提到了中国凉茶代表的高度，同样迅速得到众多网友的支持。一个品牌出现负面新闻后，广大网民如此积极主动为其辩解、出谋划策，这在当今消费市场来说，不说绝无仅有，至少也是凤毛麟角。王老吉事件与不久前出现的“多美滋迷雾”、“特仑苏OMP事件”相比，消费者的不同态度简直就是冰火两重天。

王老吉挺过"添加门"，经历四天"生死时速"，最终逃离劫难。这不仅是危机公关的威力，更是品牌形象的威力。王老吉良好的企业社会责任担当塑造良好的品牌形象，得到了广大消费者的积极拥护。品牌是舟，消费者是水。水可以载舟，亦可以覆舟。假如那些信誓旦旦沽名钓誉被曝光的"赖捐"企业一旦出现类似危机，其结局可想而知。

资料来源：《企业社会责任的重要性》，中公教育网，2009年8月。

思考题：

想想王老吉能从"添加门"挺过来的深层原因。

一、企业履行社会责任与品牌之间的关系

问题4：企业较好地履行社会责任对企业品牌的构建有什么影响？

真正的品牌信誉是建立在高尚的企业社会责任之上的，企业只有认真肩负起社会责任，做合格的"企业公民"，才能构成公司更高层次的品牌信誉。社会责任对企业的品牌构筑有着重要的意义。主要表现在以下三个方面：

1. 承担社会责任的企业也一定会赢得更多发展的机会

因为承担社会责任，可以为企业赢得良好的社会信誉。承担社会责任的企业一定是诚信的企业。它们为顾客着想，提供优质服务、优质产品，让消费者满意，从而赢得顾客对企业的信赖，在顾客中树立起良好的企业形象。而良好的社会形象是企业生存和发展的重要条件，良好的声望有助于企业吸引顾客、投资者、潜在员工和商业伙伴。今天，越来越多的消费者不仅对他们所购买的产品和服务感兴趣，而且对提供这些产品和服务的企业的行为感兴趣。毫无疑问，公益活动事业的参与对企业自身的发展有着积极的影响。

2. 承担社会责任，可以增强企业的竞争力

现代企业的竞争已不仅仅是市场份额的竞争、产品的竞争或品牌的竞争，更重要的是服务的竞争以及企业形象的竞争。企业承担社会责任使企业在公众心目中建立起良好的口碑。企业竞争归根到底是人才的竞争，而承担社会责任的企业保障工业健康和安全标准，施行以人为本的管理理念，有助于劳动者自我价值的实现。企业行为遵循"人高于一切"的价值观，员工是企业最为重要的资产，他们被信赖，并受到尊重，从而有利于发挥人的积极性和创造性，在公平的环境中发挥其最大的工作效率，提高企业的劳动生产率和企业的整体竞争力。

3. 承担社会责任，将促进企业的可持续发展

企业承担社会责任有利于企业创造更广阔的生存环境，如提高企业员工的

责任感、主动性和创造性，有助于企业生产活动的有序进行，使决策者和经营者具有更大的灵活性和自主性；有利于获得相关企业的信任、合作与帮助，有助于得到政府的信任而更多地得到政府的优惠政策。同时企业承担社会责任也是一种长期的促销手段，一种长期吸引顾客的广告形式，从而能够长期、稳定地获得大量的客户。所有这一切都为企业的可持续发展创造了条件。

二、企业社会责任与企业文化之间的关系

问题 5：企业社会责任与企业文化之间的关系？

企业文化是一个组织由其价值观、信念、仪式、符号、处事方式等组成的其特有的文化形象，被组织成员认为有效而共享，并且共同遵循的基本信念和认知。企业文化以最大限度调动企业员工的积极性和潜在能力，将企业内各种力量聚集于共同的指导思想和经营哲学之下，齐心协力地实现企业目标。企业文化集中体现了一个企业经营管理的核心主张，是一个企业的灵魂。

企业社会责任是一个综合性的概念，它是指企业应该承担的，以利益相关者为对象的，包含经济责任、社会责任和环境责任在内的一种综合责任。在经济方面，企业应当满足社会各方面的需求，提供社会需要的商品，赚取合理的利润，提供税收，增强社会经济实力，同时还应当满足员工、股东以及自身发展的需要，即承担股东权益责任以及社会经济责任；在社会关系方面，企业必须处理好各种利益相关者之间的关系，例如企业与员工之间的关系、企业与消费者之间的关系、企业与所在社区之间的关系等，即企业要承担员工权益责任、法律责任、诚信经营责任以及公益责任；在环境关系方面，企业要以遵守有关环境保护的法律法规，形成完善的环境管理战略，正确处理企业活动与环境之间的关系，以实现环境的可持续发展。

企业文化与企业社会责任之间存在着诸多共同点。首先，它们有着相同的目标，即企业的可持续发展。企业在履行其经济责任的同时考虑到对社会和环境的影响，努力协调各利益主体之间的关系，减少对环境的破坏，实现企业与社会及自然的和谐发展。企业文化是企业发展的精神支柱，它的核心是以人为本的企业精神，具有强大的向心力和凝聚力。在一个有着优秀文化的企业中，全体员工奉行一种价值理念和思想追求，它所产生的力量是非常大的。同时，这种优秀的企业文化必然符合社会整体的利益，能够与社会文化和谐发展。其次，企业社会责任与企业文化都是企业的一种外在形象。勇于承担社会责任的企业通过其行为，向利益相关者展示负责任的企业形象，社会公众则通过其行为了解到它是不断提高社会效益与增加消费者福利的组织，其行为符合公众的

期望与价值观。企业文化是企业形象的灵魂与支柱。正如我们通过一个人的外在行为来判断他的内在素质一样，我们通过企业的外在形象判断其企业文化。良好的企业文化表现在其员工的谈吐处事以及企业氛围中。

企业文化与企业社会责任之间存在着相互影响的关系。

(1) 企业文化为企业社会责任奠定了坚实的思想基础。企业文化是一种内化的抽象的，而企业社会责任则是外在的具体的。文化是通过长时期沉淀而形成的，它展示了一个企业最核心的精神，很大程度上影响着其员工的行为处事。一个注重短期利益与忽视人文关怀的企业，其员工往往也不重视企业社会责任；而一个以人为本、积极进取、不断创新的企业，其员工就有较强的意识履行社会责任，关注企业与社会的和谐发展。

(2) 企业社会责任加强了企业文化的凝聚力。企业文化的凝聚力是指企业用共同的价值取向、行为规范和精神信念使企业全体利益相关者同心同德，凝聚在一起。企业文化使其利益相关者改变了以自我为中心的价值观念，树立起了一种以企业为中心的共同的价值观念，从而潜意识地对企业产生一种强烈的向心力。企业在履行社会责任时应尽力处理好企业与利益相关者之间的关系，从而大大提高了企业的凝聚力。

(3) 企业社会责任将企业文化扩展到了全社会。企业文化不仅对企业本身存在影响，还会对社会产生一定的影响。企业社会责任的履行，不仅能在企业内部营造良好的氛围，更能扩展到整个企业界和社会。企业通过履行社会责任活动，进一步扩大企业在社会上的良性影响，从而在消费者和社会公众中树立良好的形象。同时，这种社会影响反过来又会影响到社会文化的发展和进步，全面促进企业经济效益和社会效益的提高。

考试链接

1. 企业履行社会责任与品牌之间的关系。
2. 企业社会责任与企业文化之间的关系。

第三节 企业社会责任实施策略

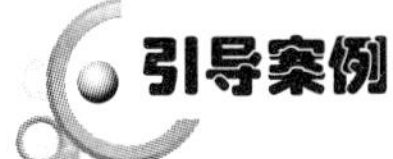

壳牌：企业社会责任实践的领跑者

2007年，壳牌连续第四年被世界优秀管理评估机构M&E评为“全球最具道德感和可持续发展能力”的大石油公司。作为企业社会责任（CSR）实践的领跑者，壳牌以明确的企业社会责任理念引领其企业社会责任实践的发展，并不断推动公司的可持续发展。

壳牌公司成立于1897年，总部设在荷兰海牙。目前公司拥有10.8万名员工，业务遍及全球130多个国家和地区，是世界上最大的集石油、天然气、发电、化工、可再生能源以及其他业务的上下游一体化的综合性能源公司之一。

翻开壳牌的历史，今天壳牌的辉煌很难让人与曾经备受指责的Brent Spar海上平台事件、尼日利亚环保事件、储量虚报事件等相提并论。但正是这些不堪回首的往事，成为推动壳牌全面梳理其企业社会责任理念，重新打造公司管理体系的重要外因。也正是如此，才使壳牌认识到，有原则的运营方式是保持长期成功的关键。

自1976年以来，壳牌一直坚持把《壳牌商业原则》纳入到自己的战略规划当中，并随着环境和时代的发展不断完善。目前，《壳牌商业原则》已成为壳牌企业社会责任体系的重要组成部分，并已经渗透到壳牌全球业务的每个角落。《壳牌商业原则》包括经济、竞争、商业道德、政治活动（包括公司的政治捐助和员工参与社区活动）、健康与安全、保安与环保、当地社区、沟通和交流及遵纪守法八个方面的内容。

壳牌是全球契约的倡导者，并支持《全球沙立文原则》。壳牌要求集团所属企业都要遵守《壳牌商业原则》，也鼓励业务伙伴遵循这些原则或类似的原则，并希望员工按照《原则》进行操作。

壳牌作为业界CSR实践领先者的一个重要表现就是成立了一个比较完善的企业社会责任组织管理机构，内设有专门的社会责任委员会，外设外部评价委员会。

社会责任委员会于1999年成立，是壳牌董事会下设的四个专门委员会之一。目前，社会责任委员会由三名非执行董事组成。协助董事会代表集团按照

《壳牌商业原则》、《壳牌行为准则》、《健康安全环境政策》、《壳牌可持续发展政策》等对集团的企业社会责任政策和行为进行评估，并提出建议。其主要职能还包括：了解集团健康安全环境管理和社会表现、了解集团在主要项目和业务所在地对环境和社会影响的管理；为可持续报告提供信息和草案，与外部评价委员会进行面对面会谈；到业务所在地与当地员工和外部股东进行会谈，获取业务所在地责任表现的第一手资料等。

壳牌的外部评价系统已经发展得比较完善，呈现系统化，其成员全部由来自美国商务社会责任协会、国际环境与发展学会、英美市场可持续发展组织、世界资源研究所、国际透明度组织等一些国际权威机构的主要负责人组成。它们与社会责任委员会一起对公司的可持续发展报告进行评价并提出建议，对壳牌报告是否选择了最重要的主题、如何回应股东关心的问题、是否已经提供了足够多的信息等进行评价，并提供建议。

壳牌的报告体系经历了漫长的演变过程。早期主要是公司对内和对外信息通报，20 世纪 70 年代中期开始发布公司的财务、环境及社会报告。2000 年，壳牌把健康安全环境报告合并到《壳牌报告》。

目前，壳牌的可持续发展报告体系分为三个层次：①集团年度可持续发展报告。壳牌已连续 10 年发布集团年度可持续发展报告，始称《壳牌报告》，2005 年起改称《壳牌可持续发展报告》。报告有一套完善的企业社会责任指标体系，除了独立的业绩指标外，还引入了《可持续发展报告指南》、《油气行业可持续发展报告指南》等相关国际指南和指标。②可持续发展国别报告。壳牌很重视业务所在地的业绩表现，特别关注影响到壳牌名声和商业表现的业务所在地的环境和社会问题，并且致力于与当地社区一起提高这些地方的环境和社会表现。为此，壳牌还发布重点业务所在国的可持续发展报告，如《壳牌巴西报告》、《壳牌菲律宾可持续发展报告》、《壳牌澳大利亚报告》、《壳牌加拿大可持续发展报告》、《壳牌中国可持续发展报告》等。③重点项目可持续发展报告，如《俄罗斯萨哈林Ⅱ石油和液化天然气项目》、《加拿大阿萨巴斯卡油砂项目》、《尼日利亚项目》等，这些都大大加强了壳牌与各利益相关方的对话、沟通和交流。

壳牌集团可持续发展报告每年都会有一个主题，主题随着壳牌商业战略和社会责任实践的发展而进行调整。从 2003 年起，壳牌开始采用了一种新的方式改进报告，即根据股东和其他利益相关方的意见反馈，对重点业务所在地进行重点报告回应，削减报告篇幅，减少报告的信息量，而把更多、全面、及时的信息链接到了壳牌网站上发布。

资料来源：李文、杨静：《壳牌：企业社会责任实践的领跑者》，《WTO 经济导刊》，2007 年 10 月。

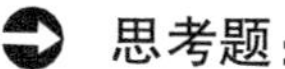

思考题：

壳牌是怎样履行企业社会责任的?

一、企业实施社会责任

问题6：企业该如何实施企业的社会责任?

中国的企业经历了一个从“办社会”到“脱钩”，再到负起“社会责任”的辩证发展过程。随着中国社会保障体制的建立和完善，企业可以集中精力专事生产和经营。但企业毕竟是社会中的一员，企业在占有社会赋予的权利和机会时，也应该尽一己之力回报社会。

企业实施社会责任是一项宏观的工程，不仅需要政府强有力的推行，需要企业的积极主动，更需要全社会的合力监督。这里主要谈谈企业如何从自身角度来肩负起应负的社会责任。

1. 积极推行并完善 CSC9000T 管理体系

CSC9000T 由中国纺织工业协会倡导并发起，是面向全国纺织企业推行的一套社会责任管理建设体系，其核心是通过推广、引导企业实施这一体系，帮助企业规范管理行为，建立工会组织，健全员工劳动合同，建立和谐的劳资关系，促进企业尽到应尽的社会责任。

企业管理者应在企业内部积极推行 CSC9000T 管理体系，并积极通过 CSC9000T 管理体系的专家组的评审，进一步完善管理体系，加强员工的参与性，鼓励他们在制订、纠正预防措施方面给企业提出很多好的建议。

2. 加快结构调整，夯实企业社会责任的基础

企业要提高自主创新能力，加快结构调整，正确地面对资源成本、人工成本、环境成本的合理上升，从而承担起企业对社会的责任。

企业要依据所处的产业链，形成产业链上企业社会责任的共同方案。将内部的、外部的利益相关者都纳入其中；贯彻到产品设计、包装、生产、物流等环节中，从原材料的采购到废弃物的排放、旧物品的回收。

企业通过积极履行社会责任，强化竞争优势。企业通过履行社会责任，改善市场环境，完善市场功能，把履责的过程转化为发展的机遇；将社会责任意识渗透到企业的运营中、企业的用工中、企业的生产中。

企业依据自身的实际，推行社会营销。社会营销是市场营销发展的最高阶段，是对单纯的市场营销行为的一种纠正，也是市场营销传统领域的扩大。运用企业所专长的科技手段、经济手段、教育手段，推动人们的行为变革，将企业的商业利益与公众的社会利益结合起来。

3. 要进一步加强员工的培训

（1）企业应加强对员工的 CSC9000T 管理体系文件培训。通过培训，做到全员参与，共同承担起自觉履行社会责任的义务。

（2）法律法规和企业规章的培训。让员工充分了解自身的权益以及实现个人和企业和谐发展的共同需要，做到依法维权。

（3）安全生产知识及环保知识的培训。增强员工的安全意识、自我保护意识和节约资源的意识，提高员工的操作水平，杜绝违章作业。

（4）要通过科学的管理手段实现节能降耗，通过节能降耗提高对资源的有效利用，实现建设节约型企业的总体目标。

（5）在企业内部要不断改善员工的工作和生活环境，努力提高员工的收入水平，使员工不断感受到生活质量的提高。

（6）要加强企业内部的自查与审核。

CSC9000T 管理体系，是应企业自身发展需要而建立的，是企业自愿向利益相关者作出的承诺。它强调的是企业的自律，如果所建立的体系文件不能很好地运行，不仅不能提升企业的管理，反而会增加企业的成本。因此，在执行的过程中，企业要建立有效的自查和内审制度，确保体系能够长期有效的运行。

企业社会责任是个渐进的过程，中国企业社会责任刚刚起步。除了企业自身的努力之外，应发挥社会各个方面的力量，来保证企业肩负起应有的社会责任。

考试链接

1. 企业如何履行社会责任？
2. 当前我国企业实施社会责任的困惑。

活动 2：组织一次企业实施社会责任活动的大调查，将调查的结果与企业的现行品牌影响力作比较，看看有什么样的结果。

第四节 企业社会责任报告的编写与发布

阅读材料

公司社会责任报告模板

一、总经理致辞

二、公司概览

（一）公司基本情况简介

（二）公司发展简史

三、公司价值观

四、公司治理

五、利益相关者

六、公司社会责任模型

（一）经济责任

1. 非商业贡献值

2. 商业伦理准则

3. 企业品牌

4. 企业形象

（二）科学发展

（三）安全环保

1. 积极应对气候变化

2. 强化安全环保管理

3. 全力保障生产安全

4. 强力推进节能减排

5. 大力推行清洁生产

（四）员工发展

1. 保障员工权益

2. 搭建成长平台

3. 注重员工培训

4. 提倡合理化建议

5. 加强基层建设
6. 关注员工健康
7. 关心员工生活
8. 增强员工凝聚力

(五) 社会公益

1. 扶贫帮困
2. 捐资助学
3. 赈灾救危
4. 构建和谐社区
5. 支持新农村建设
6. 青年志愿者行动

(六) 专题案例

七、展望2008

八、社会评价

(一) 社会好评

(二) 重大社会责任缺陷

九、附录

(一) 业绩数据

(二) 术语解释

(三) 联合国"全球契约"行动绩效

(四) 全球报告倡议组织 (GRI) 索引

思考题:

分析以上模板,想想公司社会责任报告会涉及哪些内容?

一、企业社会责任报告的内涵

问题7: 什么是企业社会责任报告?

企业社会责任报告(简称"CSR报告")是指企业将其履行社会责任的理念、战略、方式方法,其经营活动对经济、环境、社会等领域造成的直接和间接影响、取得的成绩及不足等信息,进行系统的梳理和总结,并向利益相关方进行披露的方式。企业社会责任报告是企业非财务信息披露的重要载体,是企业与利益相关方沟通的重要桥梁。

关键术语

企业社会责任报告

企业社会责任报告（简称“CSR 报告”）是指企业将其履行社会责任的理念、战略、方式方法，其经营活动对经济、环境、社会等领域造成的直接和间接影响、取得的成绩及不足等信息，进行系统的梳理和总结，并向利益相关方进行披露的方式。

广义的企业社会责任报告包括以正式形式反映企业承担社会责任的某一个方面或某几个方面的所有报告类型，既包括了雇员报告、环境报告、环境健康安全报告、慈善报告等单项报告，又囊括经济、环境、社会责任的综合性报告。

企业之所以选择发布社会责任报告的方式进行非财务信息披露，是因为企业身处的经营环境越来越复杂。传统的以股东利润最大化为目标的运营方式所带来的雇员福利问题、环境污染问题、产品质量问题等越来越引起社会各个方面的关注，由此带来的压力要求企业对除股东之外的更广大利益相关方负责，以实现可持续发展。

在日趋复杂的经营环境中，以货币的方式对企业的历史经营活动进行计量的财务信息无法将企业面临的机会和风险充分反映出来，也不能将企业的价值充分体现出来。企业社会责任报告所披露的非财务信息弥补了这一不足，两者的结合可以更好地反映企业未来的财务状况。

因此，越来越多的企业在投资者、消费者等利益相关方的压力下，并从企业内部运营的需要出发，选择了发布企业社会责任报告。根据瑞森德企业社会责任机构的数据统计，2009 年在中国境内经营的企业发布了 600 多份的企业社会责任报告（包括以企业公民报告、可持续发展报告等名称发布的报告）。

二、企业应正确看待企业社会责任报告

问题 8：企业该如何正确看待企业的社会责任报告？

出于对来自各方压力的回应的考虑，越来越多的企业开始发布企业社会责任报告。很多企业仅仅将企业社会责任报告当做一个面子工程，通过罗列企业在公益慈善、环境保护以及员工关系等方面的良好表现来粉饰企业形象，从而把企业社会责任报告当成了一个公关宣传工具。企业对企业社会责任报告的认识不应也不能停留在这个层面上。编制企业社会责任报告对企业来说是创造价

值的过程，对企业来说，它同时具备了防范风险和促进企业经营改革的功能。

企业编制企业社会责任报告实际上就是建立预警机制的过程，它促使企业发现顾客、供应链、社区等管理过程中存在的风险和问题，有助于管理层防患于未然，在可能产生危害的事件成为负面突发事件之前就对其进行控制。

同时，企业应以更具战略意义的方式将财务、生产、营销和研发等职能部门联系起来，改善管理。从人力资源的角度来看，通过关爱员工、培训员工、组织员工进行志愿服务等企业社会责任行动，能够增强员工凝聚力、储备公司人才、培养员工责任感，最终提升公司的人力价值；从市场的角度考虑，通过培育新兴市场和公益营销等行动，企业可以扩大市场规模；从技术进步的角度讲，采用新技术、开发环境友好型产品等是保持产品和技术不断创新的动力。

如果企业仅仅将企业社会责任报告当成一本宣传册，而没能促进经营上的改革，那么在某些时候，企业社会责任报告也会成为增加企业风险的重要因素。

三、企业如何编制高质量的企业社会责任报告

问题 9：如何编写一份高质量的企业社会责任报告？

明确了企业社会责任报告对企业的价值创造的意义之后，企业该怎样来编制一份高质量的企业社会责任报告呢？瑞森德建议企业一定要控制好报告编制流程。

大致来看，企业编制企业社会责任报告要经过四个阶段：准备阶段、资料采集阶段、报告撰写阶段以及发布阶段。

由于企业社会责任报告的资料采集涉及众多的部门，因此在准备阶段，最重要的事情就是要建立起一个明确的组织管理体系。企业可以成立专门的 CSR 部门，也可以选择设立 CSR 报告项目小组的方式来从事此项工作，但必须确保各部门全力参与和配合。在明确组织管理体系后，企业可选择聘请专业人员对企业进行内部培训。通过培训，一方面进一步明确企业 CSR 战略和目标；另一方面也确保项目团队了解工作流程，按时保质地完成资料的收集和加工工作。

资料采集主要通过对企业内部管理过程和业务流程的梳理，以及对利益相关方的访谈来获得报告所需资料和关键性指标。利益相关方访谈是这一阶段的重点。访谈对象一般包括企业中高层管理者、企业基层员工、供应商、债权人、消费者、媒体和非政府组织。访谈的作用除了采集资料，还在于可以全面了解企业 CSR 现状和问题，了解利益相关方的期待并做出回应，这是确保 CSR 报告发挥沟通作用的重要环节。

资料采集完成之后，就进入了撰写的阶段。这一阶段的重点在于报告内容的选择，既要注意信息披露的完整性和全面性，又要充分结合行业特点和企业自身的特点，抓住重点，突出亮点。另外，在这一阶段还要注意把握好报告的写作风格。

最后一个环节就是报告的发布。目前仍有不少企业将 CSR 报告与年报一起发布，但独立的 CSR 报告是发展的趋势。企业可以考虑将 CSR 报告的发布和其他 CSR 行动结合起来，以达到沟通及宣传效果的最大化。

四、企业社会责任报告的发布

问题 10：怎样发布企业社会责任报告？

1. 企业社会责任报告的发布媒介

企业社会责任报告的发布媒介基本有光盘、印刷报告和网络发布。光盘发布可以传递更多的信息，同时使公司的社会责任实践更加形象、生动，但光盘发布受众比较少，影响了信息传递的广度，且成本比较高；网络发布成本最低，披露信息较为全面，而且，相关人员获取报告最为简单、容易；印刷报告介于以上两者之间。最好的做法是同时采取以上三种媒介，互为补充。一般公司的做法是发放一份印刷报告概述，同时在其网站上提供更加详细的社会责任报告下载链接。但需要注意的是报告下载链接要放在公司网页的明显位置，可以很容易找到。

2. 企业社会责任报告的发布周期

责任报告的发布周期一般情况下为一年，也有的公司两年发布一次报告。但必须保证周期的完整性，这样报告中披露的信息才具有可比性。公司的责任报告应尽量与财务报告的发布周期一致，这样可以加强二者之间的联系，为利益相关方提供更加翔实的信息。

由于人们对信息的要求越来越高，公司可以选择在两次发表社会责任报告期间定期更新信息，优点是可以及时为利益相关方提供信息，但缺点是信息可比性较低。公司也可以选择在网页上及时公布社会责任活动信息。

3. 企业社会责任报告的发布方式

发布社会责任报告既是企业向利益相关方披露企业信息的过程，也是企业宣传企业文化、树立企业形象的过程。因此，报告的发布方式选择一定程度上关乎公司发布社会责任报告的效果。目前企业发布社会责任报告的方式主要有两种：

（1）召开新闻发布会，独立发布公司社会责任报告。

(2) 委托独立的第三方代为发布。委托第三方发布企业责任报告增强了报告的真实性、公正性、客观性和权威性，目前正逐渐成为国际潮流和惯例。

活动 3：试着策划一份简单的企业社会责任报告。

考试链接

1. 企业社会责任报告的内涵。
2. 如何正确看待企业社会责任报告。
3. 如何编写高质量的企业社会责任报告。
4. 企业社会责任报告的发布。

案例分析

九成企业社会责任报告对负面信息只字不提

现在，写社会责任报告的中国企业为数不多。在这为数不多的企业中，社会责任报告大都被写成了自我颂扬书，坏消息几乎踪迹难寻。除了不真实之外，一切都那么完美。

据统计，2009 年 1 月 1 日~10 月 31 日，中国内地发布的企业社会责任报告共 582 份，占全球报告总数的 15%左右。据相关统计，在这 582 份报告中，只有 1/10 的企业披露了自己的负面信息。绝大多数报告中，凸显企业亮点简直成了唯一的目的和要求。信息披露的客观性和规范性完全被丢到了背后。尤其是电子制造、建筑业和零售业等公司，对坏消息只字不提。

企业真的认为全面披露社会责任不重要吗？恰恰相反。按照中国社科院企业社会责任研究中心对 335 家 A 股上市公司的调查，14%的受访企业表示披露社会责任负面信息非常重要，68%的受访企业认为比较重要，仅有不到 20%的企业觉得不太重要或者很不重要。公众虽然对企业社会责任的定义缺乏全面的了解，但是当被问及“企业要主动披露信息，尤其是对社会、环境的负面影响”的重要性时，几乎超过 90%的受访人认为必不可少。

如此背离的现象后面定有蹊跷。研究人员专门设计了个问卷：哪些因素阻碍了企业社会责任负面信息的披露？企业的回答五花八门。其中，最主要的还是怕坏消息传出去弄黑了公司的脸面。中国人都知道，“好事不出门，坏事传千里”。一些企业还表示，披露什么，如何披露，尺度不好把握。另外，当前市场竞争环境如此激烈，企业披露的内容如果被对手利用搞恶意攻击，又该如何处理？

没有规章也是问题的根源之一。当下，我国关于企业社会责任信息披露的法律还较为缺乏，仅针对个别责任信息的披露出台了相关法规。比如，中国证监会《上市公司信息披露管理办法》对公司经营情况披露作出了规定；原国家环保总局《环境信息公开办法（试行）》按照自愿公开与强制性公开相结合的原则，要求企业及时、准确地公开企业环境信息。

中国社科院的报告认为，一方面，法规的完善程度远远不够，现有法规的要求力度也不足；另一方面，政府的推动力还相当乏力。除证监会对上市公司财务信息披露的严格规定外，大多数政府机构是采取鼓励而非强制的态度，且未提出明确的披露要求。

事实上，正是法律和政府等外部压力的缺失导致了企业可以不报告坏消息。这一点在外资企业上尤其明显。有的跨国企业在母国相对透明，一招一式都报告清楚，而在中国则大幕一拉一团漆黑。其原因被认为是各地方政府为吸引外资，提供了较多的优惠政策，外资企业的政治压力较小，经营环境宽松，经营条件优越，没有足够的动力积极披露企业社会责任信息，也就更不会主动披露企业社会责任负面信息。

除了官不究外，民不问也是一个重要因素。《中国企业社会责任基准调查（2010）》显示，当前以企业自身宣传材料、官方网站为主要渠道了解企业社会形象的公众不足50%，在中国企业相继发布社会责任报告的热潮中，有近一半的被调查者甚至未听说过企业社会责任报告。这就又形成了一个背离现象：公众关注企业履行社会责任的绩效却忽视企业自行披露的社会责任信息。

研究人员分析称，这种矛盾表明，企业社会责任在中国的发展时间还较短，利益相关方对企业披露的社会责任信息的需求仍旧不足，同时，利益相关方对企业自行披露的社会责任信息缺乏信任。此前的一项研究显示，有35%的公众认为企业发布的社会责任报告基本不可信或者完全不可信。

把社会责任报告当成“报喜鸟”当然是有害的。中国社科院的报告指出，缺少负面信息披露，一方面，可能使得企业所披露的社会责任信息的价值降低，当信息披露不能反映企业经营活动对社会、环境的真实影响时，社会责任信息就沦为了一种公关手段；另一方面，当利益相关方发现企业社会责任信息不可信后，有可能增加对企业运营的怀疑，进而导致企业运营成本的提高。

资料来源：董伟：《九成企业社会责任报告对负面信息只字不提》，《中国青年报》，2010年12月。

问题讨论：

想想该怎样规范中国企业的社会责任报告？

本章小结

企业社会责任是指企业在创造利润、对股东承担法律责任的同时，还要承担对员工、消费者、社区和环境的责任。企业的社会责任要求企业必须超越把利润作为唯一目标的传统理念，强调生产过程中对人的价值的关注，强调对消费者、对环境、对社会的贡献。

企业社会责任报告指的是企业将其履行社会责任的理念、战略、方式方法，其经营活动对经济、环境、社会等领域造成的直接和间接影响、取得的成绩及不足等信息，进行系统的梳理和总结，并向利益相关方进行披露的方式。企业社会责任报告是企业非财务信息披露的重要载体，是企业与利益相关方沟通的重要桥梁。

深入学习与考试预备知识

品牌社会责任

“品牌社会责任”的概念最早产生于英国，其主要观点是认为主动承担社会责任来完成品牌营销的使命，是品牌打造的更高阶段和最前沿手段。品牌社会责任离不开品牌标定下的产品及服务质量的提高，也离不开品牌传播力度及效果。社会责任将成为品牌的下一个争夺空间；永远不做大众，而要引领大众；不一样的价值观，才能成就不一样的品牌和非同凡响的商业。

21 世纪的品牌营销是文化、价值和情感的营销。节能环保、人文关爱等责任价值观可以给人们带来精神上的巨大满足感，所以说借助企业社会责任的品牌营销是最高级的营销，因为它直接进入人们的心灵深处。如果让它的受众对它产生情感上的依赖，那么这个品牌就可以建立起客户忠诚度，拥有忠诚度，这是任何一个品牌都梦寐以求的目标。如今，企业竞争已从单纯的价格、质量和服务竞争转化为具有深厚文化内涵的品牌竞争。通过品牌背后富含社会责任的企业文化，赢得消费者和公众对品牌的认同，已成为一种深层次、高水平和智慧型的竞争选择。我们期望企业在提升品牌影响力的进程中履行企业社会责任，在承担企业社会责任的过程中提升品牌影响力。

知识拓展

做合格的企业公民

“企业公民”是企业是否负起社会责任的更为明确的表述。公民是自然人，企业作为法人与自然人一样拥有相应的权利和义务。在西欧国家，做一个负责任的企业公民是公司的“首要任务”。从时间序列来看，企业大致有三个发展阶段：纯粹挣钱阶段（原始积累时期）、追求规模阶段（资源整合时期）与企业公民阶段。企业由低阶段向高阶段发展是一种自然发生的社会过滤。

衡量企业成为企业公民的五个具体标准：①形成包含企业社会责任的战略规划；②拥有系统的员工生涯规划与员工发展支持计划；③整个团队明确制定并执行严格的商业伦理规则；④系统的社会发展资助行为（包括对环保、弱势群体教育、流动人口研究、艾滋病防治、沙漠化防治等有持续和自觉的贡献）；⑤对于企业公民规划落实的专门管理与监督机制。

做企业公民，肩负起企业应该承担的社会责任，是在积累企业的社会信誉。这种社会信誉对于品牌建设的意义怎么估计都不过分，企业的社会信誉和商业信誉一样重要。

资料来源：张世贤：《现代品牌战略》，经济管理出版社，2007 年。

答 案

第一节：

企业通过履行社会责任，可以更有效地组织投资地、目标市场的社会资源，可以更容易得到当地政府和社会各界的支持。未来企业的竞争，最终是文化的竞争。

企业在市场赢得消费者的青睐，要靠产品和服务的竞争力打开局面，更要靠文化的亲和力维系忠诚度。履行社会责任，最容易消除人与人之间、地域与地域之间的文化隔阂，社会责任是搭建企业产品与服务通往消费者心灵的桥梁。

一个没有社会责任的企业，置消费者的安危于不顾，置生态环境于不顾，置员工的切身利益于不顾，这样的企业首先不会有一批忠实可靠的员工，当然不会生产出具有市场竞争力的产品，最终会被消费者所抛弃。

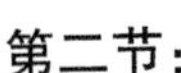

第二节：

王老吉能从"添加门"中挺过来的原因在于它用良好的企业社会责任塑造了良好的品牌形象，得到广大消费者的积极拥护。即使在"添加门"这样的危机事件中，消费者也一如既往地理解、支持王老吉。

第三节：

壳牌是全球契约的倡导者，它一直坚持把《壳牌商业原则》纳入自己的战略规划中，《壳牌商业原则》是壳牌企业社会责任体系的重要组成部分。

壳牌设立了一个比较完善的企业社会责任组织管理机构，内设有专门的社会责任委员会，外设有外部评价委员会。

第四节：

企业社会责任报告包含：公司概览、公司价值观、公司治理、利益相关者、公司社会责任模型、未来的展望、社会对企业的评价、附录等内容。

案例分析：

略（本道题目是开放性答案，学生可以自行调研得出结论，证据充足，言之有理即可）。

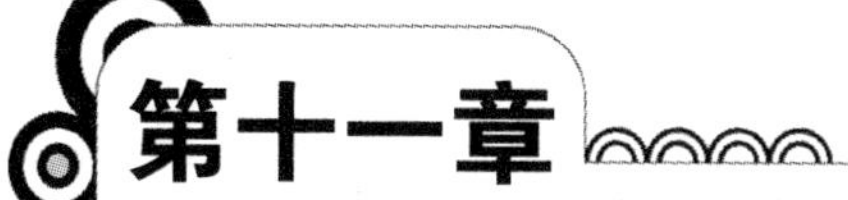

第十一章 人力资源与品牌

学习目标

知识要求 通过本章的学习，掌握：

- 人力资源的内涵
- 人力资源在品牌中的地位
- 人力资源管理的含义
- 人力资源管理在品牌中的地位
- 品牌管理的内涵
- 品牌管理师的内涵
- 品牌管理人员的工作职责

技能要求 通过本章的学习，能够：

- 对品牌人力资源与品牌之间的关系有一个总体了解
- 掌握人力资源管理在品牌中的重要地位，能分析出影响品牌信誉的隐含要素

学习指导

1. 本章的主要内容：人力资源的内涵、人力资源在品牌中的地位、人力资源管理的含义、人力资源管理在品牌中的地位、品牌管理的内涵、品牌管理师的内涵、品牌管理人员的职责等。

2. 学习方法：掌握最基本的理论，结合案例理解概念，并进行知识延伸和讨论活动等。

3. 建议学时：10学时。

第一节 人力资源在品牌中的地位

引导案例

宝洁的成功

美国宝洁公司是目前世界上最大的洗涤用品公司，宝洁的品牌享誉全球，仅在中国就有碧浪、汰渍、飘柔、潘婷、伊卡璐等众多消费者喜欢的产品。100多年来，提起宝洁，人们所联想到的更多的是它旗下的100多个产品品牌，个个璀璨夺目，都有动人的品牌故事，还有美国由它而兴起的肥皂剧。实际上，宝洁的成功得益于三个人：詹姆斯·甘布尔的肥皂配方、哈利·普罗克特的广告和库柏·普罗克特的管理。

1. 甘布尔的绝妙配方

宝洁（P&G）创立于1873年，创办人是威廉·普罗克特和詹姆斯·甘布尔，公司的名称就是两个人的姓氏"Procter & Gamble"，简称为P&G。这原本是一家生产和经营蜡烛和肥皂的小公司。刚开始时公司主要靠生产、销售蜡烛维持生存。由于照明灯的广泛使用，蜡烛生意每况愈下。为了改变这种不利的局面，公司决定努力生产经营肥皂。1878年甘布尔和他的儿子发明了一种新型白色肥皂的配方。用甘布尔的配方生产的象牙肥皂有个非常奇异的特点：可以在水中漂浮起来。当公司的管理人员从顾客那里得知这一重要消息时，感到十分惊讶，觉得不可思议。后经认真调查和反复试验，这种肥皂确实有这一特点。于是"浮体肥皂"声名远播，全国知名。

威廉的弟弟哈利·普罗克特当时负责销售肥皂，哈利从直觉上感到这将是一个不错的产品。哈利绞尽脑汁要为这个新产品取个漂亮的名字。一个星期天，当他在教堂做礼拜时，听到赞美诗里唱道："你们的衣服都散发着药的芬芳，象牙殿处的桂树使你们感到欣然。"他忽然灵机一动，于是用"象牙"命名的肥皂就这样诞生了。这种象牙浮体肥皂为宝洁公司奠定了快速发展的基础。

2. 哈利的广告推广

宝洁公司象牙肥皂的成功不仅得益于配方技术的创新，哈利在广告方面的贡献也是功不可没的。19世纪80年代，广告这一新生事物刚刚诞生，许多人对此不屑一顾。哈利认为，通过广告进行宣传有助于扩大知名度，有助于出售更多的肥皂。他力排众议，说服同事，拨款11000美元，做当时最新的陈列广告。哈利在广告里充分强调象牙肥皂的纯洁。他从纽约请来一位科学顾问，一方面给纯度下定义；另一方面据此来测定象牙肥皂的纯度为99.44%。有了这一科学数据，哈利便大张旗鼓地进行广告宣传，使得象牙肥皂在全国家喻户晓。这一创举既促进了销售的激增，又促成了现代广告业的诞生。

广告的成功，又进一步促使宝洁公司不断地推陈出新。1923年，宝洁第一个投资使用当时一种全新的广告媒体——收音机，以传播信息的收音机为起点，宝洁后来又推出白天演出的肥皂剧。在美国，宝洁一直是坚持广告宣传最大的一家公司。这是哈利奠定的基础。

3. 库柏的管理创新

宝洁的成功还有另外一位重要的人物，那就是堪称宝洁三杰之一的库柏·普罗克特。库柏是威廉的儿子，1883年，他作为宝洁公司最基层的劳动工人，开始为公司工作。他同工人吃住在一起，工作在一起，结下了深厚的友谊，一起工作使他深入了解到工人的观点和兴趣。他认为，使员工对公司产生极大的兴趣和关注，创造性地为公司工作，是成功的关键。1884年，库柏说服父亲和叔叔，让工人星期六下午休息而不扣工资。1903年，他提出将分享利润和购买股票合为一体的方案，即员工每投资一美元，公司再加一美元的股额，直到工人的年薪为最高限额。这一方案的成功，又鼓励库柏通过制订员工协商计划和在公司董事会中为每个工厂设置一个工人代表的席位等一系列决定，同时建立起不断发展中的管理人员和工人之间的双向沟通渠道。这一系列的措施不仅大大改善了公司与员工之间的关系，还大大激发了公司员工的创造热情。

一个成功企业的背后，往往拥有一个非常丰富的、持续多年的价值、信念和传统，由此构成企业的文化特色。充分重视人的作用，可以说是宝洁公司得以成功的最根本的原因。而在这方面，库柏可以说是建立了不朽的功勋。

詹姆斯·甘布尔、哈利·普罗克特和库柏·普罗克特，分别从技术、广告营销、公司管理三个方面获得了创新的成功，并在实践中创立了宝洁公司的营销技巧、价值信念和品牌特色。他们始终坚持公司利益同员工利益不可分割，始终严格认真地关心顾客，并在多年的市场经验中不断改进，不断发展宝洁品牌的这一理念，从而使宝洁历经百年的辉煌，不断地从成功走向成功。

资料来源：张世贤：《现代品牌战略》，经济管理出版社，2007年。

思考题：

为什么说宝洁的成功得益于詹姆斯·甘布尔、哈利·普罗克特和库柏·普罗克特三个人？

一、人力资源的内涵

问题1：什么是人力资源？

人力资源是指一定时期内组织中的人所拥有的能够被企业所用，且对价值创造起贡献作用的教育、能力、技能、经验、体力等的总称。品牌的人力资源指的是对品牌价值的创造起贡献作用的教育、能力、技能、经验、体力等。

人力资源具有以下特点：

（1）时效性。时效性是指人力资源的作用的不可保留性，即人力资源是蕴藏在人体内部的能力和手段。随着时间的推移，人力资源的浪费和不适当利用所带来的损失是不可挽回的。

（2）能动性。人力资源是开发和利用各种资源的动力和主体，只有作为人力资源载体的人或人口，才能对各种资源进行开发和利用，并能够在开发和利用各种资源的过程中发挥自己的主观能动性。

（3）社会性。一方面指它具有随着社会生产方式的变化而在其量、质和结构等方面发生变化的特性；另一方面指它的开发和利用程度还取决于社会生产方式尤其是经济技术发展水平的限制。

（4）再生性。人力资源是再生性资源。人力资源的再生性，主要基于人口的再生产和劳动力的再生产，通过人口总体内个体的不断更替和“劳动力耗费→劳动力生产→劳动力再次耗费→劳动力再次生产”的过程得以实现。当然，人力资源的再生性不同于一般生物资源的再生性，除了遵守一般生物学规律外，它还受人类意识的支配和人类活动的影响。

二、人力资源与品牌的关系

问题2：人力资源与品牌之间有什么样的关系？

现代商业竞争归根结底是品牌的竞争，而品牌的竞争离不开广告与策划，但更要倚重于产品的质量、先进的技术、科学的管理。所有这些，归根结底是要依靠企业所拥有的大批优秀人才。市场的竞争表现为品牌的竞争，品牌的竞争最终归结为人才的竞争。自古得人才者得天下，如今的商战更是如此。致力于品牌打天下的企业家，无不千方百计网罗各类人才。在经济学和管理学界，人才被称为人力资本，可以作为一种产权在企业中发挥积极的作用。

在品牌这座大厦中，为它效力的既有管理层，又有普通员工，这两者在品牌构筑中所起到的作用是不同的。

每一个优秀品牌后面都有一位优秀的企业家，无论在哪里，都是成功的企业家们推动着品牌走向市场、走向成功的。从一定意义上来讲，一个国家、一个地区的名牌孕育和体现程度，同该国企业家数量的多少、素质的高低成正比。

企业家是构建品牌的基础和保证，综观世界著名企业及强势品牌成功的足迹，无一不是那些胸怀大志、奋发图强、叱咤风云的企业家用人格、情操、品德等一步步走出来的。如：日本的本田宗一郎创造了名震全球的本田公司；迈克尔·艾斯纳拯救了迪斯尼乐园；松下幸之助创建了世界上著名的松下电器王国；张瑞敏使一家濒临破产的街道小厂变成了世界知名的家电公司。正如著名经济学家罗斯托所言："要实现经济起飞，还必须有最低限度的一群企业家的出现。"因此，造就一批名牌企业家，形成高素质的企业家队伍，是实施品牌战略的核心。

企业员工是构建企业品牌的基石。如果说消费者是品牌的外部顾客，那么企业员工就是品牌的内部顾客。品牌想要获得消费者的情感认可首先要获得员工的认同，只有员工从心里认同公司的文化才能通过劳动或服务凝结在产品中传递给消费者。对于企业员工来说，品牌就是他们的职业精神和行动指南。只有将企业理念、品牌文化和品牌核心价值贯彻到每一个员工的思想和行为之中，才能让消费者完成品牌情感价值的体验。

一个成功的品牌往往对认同其价值取向的人具有一种强大的聚合力。这种强大聚合力能吸引人们团结在品牌旗下，为了一个目标而奋斗。同时，还会使企业中的员工产生自豪感和荣誉感，并形成一种工作氛围、企业文化，给每一位员工以士气、志气，使员工精神力量得到激发，从而更加努力、认真地工作。

具体来说，员工与品牌之间是一种双向影响关系。一个高质量的品牌靠的是一群高素质、高品质的员工用双手托起来的。优秀的员工对高质量的品牌锻造有以下作用：

1. 创造高而平稳的工作质量

很多消费者都愿意买品牌，是因为品牌对一致性的要求非常高，购买某一品牌可以有效地降低风险。麦当劳、肯德基之所以能成为著名品牌的重要原因之一就是它们能提供高而平稳的产品和服务质量。因此，无论是哪种类型的企业，当决定创建品牌时，都首先要考虑的是员工能否在生产产品、提供服务的时候，提供高而平稳的质量，这是创立成功品牌的必要条件。而优秀的员工能够持之以恒地为消费者提供高质量的产品和服务质量，而企业对于低于这个质量的产品、服务也要坚决给予淘汰。当然，有些产品可以削价处理，不需要像食品业一样不符合标准的一定要抛弃处理。

2. 熟悉品牌核心价值，保持对品牌的高度信心

优秀的员工不仅熟悉自己的品牌，还会对品牌有着高度的自信心，他们的优点具体来说有三点：①非常了解本公司产品的产品知识、品牌内涵；②对于本公司的品牌具有强烈的热忱和自信，并且试图感染他接触的每一个人；③以自己为这样的品牌工作为骄傲。而让员工拥有对自己品牌的信任，企业不仅仅是满足员工物质上的需求，更为重要的是让员工觉得为这家企业工作，是自我价值的增值，不断地得到幸福和快乐。

3. 危机来临时员工要有非常强烈的品牌保护意识

每一个品牌都是从商场上的无名小卒发展而来的，在成长的过程中总会不可避免地遭遇到品牌危机，甚至有时候会造成品牌资产大幅贬值甚至被毁灭。当品牌遭遇危机时，企业员工，特别是处于第一事发现场的员工，必须有着强烈的品牌保护意识，只有这样，才能将负面影响降低到最低。一些品牌在危机处理时，由于处理得当，反而增加了消费者的信任的案例，充分说明了当事员工品牌意识对品牌的重要性。

4. 根据品牌核心价值改变一些工作的标准、流程并相应修正考核方式

企业品牌的创建需要一个漫长的过程，很多企业在创建品牌时，并不是企业已经具备了某些品牌核心价值特性，而是企业期望赋予其产品或服务这样的特性。在品牌的创建过程中，常常有企业期望的品牌核心价值与企业实际工作相悖离的情况发生，这时候，就需要不断地调整员工的工作内容和工作标准等。而这些都需要员工的积极配合，以适应企业创建品牌的要求。员工应当积极支持这些改革，以利于企业品牌的创立。试想，如果海尔的服务员工进客户门不套鞋套，不穿制服，在房间里抽烟，在安装完成后没有例行电话回访考核，那么海尔再过 1000 年也打造不出“真诚到永远”的品牌。

而对企业来说，为员工提供相应的装备、培训以及正确的考评机制，是顺利完成改革的关键。脱离了这些与员工谈品牌，谈革新，谈奉献，最终会被大家用四个字评价：“叶公好龙”。

5. 通过改进和创新为品牌注入新的活力

品牌的成长需要不断地创新和强化，而优秀的员工是创新的源泉。员工经常工作在企业的一线，他们更能从实践中获得创新的灵感。如 3M 公司的品牌完全依赖于科学家和工程师们的技术创新；丰田的品牌依赖于其在生产运作领域内的创新；海尔空调的品牌依赖于其对空调安装服务的改进和创新。

6. 创建个人或团队品牌，使之成为母品牌的要素品牌

每个员工对企业来说，都是企业品牌的代言人，如老师代表的是学校的品

牌、公车售票员代表的是公交集团的品牌，酒店里的厨师代表的是酒店的品牌，他们会为企业的增值发挥巨大的作用，他们本身的个人品牌也是组成企业品牌的重要力量。

7. 参加社区社团的活动，促进公共关系

品牌的建立需要建立良好的公共关系，树立良好的公众形象，而在这方面员工也起着重要的作用。员工在社会活动中的良好形象有利于品牌资产的升值。一些企业的员工在社会活动中由于见义勇为、诚实守信、尊老爱亲、助人为乐而受到赞扬，作为培养这些员工的企业当然也是功不可没，人们自然地会对这样的企业产生好感和敬意。

品牌本质是一个企业、一种产品留在消费者心目中的形象，存在于消费者的意识之中。作为企业的员工，在品牌增值方面大有可为，他们在保持高而稳定的工作质量、改过与创新、适应新的工作标准与流程、保持危机意识、维护公共关系、创建人力要素品牌等方面发挥重要作用。企业也应提供相应的机会、条件，制定相关奖励政策，鼓励全员参与品牌的建设、维护、增值。而强势品牌的形成，必然会对员工的工作业绩、职业发展、收入、社会地位产生正面影响，形成品牌与员工的良性互动。

活动 1： 周末的时候，选择几家肯德基、麦当劳体验一下它们统一化的食品和服务。

考试链接

1. 人力资源的内涵。
2. 人力资源与品牌之间的关系。

第二节 人力资源管理在品牌中的作用

引导案例

“终生交往”让人才流而不失

对于离职的员工，亚实科技有限责任公司采取的态度是人走茶不凉，与员工保持“终生交往”，使离职员工“流而不失”。离职员工仍被看作公司的人力资源，公司会对这部分特殊的人力资源实施高效管理。这种管理制度不仅使离职员工向公司传递了市场信息，提供合作机会，介绍现供职机构的经验教训，帮助公司改进工作；而且他们在新岗位上的出色表现，折射出公司企业文化的光彩。

为了和离职员工保持密切的联系，确保其“流而不失”，有效的人力资源管理从员工决定离职的那一刻起就开始了。在该公司，不管是公司工作多年的老员工，还是那些发现不适应提出要走的新员工，在他们提出离开时，一般都会得到公司挽留，但同时他们的选择也会得到尊重。公司规定在每个员工离职前必须做一次面谈，提出自己对公司的看法和离职的原因，如果是公司管理方面的问题，公司会充分重视，并努力去改善。值得一提的是，公司还十分关心他们今后的发展和去向，甚至会帮助他们寻找一些更适合的单位。从另一个角度讲，离开公司的员工里，有很多是非常优秀、有能力的人，和这些员工保持交往，会为公司带来新的资源。

公司的人力资源部就有这样的一个新职位叫“旧雇员关系主管”。这个主管的工作，就是建立特殊的人事档案，跟踪离职员工的职业生涯变化情况，甚至包括结婚生子之类的细节。一旦发生变化，公司会在 24 小时内对档案作出更改。只要是曾在公司效力的前雇员，都会定期收到内部通讯，并被邀请参加公司的聚会活动。

公司还摒弃了“好马不吃回头草”的陈腐观念，欢迎“跳槽”的优秀人才重返公司效力。“有的人认为如果让那些所谓的叛徒回来，或者还与他们保持长期的交往，无法面对留下来的那些人。而经验告诉我，事实恰恰相反，这么做是对现有人员最大的尊重，让他们感觉到温暖和信任。而且对于企业文化的建立和企业品牌的树立有着深刻的影响。”公司人力资源部部长强调了这一观点。同时指出：聘用“回头好马”既可以降低公司成本，又有利于提高员工忠诚度。

对于备受人才流失困扰的企业来说，管理者往往殚精竭虑甚至不择手段以求留住优秀的员工。而亚实公司面对日益激烈的商业竞争，摒弃了“终生员工”的概念，更愿意和员工保持“终生交往”，以崭新的态度来看待人才流失和留住的问题，他们不但不竭力阻止优秀人才走出公司的大门，甚至还“鼓励”人才的离开。

鼓励人才流动的机制非但没有造成大量人才流失，相反，公司人才反而越留越多。对于其中的奥妙，公司刘总一语道破天机：“公司培养出去的科技人员对企业有一种感情情结，这种感情情结会使他们留下终生不褪的心理烙印，他们会以各种方式报效公司。”

资料来源：《亚实公司与员工保持“终生交往”》，中华管理学习网，2010 年 5 月。

思考题：

分析以上案例，想想亚实科技有限责任公司是怎样留住人才的？

一、人力资源管理的内涵

问题 3： 什么是人力资源管理？

人力资源管理，是在经济学与人本思想指导下，通过招聘、甄选、培训、报酬等管理形式对组织内外相关人力资源进行有效运用，满足组织当前及未来发展的需要，保证组织目标实现与成员发展的最大化。也就是预测组织人力资源需求并作出人力需求计划、招聘选择人员并进行有效组织、考核绩效支付报酬并进行有效激励、结合组织与个人需要进行有效开发以便实现最优组织绩效的全过程。

人力资源管理的任务主要是吸引、激励、保留、开发人才为企业所用。具体说是把组织所需的人力资源吸引到企业组织中来，将他们保留在企业组织之内，调动他们的工作积极性，并开发他们的潜能，从而获得人力资源的高效率的利用。

人力资源管理重要性的凸显是市场竞争加剧的结果。随着社会主义市场经济的快速发展，人力资源管理在企业管理中的作用也变得日益重要。一个企业能否健康发展，在很大程度上取决于员工素质的高低，取决于人力资源管理在企业管理中的受重视程度。

现代人力资源管理包括人力资源规划、人员招聘与配置、培训开发与实施、绩效考核与实施、薪酬福利、人事管理、职业生涯管理和员工关系管理八大模块。

二、人力资源管理在品牌中的作用

问题 4： 人力资源在品牌中有什么样的重要地位？

品牌的塑造、拓展和维护是一个长期的过程，需要团队中每一个人从一点一滴做起。人力资源管理要从专业角度进行分析和思考，通过人力资源战略与整体品牌战略的一致匹配、人力资源管理体系对人力资源战略的有力支撑、人力资源管理活动对人力资源管理体系的细化落实，充分发挥人力资源管理对品牌管理的独特价值，确保整体品牌战略的顺利实施。

人力资源管理是企业品牌战略的主动参与者与有效执行者，是核心的品牌战略践行者和品牌形象传播者。人力资源管理在品牌建设中的重要作用主要表现在以下四个方面：

1. 确保品牌战略的顺利实施

人力资源战略规划是人力资源管理各项活动的出发点，是人力资源管理与品牌战略实现有效匹配的首要环节。为确保品牌战略的顺利实施，必须通过人力资源战略规划将品牌战略的定位、目标、路径具体转化为人力资源管理的定位、目标、路径，明确制定与品牌战略相一致的人力资源目标与任务，建立完善与品牌管理相适应的体制机制，科学规划品牌从塑造、传播到价值提升各个环节中所需要的组织结构与人力资源的数量、结构、层次和素质。

2. 实现品牌管理的有效保证

人是品牌战略得以贯彻实施的核心环节，人力资源的管理和开发水平直接制约着品牌战略推进的广度与深度，有时甚至决定品牌战略的成败。不断优化完善选人、育人、用人、留人机制，提高人力资源管理的制度化、流程化、精细化、专业化、信息化水平，打造一支能够适应品牌发展需要、结构逐步优化、素质能力持续提升的现代品牌管理人才队伍。

对岗位管理实施分类管理，搭建了品牌建设的基本平台；绩效管理推进品牌建设的具体目标和考核标准，使品牌建设成为每个员工的岗位职责所在；薪酬管理构建以岗位价值为基础、以能力和绩效为导向，将薪酬提升与品牌建设成果紧密结合；培训管理增强企业文化和品牌理念，强化全体员工的品牌意识，提高品牌建设的执行力。

3. 以人力资源管理活动打造品牌代言人

员工是企业品牌最广泛的代言人。人力资源管理重视从文化和价值实现角度关注员工的需要、特点和追求，从舒适的办公环境、自由的工作空间、良好的组织氛围、具有竞争力的薪酬福利待遇、立体化的职业发展规划、丰富的职业能力培养体系等各个方面出发，增强员工的归属感和自豪感，强化员工对整体品牌的认同感和责任感，让每一位员工全面参与品牌建设，能够全心全意做好岗位工作，确保品牌价值链每一个环节的价值提升。

4. 以人力资源管理对外活动加强品牌传播

人力资源管理内部活动是品牌战略内化和品牌内部营销的关键路径，人力资源管理的对外活动则是品牌外部营销的重要载体。人力资源管理过程中，招聘、培训、对外合作交流等模块都涉及与外部机构和公众的联系，它承载着人际传播的关键职能，通过活动的规划安排影响着品牌传播的范围和效果。

综上所述，人力资源管理是企业实施品牌战略的重要组成部分，是企业谋求发展壮大的核心因素，也是企业在市场竞争中立于不败之地的至关重要的因素。

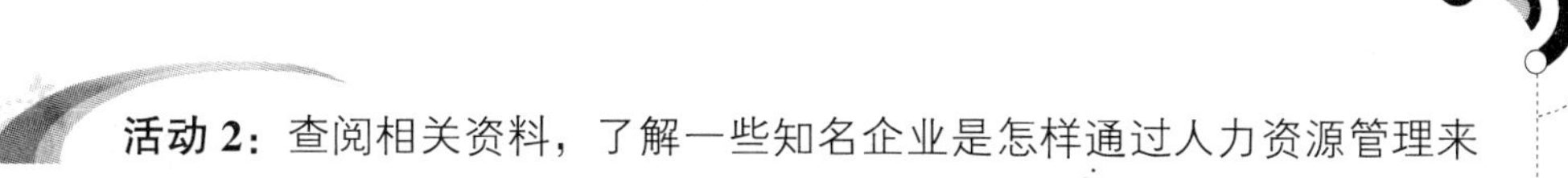

活动 2：查阅相关资料，了解一些知名企业是怎样通过人力资源管理来实现品牌塑造的。

考试链接

1. 人力资源管理的内涵。
2. 人力资源管理在品牌中的作用。

第三节 品牌管理人才的培养

引导案例

百年老院的现代管理启蒙

北京同仁医院是一所以眼科闻名中外的百年老“院”，走进医院的行政大楼，其大堂的指示牌上却令人诧异地标明：五楼 MBA 办公室。目前该医院已经从北大清华聘请了 11 位 MBA，另外还有一名学习会计的研究生，而医院的常务副院长毛羽就是一位留美的医院管理 MBA。

内忧外患迫使同仁下定决心引进职业经理人并实施规模扩张，希望建立一套行政与技术相分离的现代医院管理制度。

根据我国加入世贸组织达成的协议，2003 年，我国正式开放医疗服务业。2002 年初，圣新安医院管理公司对国内数十个城市的近 30 家医院及其数千名医院员工进行了调查访谈，得出结论：目前国内大部分医院还处于极低层次的管理启蒙状态，绝大多数医院并没有营销意识，普遍缺乏现代化经营管理常识。更为严峻的竞争现实是：医院提供的服务不属于那种单纯通过营销可以扩大市场规模的市场——医院不能指望通过市场手段刺激每年病人数量的增长。

同仁显然是同行中的先知先觉者。2002 年，医院领导层在职代会上对同仁医院的管理做过“诊断”：行政编制过大、员工队伍超编导致流动受限；医务人员的技术价值不能得到体现；管理人员缺乏专业培训，管理方式、手段滞后，经营管理机构力量薄弱。同时他们开出药方：引入 MBA，对医院大手笔改造，涉及岗位评价及岗位工资方案、医院成本核算、医院工作流程设计、经营开发等。

目前，国内医院几乎所有的医院都没有利润的概念，只计算年收入。但在国外，一家管理有方的医院，其利润率可高达 20%。这也是外资对国内医疗市场虎视眈眈的重要原因。同仁要在医院中引入现代市场营销观念、启动品牌战略和人事制度改革。树立“以病人为中心”的服务观念：以病人的需求为标准，简化就医流程，降低医疗成本，改善就医环境；建立长期利润观念，走质量效益型发展的道路；适应环境、发挥优势、实行整合营销；通过扩大对外宣传、开展义诊咨询活动、开设健康课堂等形式，有效扩大潜在的医疗市场。

同仁所引进的 MBA 背景各异，绝大多数都缺乏医科背景。他们能否胜任医院的管理工作？医院职业化管理至少包括了市场营销管理、人力资源管理、财务管理、科研教学管理、全面医疗质量管理、信息策略应用及管理、流程管理等 7 个方面的内容。这些职能管理与医学知识相关但非医学专业。

同仁医院将 MBA 们“下放”到手术室 3 个月之后，都悉数调回科室，单独辟出 MBA 办公室，以课题组的形式，研究医院的经营模式和管理制度。对于医院引入的企业化管理，主要包含医院经营战略、医疗市场服务营销、医院服务管理、医院成本控制、医院人力资源、医疗质量管理、医院信息系统和医院企业文化等多部分内容。其中，医院成本控制研究与医院人力资源研究是当务之急。

几乎所有的中国医院都面临着成本控制的难题，如何堵住医院漏洞，进行成本标准化设计，最后达到成本、质量效益的平衡是未来中国医院成本控制研究的发展方向。另外，现有医院的薪酬制度多为“固定工资+奖金”的模式，而由于现有体制的限制，并不能达到有效的激励效果，医生的价值并没有得到真实的体现，导致严重的回扣与红包问题。如何真正体现员工价值、并使激励制度透明化、标准化成为当前首先要解决的问题。

这一切都刚刚开始。指望几名 MBA 就能改变中国医院管理的现状是不可能的。不过，医院管理启蒙毕竟已经开始，这就是未来中国医院管理发展的大趋势。

资料来源：周三多、陈传明：《管理学——原理与方法》(第五版)，复旦大学出版社，2009 年。

思考题：

同仁为什么要引进如此多 MBA？你认为 MBA 们能否胜任医院的管理工作？

一、品牌管理人才的内涵

问题 5： 什么是品牌管理人才?

人才是指具有一定的专业知识或专门技能，进行创造性劳动并对社会作出贡献的人，是人力资源中能力和素质较高的劳动者。

品牌管理人才是指具有一定的品牌管理知识和技能，对品牌进行整体规划、传播、提升等一系列活动，品牌管理人员的工作职责主要包括五项：调查研究、制定品牌发展规划、实施、协调、检讨与改进。

1. 调查研究

调查研究是了解市场、进行品牌定位的基础，而品牌定位又是品牌规划的先决条件。“没有调查就没有发言权”，同样，在品牌管理方面，没有对市场、消费者的调查和充分了解，也就没有品牌管理的决策权，由此可见调查研究在品牌管理中的重要性。因此，对市场进行调查研究是品牌管理人员的主要工作之一。品牌管理人员也需要亲自到市场中去感知市场的变化，感受顾客的需求。调查研究包含了战略层面和业务层面两部分。战略层面是对于对品牌成长具有影响的外部经济环境、产业环境、竞争环境、政策、社会人文等宏观环境态势的研究；业务层面则是针对具体业务开展的竞争动态、顾客需求的研究。由于具体的市场调查工作由专业人员来完成，因此，品牌管理的工作在于明确调查对象、调查目标、调查时间等，结合工作实际对调查结果进行更深入的剖析并作为制定相关策略的依据。

2. 制定品牌发展规划

品牌发展规划是就品牌建设的既定目标在实现方式、时间、步骤、资源安排、可能出现的问题及其相应措施等内容所进行的、较为详细的安排。品牌规划是进行品牌管理的指导性文件，没有长期品牌规划的指导，企业的品牌管理就可能陷入混乱状态。因此，进行品牌规划是品牌管理人员的主要职责。品牌规划分为品牌形象规划和品牌发展规划。品牌形象规划是以市场研究及品牌策略为基础，对品牌形象的创建和维护进行的运筹安排，包括建立品牌名称、品牌标识、品牌视觉及理念识别体系、品牌口号、发掘品牌历史等方面的安排。品牌发展规划是针对品牌与顾客和社会利益群体进行沟通的对象、时间、方式和目标等内容所做的安排。

3. 实施

要实现品牌管理的目标，进行市场调查研究和品牌发展规划是重要的，但更重要的是要将这些纸上的东西变成行动，否则，纸上谈兵是不可能取得任何实质成效的。因此，执行既定的管理方案就成了品牌管理人员最重要的职责之一。对品牌管理具体方案的实施包括：广告表现、媒体、公关活动、销售促进、品牌联合、形象设计等。

4. 协调

品牌管理实施过程需要许多不同部门的共同努力才能完成，因此，在实施过程中必然存在许多矛盾和冲突，而这些矛盾和冲突需要品牌管理人员来协调。协调关系是品牌管理人员的主要职责之一。

5. 检讨与改进

对于品牌实施过程中的各项工作及方案，品牌管理人员需要定期或不定期地检讨与改进：①自省，通过例行的工作检查，对于实施的过程及结果进行评价，如果出现与目标的偏差应及时提出矫正方案；②来自外部同僚及上级的批评意见和建议，这些都是品牌管理人员知识库中不可或缺的财富。

二、品牌管理师及品牌管理师的培养

问题 6： 什么是品牌管理师及如何培养品牌管理师?

品牌管理师是从事品牌规划、品牌塑造、品牌推广、品牌维护、品牌运营等工作的专业人员。品牌管理师分为助理品牌管理师、品牌管理师、高级品牌管理师。

随着人们收入水平的提高，促使国内市场逐步进入品牌消费时代，挑品质、选品牌、用名牌已经成为越来越多的人日常生活方式的主旋律。企业竞争不仅要比科技含量，比质量优劣，比服务好坏，更要比品牌知名度、美誉度、联想度等，品牌成为企业争夺市场的核心竞争力。因此，品牌管理师这个新职业的出现，是与经济社会和科学技术的发展紧密相连、经济时代催生的结果。

我国目前只是一个制造业大国，还不是品牌大国。“有品无牌”的遭遇只能是“品牌加工厂”的低层次待遇。然而内部调查显示，目前在品牌战略决策和运营执行方面的人才，除“外资企业”、“广告、公关和咨询机构”外，国有企业和民营企业相对缺乏该类人才。并且，在很多企业内部组织体系架构和管理流程中，基本没有“品牌管理”系列的岗位名称、技术职级和管理授权。多品牌管理从业者主要是自学成才，没有经过系统的、专业的本科教育，在理论上和实践上与国际企业都存在一定的差距。

目前这些人员多集中在大中型城市的消费型企业和咨询公司，特别在京津冀、长江三角洲和珠江三角洲经济区更为集中。由于这些从业人员大多是有大专以上文凭，具有经济、心理、文化和传播多学科知识的复合型人才，目前主要来源于市场营销、工商管理、广告设计和新闻传播等相关专业。

品牌管理师是一种复合型人才，估计未来10年该市场人才缺口在100万人左右，目前国内还没有一家高校开设品牌管理本科专业，某些专业如市场营销、工商管理、广告等与品牌管理有一些关联。由此来看，培训和认证更多的品牌管理师将成为该领域今后工作的重点。少数大学开设了品牌管理选修课，也有品牌管理方向的研究生，但总体上说，这种培养模式远远不能满足市场和经济发展的需求。

随着市场经济的发展和经济国际化的推进，我国的1300多万企业都将设立专门的品牌管理岗位，品牌管理师将是未来最热门的职业之一，也为大学毕业生就业提供了一个千载难逢的契机。

活动3：查阅相关的招聘网站，看看品牌管理这一职位的市场需求量。

考试链接

1. 品牌管理人才的内涵。
2. 品牌管理师的内涵。
3. 品牌管理师的培养。

案例分析

福特的教训

福特公司曾经是美国最大的汽车公司。在福特公司的发展史上，曾经几次辉煌，几次衰败。细究起来，几乎全是由于人才的得失。

1. 老福特的独裁统治

自从亨利·福特创立了汽车公司以后，招揽了不少人才，除了一批具有丰富经验的技术能手，还特别延揽了销售天才亚历山大·马尔科姆森，使得公司的生产销售一直保持直线上升。短短十几年的时间，福特就成为举世闻名的汽车名牌，福特汽车公司也从此获得了“汽车王国”的美誉。福特汽车公司在20世纪初由于技术先进、管理完善，曾是世界上最大的汽车公司。

但是，亨利·福特被胜利冲昏了头脑，不但把公司的权力据为己有，而且清洗了公司的全部技术骨干和高级管理人员，开始沉湎于自己的独裁统治。20世纪40年代，他先后辞退了一批对于福特劳苦功高的人才。诸如被称为“世界上最伟大的工程师”之一的哈罗德·威尔斯，素有“技术之魔”美称的埃姆，“机床专家”摩尔根，传送带组装的创始人克朗和埃夫利等。这时的福特着迷于维护自己已取得的对公司的控制权。他把福特公司当做自己的私人产物，把公司的一切进展都归功于自己，他命令公关人员发表新闻时只能提他自己的名字。他在公司实行个人独裁，搞家长专制，取消经理制，公司领导层形同虚设，压制其他人员的思想。当时的《纽约时报》把福特称为“工业法西斯，底特律的‘墨索里尼’”。

老福特的独断专行，使不少能人纷纷离去，致使在公司的500名高级职员中没有一个大学毕业生，这作为一个现代公司不能不是一个笑话。整个公司人浮于事，无人过问技术革新，经营业绩一落千丈。

2. 小福特嫉贤妒能

1945年，亨利二世、亨利·福特的长孙小亨利·福特，出任公司总裁。小亨利上任伊始，面对的是一家每月亏损900万美元、管理极为混乱的“死亡公司”。在公司中，没有什么账册，没有预算和决算制度，死掉好几年的职工的名字仍旧留在工资簿上。他非常清楚，仅仅依靠自己的力量是无论如何也不可能把一个拥有几百家企业的大公司管理好的，必须再聘请一位具有丰富全面的管理经验，并有一定魄力的人组阁，形成一个有活力的领导集体，对公司进行一番彻底的改革。

经过多日的明察暗访，福特最后决定聘请通用汽车公司的副总经理欧内斯特·布里奇。欧内斯特·布里奇对此决定表示犹豫，但是福特“三顾茅庐”，终于以自己的诚意打动了欧内斯特·布里奇。欧内斯特·布里奇接受了邀请，并带来了通用汽车公司的几个高级管理人员，投到福特的麾下。再加上此前亨利二世已经招揽到的曾服务于空军从事经营管理工作的号称“十神童”的10个年轻天才，福特公司的新领导机构终于建立并运作起来，而且收到了立竿见影的效果。1946年，即布里奇走马上任的第一年，公司便扭亏为盈；第二年税后利润达6700万美元；1950年更高达25851.5万美元。并且形成了一整套有效的管理体制。

但是，当福特再次发展到高峰时，亨利二世却犯了和他的祖父同样的错误，变得越来越自以为是、独断专行，不听建议，嫉妒下属。欧内斯特·布里奇等一批优秀人才难以忍受，最后纷纷离去。

缺乏人才，使福特公司很快陷入危机状态。福特再一次聘请了几位能干的公司总经理，如著名的企业家艾柯卡，使公司未遭受更大损失。但是，亨利二世依然没有改变他的家长制作风。1978年，福特汽车占美国市场的23.6%，由于解除了艾柯卡的总经理职务，公司管理再度陷入混乱。1981年，市场占有率下降到16.6%，福特公司再度面临新的死亡危机。

3. 走出个人独裁的阴霾

没有任何一个企业可以归属于单个人，管理功能的精髓在于知人善任，激励企业中的优秀人才。福特经过认真的反省，认识到自己的不足。他决定将福特公司从家族企业变为现代化的联合公司。1980 年 3 月，福特宣布辞去公司董事局主席职务，把由他掌管 30 多年之久的权力交给了家族以外的管理专家菲利普，并根据公司规定，65 岁正式退休。

福特公司又一次进入了发展的新阶段。1996 年，福特公司以销售收入 1469.91 亿美元的业绩仅次于通用汽车公司居于全球 500 家大公司的第二位，利润达 44.46 亿美元。2005 年，福特公司的销售收入达到了 1722 亿美元。

总结福特公司的三起三落，教训是深刻的。它从根本上说明，品牌竞争中最重要的是人才。特别是高级管理人才，是一个现代企业能否成功的最关键的因素。品牌同样如此，如果企业缺乏优秀的人才，一个品牌会在市场上逐渐衰落直至消亡；如果企业人才荟萃，并各尽所能，企业就能兴旺发达，品牌的竞争力会逐渐提高。

资料来源：张世贤：《现代品牌战略》，经济管理出版社，2007 年。

问题讨论：

你从这个故事中受到了什么启发？

本章小结

人力资源管理，是在经济学与人本思想指导下，通过招聘、甄选、培训、报酬等管理形式对组织内外相关人力资源进行有效运用，满足组织当前及未来发展的需要，保证组织目标实现与成员发展的最大化。

人力资源管理的任务主要是吸引、激励、保留、开发人才为企业所用。具体说是指把组织所需的人力资源吸引到企业组织中来，将他们保留在企业组织之内，调动他们的工作积极性，并开发他们的潜能，从而获得人力资源的高效率的利用。人力资源管理要从专业角度进行分析和思考，通过人力资源战略与整体品牌战略的一致匹配、人力资源管理体系对人力资源战略的有力支撑、人力资源管理活动对人力资源管理体系的细化落实，充分发挥人力资源管理对品牌管理的独特价值，确保整体品牌战略的顺利实施。

品牌管理人才是指具有一定的品牌管理知识和技能，对品牌进行整体规划、传播、提升等一系列活动，品牌管理人员的工作职责主要包括调查研究、制定品牌发展规划、实施、协调、检讨与改进。

深入学习与考试预备知识

品牌对员工的影响

（1）品牌有助于提升员工社会地位：在强势品牌工作的员工，其社会地位要明显高于在弱势品牌或无品牌的企业。

（2）强势品牌意味着员工可能获得较高收入。企业利润高，员工收入才能提高。强势品牌可以使产品获得高于弱势品牌和无品牌产品的品牌溢价，从而为企业获取更高的利润。企业在获取较高利润后，就有能力为员工支付较高收入。但是强势品牌，并不必然导致高收入，只是说企业有能力为员工支付高收入，员工的收入水平仍取决于劳动力供给、员工本身能力以及企业对人力资源建设的总体安排。

（3）强势品牌使员工获得更多社会资源。人们总希望和有声望、有能力、有财富、有道德的人结交。而强势的品牌可以使该企业的员工成为社会上形形色色的人结交的对象。在社会交往过程中，人们可以积累非常丰富的社会关系资源，这种资源对于人的工作、生活都是非常有益的。

（4）强势品牌能降低员工工作难度。强势品牌既是敲门砖，又是保证书。在企业销售、招聘、融资和争取其他国家政策时，品牌的作用是不容低估的。比如在销售工作中，代表某著名品牌的销售代表，可能只需要一个电话就可以约到他想见的人，而一些初创企业的销售人员，见面往往是他们做销售最困难的工作。

（5）强势品牌有助于员工取得良好业绩。

（6）强势品牌有助于员工的职业发展。强势品牌对于员工的职业发展非常有益。①强势品牌有助于员工在职时取得良好业绩；②强势品牌会使公司业务发展较快，员工可以获得更多的提升机会；③强势品牌公司中有大量的学习机会，有助于员工能力的提升；④强势品牌有助于员工在寻求新的工作机会时处于优势地位。

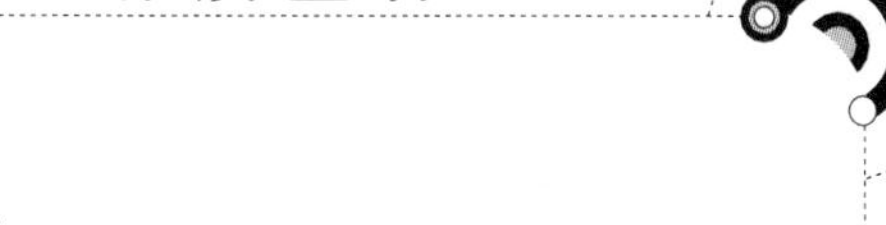

知识拓展

品牌经理制

品牌经理制是指在企业内部建立产品经理组织制度，以协调“职能型组织”中的部门冲突。企业所生产的各种产品差异很大，产品品种太多，在按职能设置的市场营销组织无法处理的情况下，建立品牌经理制度是适宜的。其基本做法是，由一名产品市场营销经理负责，下设几个产品线经理，产品线经理之下再设几个具体产品的品牌经理负责各具体的产品。

品牌经理制于 1927 年最早出现于美国的普罗克特—甘布尔公司。当时，普罗克特—甘布尔公司新研制生产出一种名为“佳美”的新品牌肥皂。但这种新品牌肥皂的市场销售状况不佳，远没有达到预想的效果。为了改变这一不利的市场销售状况，一位名叫尼尔·麦克罗伊（Neil McElroy）的青年人受命专门管理这一品牌产品的开发和推销，提出了“一个人负责一个品牌”的构想，尼尔的工作取得了很大的成功，后来被任命为总经理。普罗克特—甘布尔公司对于尼尔的成功非常重视，随后增设了其他品牌的专门管理人员。品牌经理也就应运而生了。

品牌经理制创立至今，已有 70 多年的历史，已成为国际市场一种成熟的、充满竞争力的营销制度，有许多地方值得我国企业借鉴。但实行品牌经理制度，并不会产生立竿见影的效果，也不普遍适用于所有的企业，它取决于企业自身的经营规模、产品特点、企业文化等，并需要一定的时间才会取得较大的进展。

“品牌经理”制度的建立，为市场营销吹来了一股清新的风。品牌经理通过对产品销售全方位的计划、控制与管理，灵敏高效地适应市场变化，改善公司参与市场竞争的机制，减少了人力重叠、广告费用和顾客遗漏，拉长了产品的生命周期。

它的优势主要表现在以下四方面：

以制度的力量协调运作的合力。品牌经理能够从整体上来考虑品牌的利益，并运用制度的力量去协调各部门围绕其品牌做出种种努力，明确每个部门对每个品牌在每个时点上所承担的责任，消除部门之间的推诿、扯皮，从而实现企业的整体优化。

顺应顾客需求改进产品的市场定位。在品牌经理制下，会极大关注竞争的差别性优势，包括价格成本差别性、产品特点差别性、品牌风格差别性、促销手段的差别性，有效克服产品、品牌的趋同现象。以差别化战略参与竞争并最终赢得竞争。

以个性化拉长产品的生命周期。品牌经理在销售工作中，能有效地消除所谓的短期行为。

以目标管理丰富顾客价值。品牌经理需要对产品的销售额和毛利率指标负责，就必须从一开始就注意控制各个环节的成本支出，一旦发现异常情况，便迅速做出反应。

资料来源：《浅析多品牌经理制的利弊》，世界经理人网站，2006年11月。

答 案

第一节：

人才是一个企业能否成功的关键因素。宝洁的成功得益于詹姆斯·甘布尔的肥皂配方、哈利·普罗克特的广告和库柏·普罗克特的管理。詹姆斯·甘布尔的肥皂配方为宝洁公司奠定了快速发展的基础，哈利的广告推广使得象牙肥皂在美国家喻户晓，库柏的管理创新不仅大大改善了公司与员工之间的关系，还大大激发了公司员工的创造热情。一个成功企业的背后，往往都拥有一个非常丰富的、持续多年的价值、信念和传统，由此构成企业的文化特色。充分重视人的作用，可以说是宝洁公司得以成功的最根本的原因。

第二节：

亚实科技有限责任公司通过“终生交往”这种特殊的管理模式来留住人才。

(1) 与员工保持“终生交往”，使离职员工“流而不失”，离职员工仍被看作公司的人力资源，公司会对这部分特殊的人力资源实施高效管理。

(2) 公司的人力资源部设立新的职位：“旧雇员关系主管”。这个主管的工作，就是建立特殊的人事档案，跟踪离职员工的职业生涯变化情况，与离职员工保持联系。

(3) 公司还摒弃了“好马不吃回头草”的陈腐观念，欢迎“跳槽”的优秀人才重返公司效力。

第三节：

略（本道题目是开放性答案，学生可以自行调研得出结论，证据充足，言之有理即可）。

案例分析：

品牌竞争中最重要的是人才，特别是高级管理人才，是一个现代企业能否成功的最关键的因素。品牌同样如此，如果企业缺乏优秀的人才，一个品牌会在市场上逐渐衰落直至消亡；如果企业人才荟萃，并各尽所能，企业就能兴旺发达，品牌的竞争力会逐渐提高。

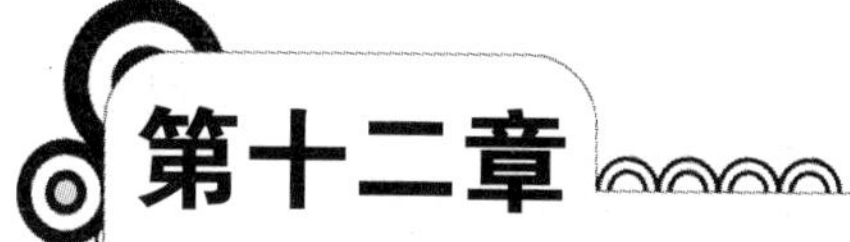

第十二章 建立全员品牌质量责任制

学习目标

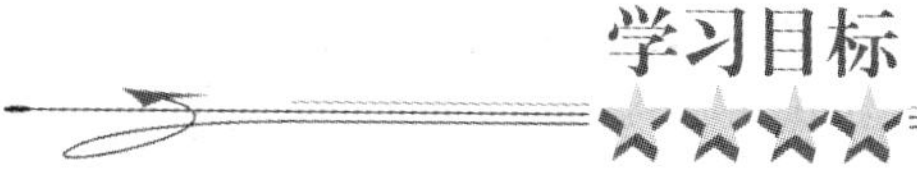

知识要求 通过本章的学习，掌握：

- 员工对品牌崇敬感的内涵
- 培养员工对品牌的崇敬感的方法
- 员工素养的含义与内容
- 提升员工素养的主要内容
- 提升员工素养的主要方法

技能要求 通过本章的学习，能够：

- 对全员品牌质量责任制有一个总体了解
- 员工素养提升的主要内容
- 掌握几种常用提升员工素养的方法

学习指导

1. 本章的主要内容：员工对品牌的崇敬感的内涵、员工素养提升的主要内容、提升员工素养的主要方法等。

2. 学习方法：掌握最基本的理论，结合案例理解概念，并进行知识延伸和讨论活动等。

3. 建议学时：10 学时。

第一节　培养员工对品牌的崇敬感

引导案例

高素质的企业员工托起优秀品牌文化

成功的品牌文化是由企业的高素质、高品质的员工用双手托起来的。美国著名的连锁公司“沃尔玛”以其“和气生财”的企业文化和经营理念闻名全球。而让这种精神传遍于世界各地的则是“沃尔玛”的员工。无论任何客户，只要进入任何一家“沃尔玛”分店，接待员、售货员、收款员都会笑容可掬地主动向客户致意。人们进入店中，处处都有宾至如归的家庭温馨感。精于经营之道和心理学的售货员能从顾客的仪表和神态中初步判断出他的购物意图，从而进行耐心的解释和诱导。从你进门到你出门，“沃尔玛”员工的微笑都会一直伴随着你，让你备感亲切、愉快、惬意和温馨，在这种情况下，人们都十分愿意“慷慨解囊”。这里的员工不仅把顾客当做消费者，而且把顾客当做朋友，双方建立感情。由这些员工身上所散发出来的企业文化，不仅托起品牌文化，而且还以这种文化去影响一批又一批的顾客，使他们也融入到这种文化氛围之中。

日本的企业文化是最奉行人本主义精神的，他们认为只有具有高素质和创造力的企业员工，企业才会发展，企业及品牌文化才能得以持久。事实的确如此。在日本曾发生过这样一件事：一天，天下着大雨，路上已基本无行人了，这时一位忠于职守的警察发现一个身穿雨衣的中年男子快步跑向一辆停在路边的轿车，他把自己身上的雨衣脱下来盖在汽车上，自己却被大雨淋了个透湿，警察感到十分奇怪，对那位男子说道：“先生，雨不会淋坏你的车，你可千万别把自己淋病了。”那位男子在雨中笑笑说：“你弄错了，这不是我的车。”警察更加奇怪：“不是你的车，那你为什么要这样做呢？”“这是丰田牌的汽车，而我是丰田的一名员工，我不想让我们公司的汽车在任何时候沾上污秽。”丰田汽车公司就是靠这样的高素质、高品质员工托起了企业独特的品牌文化，促使了丰田汽车达到“车到山前必有路，有路必有丰田车”的境界。

高素质的员工是企业的财富，品牌是靠他们托起来的，企业的成功是靠他

们来实现的，离开了他们，一切都无从谈起。

资料来源：周朝琦、侯龙文、邢红平：《品牌文化——商品文化意蕴、哲学理念与表现》，经济管理出版社，2002年。

思考题：

想一想，为什么说成功的品牌是由企业的高素质、高品质的员工用双手托起来的？

一、员工对品牌的崇敬感

问题1：什么是员工对品牌的崇敬感？

员工对品牌的崇敬感，指的是员工对品牌的认可，从更深的角度来讲，是员工对企业文化的认同。只有每个员工都把自己的工作和行为看成是实现企业目标的一个组成部分，为自己作为企业的成员而感到自豪，对企业的成就产生荣誉感，把企业看成是自己利益的共同体和归属，才会对企业的品牌产生崇敬感，才会为实现企业的目标而努力奋斗，自觉地克服与实现企业目标不一致的行为。

二、培养员工对品牌的崇敬感

问题2：如何培养员工对品牌的崇敬感？

培养员工对品牌的崇敬感是打造优秀品牌的重要元素之一。那么怎样培养起员工对品牌的崇敬感，具体来说要做到以下七个方面：

1. 把人放在核心的位置

优秀的企业文化都把“人”放到了核心的位置，企业之间的竞争已经从传统的资金、技术、机器、设备转化为品牌、文化的竞争，而无形的“文化”的作用，就是要凝聚人气，汇集力量，形成企业的合力，因此，世界上优秀的公司，都非常重视员工的利益。惠普公司的文化就很重视对人的重视和培养，他们把培训看成是投入产出比最高的投资，毫不吝惜在培训方面的投入，全面提升员工的技能。因此他们建立了完善的培训体系，90%的课程都是由自己的中高层干部主讲，很多离开惠普的员工都对惠普的培训津津乐道，对惠普表示出自己的敬仰。

2. 作为企业，首先应知晓“金无足赤，人无完人”的道理，不能对员工过分苛求

不同的人有不同的性格、不同的爱好、不同的生活习惯。企业领导不能以

个人的喜恶决定员工的喜恶，必须尊重员工的人格，尊重员工的个性和爱好，在适当的时候尽量提供空间，让员工有展现自我风采的舞台。

3. 不搞大锅饭，一刀切，不搞平均主义

相信员工之间一定有能力差异，在企业内部要建立平等竞争机制，鼓励和促进员工的能力提升，能者多劳，多劳多得，让员工能在自己的岗位上看到自己的价值以及希望和未来。

4. 有“千里马”还得有“伯乐”

企业如果要求员工需德才兼备，那就一定要从“德”和“才”两个方面来考评员工，而不是凭关系、讲感情、论资历、看背景，企业必须先要有一颗“公平”心，员工才会放心。真正做到人尽其才、物尽其用。

5. 诚信，自古以来就是各企业的立业之根本

企业主不仅是对客户要诚实、讲信用，而且对自己的员工也要言必行，行必果。不要对员工经常讲大话，开空头支票，最后又不了了之，这会让员工的感情受到伤害。如果让员工感觉到自己在被愚弄、被欺骗，就会寒心，就会对公司丧失信心。

6. 因位设人，量才录用

对人才不过高要求，否则既浪费了资源，又显得对人才不够尊重。企业选拔人才应以能满足企业的生产活动需要即可。

7. 关注员工需求，只有没被满足的需要，才会影响人的行为

根据马斯洛的需求层次说，人类从低到高共有五个层次的需求，即生理需求、安全需求、社交需求、尊重需求和自我实现的需求。作为企业家，必须注意研究需求层次说，只有满足了员工不同时期的需求，员工的工作积极性才会得到提高并具有持久性，才会用行动回报公司，用心热爱公司。

活动1：周末的时候，可以到大商场逛一逛，亲身体验一下知名品牌的员工服务态度，感受一下他们对品牌的主人翁意识。

阅读材料

我们要向海尔学什么

广东潮州一位客户陈志义给海尔写了一封求购全自动洗衣机的信，海尔总部马上要求下属企业海尔梅洛尼公司与他约好上门送洗衣机，时间是1995年7月8日上午。7月6日晚11：00，一台海尔玛格丽特洗衣机由青岛运至广州；7月7日早6：00，驻广州安装维修人员毛宗良租了一辆车，护送洗衣机往潮

州赶；到了下午2：00，在离潮州还有将近一半路程时，车因手续不全被扣了，而被扣车的地方前不着村后不着店，离最近的海丰城还有四五里路。烈日下，毛宗良守着洗衣机拼命地拦截偶尔过往的车，但司机一看洗衣机这么大的体积都不愿意拉……就这样，毛宗良拦了十几辆车没有结果，此时已是下午3点钟。"不能再等了……"小毛开始在路边拽绳子，想将洗衣机背到海丰城。

烈日下的温度高达38℃，毛宗良这时还没有吃午饭，可为了抢时间，他背起重约150斤的洗衣机上了路。不一会儿，汗水便湿透了他的衣衫，路过的行人看着觉得奇怪，不明白他为何在烈日下背着洗衣机行走。

累了歇一会再走，就这样4里路走了两个多小时，到达海丰城时，已是下午5点多了，这时毛宗良浑身上下已被汗水浸透，又累又饿，几乎马上就要虚脱了。但他做的第一件事便是与销售公司联系，请他们派车来提洗衣机。

他守着洗衣机坐在路边等，直到晚上8点多，销售公司的车才来，等将洗衣机装上车出发时，毛宗良才想起，已有两顿饭没吃了。到达潮州时已是夜里12点多，参加7月8日上午安装工作的海尔工作人员都在焦急地等待着，看到毛宗良带洗衣机安全抵达，才长吁了一口气。

陈志义就此给海尔寄来了感谢信。信中说："想不到我就寄去一封求购的信，你们竟千里迢迢送货上门，如此周到服务，确实绝无仅有，海尔的精神令人敬佩！"他还说，产品和服务的内容虽因行业而不同，但是通过企业活动以提高人类生活的品质，是所有企业的共同目标。他这样写道：海尔的一切努力，无论是海尔产品追求卓越的品质、高科技含量，还是海尔建立信访卡、维修信誉卡、征询意见卡以实现完备的售后服务，都是为了导向这一目标。

毛宗良在客户中流传的故事，远不止为潮州人背洗衣机这一件。在一位用户家里，泄漏的暖气管道凝结的热水一滴滴往下流，地板被溅湿了一大片。在屋里安装洗衣机的毛宗良把这些看在眼里，当他圆满地结束了安装工作后，便取出管钳，将暖气管道拆卸、包捆，很快排除了故障，然后他搓着被暖管热气烫红的手道道别就走了。再如，广州一用户想在洗衣机附近安一个洗手盆，毛宗良把这一愿望也作为他应尽的责任，用自己娴熟的技术，接好水管，装上了洗手盆。他服务过的用户都曾诚心诚意备好饭菜、备好礼物，要毛宗良领会他们的心意，毛宗良却说，用户最大的回报就是冲着他开心地笑。而他自己每次谢绝用户厚意的笑容，又会引来更多的用户对海尔更丰厚的回报。

资料来源：周朝琦、侯龙文、邢红平：《品牌文化——商品文化意蕴、哲学理念与表现》，经济管理出版社，2002年。

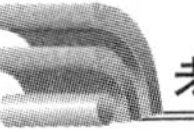

考试链接

1. 员工对品牌崇敬感的内涵。
2. 如何培养员工对品牌的崇敬感。

第二节 员工素养提升的主要内容

引导案例

星巴克成功背后的秘密

《商业周刊》评出的2001年全球品牌100强中，星巴克排名第88位。虽然与排名第一的可口可乐品牌价值689亿美元相比，星巴克品牌价值18亿美元只是小数目，但是，《商业周刊》却称星巴克是“最大的赢家”。因为与上一年相比，许多著名品牌价值大跌，施乐跌幅为38%，亚马逊、雅虎跌幅均为31%。相反，星巴克品牌价值却猛增38%，其增幅在100强中居第一位。

星巴克总裁说：“星巴克没有高科技，没有专利，成功完全建立在员工与企业的关系上。”星巴克在笼络员工、赢得人心上有其独一无二的战略。

（1）每个员工都是股东。星巴克去年共有6万名合伙人，其中很多都是以小时计酬的员工，但公司把每个员工都叫做“合伙人”。公司慷慨地为每位员工提供医疗健康保险和股票期权福利，连兼职员工也不例外。因此，业界把星巴克的股票制度戏称为“豆股票”（Bean Stock），让所有员工享有更多照顾和拥有感。星巴克创始人霍华德·舒尔茨认为，合伙人满意才能带来顾客满意，这构成星巴克经营理念的DNA。

（2）星巴克为员工提供全面的培训。首先培训硬件技能，如何使用现金收款机、调制咖啡豆。因为大多数饮料都是手工制作的，每种饮料的调制都有一套特殊的流程，据说制作一杯浓缩咖啡需要七个特殊步骤。其次还要培训员工的软技能。如何接待顾客——包括如何在门口欢迎顾客，如何目光接触、微笑，并记住每个人的名字。公司制定了“Just Say Yes”政策，要求员工避免与顾客争执，并充分授权合伙人提供尽可能好的服务。

（3）星巴克鼓励内部员工晋升。70%的店经理均做过侍应生，60%的地区经理以前是店长。

因为有上述"笼络"员工的政策和文化，星巴克员工满意度一直保持在80%~90%，远远高于行业水平。公司在《财富》最适合工作的排名中，位居前40名。这对于一个雇佣众多小时工的公司来说，是一个巨大成就。星巴克也拥有业内最低的员工流动率——仅为70%，而快餐行业平均水平是300%。因此，星巴克少花钱做广告，多花钱笼络员工，创造了体验经济时代的品牌神话。

资料来源：《John Quelch. Marketing Management》（影印本），中国人民大学出版社，2005年。

思考题：

上述案例中，星巴克是怎样提升员工素养的？

一、员工素养的内涵

问题3：什么是员工素养？

员工素养是指员工的品质和道德。它包括员工的素质和修养，涵盖了员工的道德、情操、言行举止、文化底蕴、奉献精神、遵纪守法意识、社会公德意识和自我约束意识等。员工素养的高低受文化底蕴、社会文明程度（包括物质文明、精神文明、政治文明）、法制约束程度、环境影响程度、员工受教育程度、员工自尊自重程度、员工思想进化程度和企业管理制度规范程度等多种因素的影响。

在员工素养上有一个很形象的"冰山理论"，就是说一名员工就像冰山，呈现在人们视野中的部分往往只有1/8，而看不到的则占7/8。对员工来说，外边的1/8是其资质、知识、行为和技能，里面的7/8则是由职业意识、职业道德和职业态度三个方面形成的基石。员工素养的"水上部分"包括基本知识、基本技能，是显性的，即处在水面以上，随时可以调用，是人力资源管理中人们一般比较重视的方面。它们相对来说比较容易改变和发展，培训起来也比较容易见成效，但很难从根本上解决员工综合素养问题。而要培育员工优秀的职业素养，就要重视隐性方面的内容，因为它占有员工素养的7/8，同时还深刻地影响着员工1/8的显性素养。

员工素养的"水下部分"包括职业意识、职业道德、职业态度，是隐性的，即处在水面以下，如果不加以激发，它只能潜意识地起作用，这方面处于冰山的最下层，是人力资源管理中经常被忽视的，也经常被员工被人所忽视。然而，如果员工的隐性素养能够得到足够的培训，那么对员工的提升将是非常巨大的，同时对企业的影响也将更加深远。

二、提升员工素养的必要性

问题 4：如何提升员工素养在企业发展中的作用?

人是生产力诸要素中最活跃、最有增值价值的因素。对一个企业来说，人的因素，即员工的因素是最根本的因素。先进的设备、充裕的资金对企业的发展固然很重要，然而没有人，它们的价值就无法表现出来。人是企业生产经营的主体，只有将先进的机器设备等物的因素与人结合起来，它们才能产生无穷的效力。提高员工的素养对企业的发展具有积极的作用，主要表现在以下四个方面：

1. 提升员工素养是增强企业竞争力的有效途径

现代企业的竞争是“人才”的竞争，随着知识和技术的更新速度加快，企业需要不断创新和引进新技术和新理念，这就要不断地对员工进行培训。通过培训可以增强员工对企业决策的理解和执行能力，使员工掌握企业的管理理念和先进的管理方法，不断提高自身素质，不断提高企业的市场竞争力。

2. 员工思想素质是企业文化形成的基础

企业员工如果对企业文化认同，就会产生一种与企业同甘苦共命运、风雨同舟的归属感。而一个企业的文化也就是依靠员工的这种精神不断形成和提升出来的。员工思想素养高低、个人人格如何，直接决定着企业文化的形成和发展。对企业来说，当企业的日子好过的时候，这种精神的价值一般不会被体现，但当企业面临困境的时候，企业的任何带有硬约束的“物质激励机制”和“奖惩制度”都将显得无济于事，需要员工凭借自身素质和企业文化的熏陶，与企业同生存、共命运，最终将渡过难关。

3. 员工业务技术素养是企业文化发展的前提

员工业务技术素养特别是创新能力的高低，直接决定着企业的创新的能力如何。企业文化本身就是企业创新发展的一种体现，一个企业要在当今市场经济的大环境下立于不败之地，产品、服务、宣传等方面必须走在同行的前头。在人后亦步亦趋，就会被市场所淘汰，这就要求企业员工的知识结构、业务技术结构等必须与时俱进。这也是企业做强、做大的一个根本保证。

4. 员工职业道德素养是企业文化广泛传播的保证

企业文化是一种精神，是企业向外界的一种宣言。企业形象如何，企业文化至关重要。而员工的职业道德高低直接决定着企业文化或者说企业形象的高低。职业道德除去有个人素养原因之外，重要的是源于传统而由历史形成的，虽没有强制的约束力，但却是大家愿意普遍遵守的内在约束力，这本身就是企业文化的作用。

总之，员工素养是企业的基础，换言之，是企业发展的载体。企业能否为市场所接受、所容纳，表面上看是企业的卓越，实际上是员工的素养在起着根本的作用。因此企业必须重视员工的素质提升。

活动 2： 组织一堂员工素养提升的课堂讨论。

考试链接

1. 员工素养的内涵。
2. 提升员工素养的必要性。

第三节　提升员工素质的主要方法

引导案例

大通曼哈顿把培训进行到底

坐落于纽约市中心的大通曼哈顿银行是一个培养和选拔职业商业银行员工的摇篮，它在人事管理和员工培训方面的一些做法值得我们重视。

大通曼哈顿银行重视培训、重视人才的主要表现形式是在对教育费用的重金投入上。因为这是一种投资，可以带来长期稳定的巨大收益。对这一点，几乎所有的美国商业银行都有共识，大通曼哈顿银行在此做得更加突出一些。它平均每年对教育经费的支付就达 5000 万美元。而且，如果在银行工作期间满半年以后，没有单位的可直接申请入学，由银行提供全部费用。重金的投入加快了人才培训的步伐，也间接地加速了大通曼哈顿银行内部素质的提高。

大通曼哈顿银行设置专门培训机构和专职人员，他们的人事管理部门下属的 1~5 个培训处都有足够的人员抓培训工作，大通曼哈顿银行的职员培训部门由 83 个有经验的培训管理人员组成。他们的主要任务：一是为领导提供员工教育的有关信息，如本年度培养的具体人员和对其培训的基本项目及其培训的结果，对各学员的心理素质的培训让他们尤为重视，每个学员都要在培训部门所设的各种各样的困境中，战胜并超越自我，最后才能真正占有一席之地；二是负责银行领导与员工之间的信息交流，培训部定期让员工与银行领导会面，把自己心理上的想法和愿望反馈给银行领导，这样直接沟通了员工与领导之间的思想，并缩短了他们之间的距离，为日后工作的开展起了很重要的作用；三是根据银行领导或董事会的要求，组织员工撰写个人年度培训计划；四是组织落实各种培训工作，如他们的员工教育技能培训可分月进行，趣味性的培训每周 2 次。这种培训机构完成了银行的各种培训计划。

认真执行年度培训计划是大通曼哈顿银行每年必做的一项工作，银行要求全体员工每年要搞一个自我培训计划，并做到切实可行。如某员工在自我培训计划中这样写道：1~2 月，对银行内部的基本环境和结构做一次调查；2~3 月，对自身不足之处和对银行的不满之处做一个系统的总结；3~7 月，主要对自己不足之处加以改善；7~12 月，对银行的不足之处提出更好的建议。大通曼哈顿银行的培训计划，是在员工提出的新一年培训计划基础上，由总行制定，再由员工选择，如微机、写作、银行新业务等。然后，交员工所在部门审核并报上级部门。最后，由培训主管部门汇总、实施。

大通曼哈顿银行要求技术性较强的工作岗位人员要具备大学以上学历。为此，有些员工积极申请参加学历或学位培训。银行负责支付全部费用，学习人员的工资照发。但规定，只能业余时间学习。建立这种“资助自我开发”制度，企业自然增加了部分开支，但从长远看至少有两大好处：一是公司规模扩大时员工可以内部流动，尽快进入较大的工作空间；二是在公司进行技术调整时下岗员工可以增加谋职机会。银行要求员工加强道德修养，鼓励员工在离开银行后继续成为对社会有益的人，并把类似的培训看做是企业对社会的一种回馈，这些经验受到了有关组织的重视。科技的更新，经济部门的不断调整，传统企业经营方式正在萎缩或消失，而另一种新的银行经营方式在不断地滋生，这就加大了人才的流动。有条件的企业为社会分担一部分员工再就业的预先培训，这就是大通曼哈顿银行之所以受到美国政府重视的原因之一吧。

在岗位人员培训方面，大通曼哈顿银行多是由本行人员任教。只有在特殊情况下如培训中高级人员时，才请外面人员来进行授课。培训时间一般都在晚上，聘请银行退休专家授课。

通常使学员培训处的专家们最头痛的事情，莫过于如何提高员工的学习积极性，而在大通曼哈顿的银行培训处，这种事却认为是很简单的。大通曼哈顿的银行培训专家们认为，只需让员工有使命感自然会充满干劲。办法是平常教导学员，怎么做才能对企业、对国家有所贡献。培训处的学员有了前进的方向和目标，就会竭尽全力工作，企业也不愁培养不出人才了。翻开世界历史便可知道，一项工作如果对社会大众没有什么帮助，往往很难获得成功。同时，大通曼哈顿银行的培训组织让员工渴望通过自己的学习、工作，表达他们贡献社会的心愿，使单纯的为日后高薪收入而努力之外，更增加了一份责任感。

在大通曼哈顿一系列的计划中，其实主要的是使录用、培训、选拔、管理实现了一体化，统一由人力资源开发部门负责。银行提拔或变动员工工作的主要依据就是看培训后的工作业绩。美国是一个金钱资本主义国家，而在这样的资本主义国家里，大通曼哈顿银行久盛不衰，其主要原因就是从最基层抓起，从员工的培训选拔上抓起。

资料来源：姜慧德、刘爱芹：《全美企业管理经典案例集·经营战略》，科学技术文献出版社，2007 年。

思考题：

为什么大通曼哈顿把员工培训看得如此重要？

一、提升员工素质主要方法

问题 5：如何提升员工的素质？

随着市场经济的逐步深化，市场竞争越来越激烈，企业员工素质的高低，直接关系企业的改革、发展和稳定，关系到企业在激烈的竞争中的胜负。企业员工的职业素质和技术能力若普遍偏低，将成为制约企业快速发展与国内外企业同台竞技、一比高低的一大瓶颈问题。如何提升员工的素质是每个企业的重要事宜。员工素质的提升从两个方面做起。

（一）对新进人员：从源头开始控制，严格把关

“一流的企业需要一流的员工队伍”。但是一流的员工队伍从何而来，靠培养不能完全解决问题，要从源头上保证员工具备一流的素质。没有一流的素质，培养工作如何卓越，投入如何之大，效果都有限。有一句话说：要训练一头猪学会爬树，那还不如在开始的时候，就买一个猴子。国内外著名的企业都很重视招聘，在人才引进上有非常清楚的理念、策略，方法、流程制度，建立了一系列配套的支撑措施，保证企业能够有效地引进企业真正需要的人才。

（二）对内部在职员工

一方面为员工营造良好的企业文化；另一方面加强对员工的培训。

1. 培养富有凝聚力、具有良好敬业精神、奉献意识以及团队精神的企业文化

员工素质的核心是敬业精神和奉献意识，这是员工所有素质的基础，也是员工的文化素质和技术素质赖以不断提高的精神依据。而这一素质的持续实现，必须有一种强有力且成熟并能与时俱进的企业文化为依托。

企业文化是企业一切行为的道德基础，它是企业人格化的外在体现，是诚实守信、开拓创新的灵魂和源泉，是员工敬业奉献的道德依据。所以企业文化

的成功和成熟与否直接关系到企业的核心竞争力和持续竞争力的强弱。

2. 必须建立能上能下、平等竞争的用人机制

建立一种使人才脱颖而出的选人、用人机制是使员工素质得以持续提高的重要外部环境，能上能下的制度是迫使现有岗位的员工素质不断提高的外在压力，平等竞争使得只要员工的素质提高到某一岗位、某一层次的水准，就可以通过公开、公正的平等竞争获得这一岗位，使得员工的素质提高得到了用武之地。一旦这样的选人、用人机制得以建立和良性运行，企业员工整体素质的持续提高不但是可能的，而且还是现实的。那么一个充满生机与活力的学习型企业就循序渐进地形成了。

3. 建立适合高素质人才发挥其应有作用的使用平台和薪酬机制

高素质人才是企业整个人才和队伍的精英，他们的使用和薪酬机制的有效性和合理性对整个人才队伍素质的提升具有不可替代的示范作用。简言之就是：在使用上，要充分为其创造条件并根据企业的实际情况及其自身特点为其安排适当的管理岗位或技术岗位，以使其能真正发挥其应有的作用；在薪酬设计上，要充分考虑其实际贡献和示范效应，可以适当就高安排其相应待遇，从而为次高素质人才尽快达到高素质增加动力。对高素质人才的使用还有一个不能忽略的重要使命，那就是带队伍。要根据不同高素质人才的具体特点及其待遇情况为其制定带队伍计划，而最终所带队伍的效果反过来又起到了修正其薪酬待遇的作用。

4. 创建学习型企业的培训机制和氛围

学习型企业的机制建立在一个崇尚知识、崇尚人才的企业文化的基础上，全体员工认识都统一到素质提高的必要性和迫切性的广泛认知上，然后再设计一个切实可行的培训规划和计划，则全员素质的提高就指日可待了。

在员工培训方面，首先，企业管理者要有较强的素质培训理念。其次，基层领导干部应具有强烈的素质培训理念，要充分认识到只有不断地抓好员工培训，才能提高员工的综合素质，才能使员工具有更强的竞争力和更高的工作效率，才能使企业立于不败之地。再次，员工自身也要有更强的培训意识。提高员工对培训意识的认知，让员工充分认识到激烈竞争的残酷性，不断对自己进行思想和技能的培训，不断提高自己的知识和技能。最后，企业要有一套有针对性、实用性和实效性的员工培训方法，建立、完善各项培训管理制度，进一步规范培训管理；充分挖掘和利用培训资源，扎实有效地开展各项培训工作。把员工教育培训纳入到年度生产经营计划，与生产经营同部署、同落实、同检查、同考核，卓有成效地开展员工培训工作。

二、世界知名公司提升员工素养的方法

问题 6：世界知名公司如何提升自己的员工素养？

1. 丰田公司的岗位轮换培训

日本丰田公司对于岗位一线工人采用工作轮调的方式培养和训练多功能作业员，提高工人的全面操作能力。通过工作轮换的方式，使一些资深的技术工人和生产骨干把自己的所有技能和知识传授给年轻人。对各级管理人员，丰田采取 5 年调换一次工作的方式进行重点培养。每年 1 月 1 日进行组织变更，调换的幅度在 5%左右，调换的工作一般以本单位相关部门为目标。对于个人来说，通过几年的轮换岗位，有利于成为一名全面的管理人才、业务多面手。短期看，轮岗有个熟悉操作的适应过程，可导致生产效率的降低，但从长期看却是有百利无一害。因为员工经数次岗位变动后，已掌握了整个生产流程的操作，熟悉了每道工序的操作规则。同时，经常有秩序地轮岗可对员工造成适当压力，能有效发挥其工作潜能和积极性，使整个企业保持生机勃勃、蒸蒸日上的积极态势。

2. 柏克德公司的逐层选拔培训

美国柏克德公司是美国乃至全球规模最大的从事基本建设工程的一家大公司，仅员工就有 3 万多人。公司层层设有训练机构，并在总公司设立了一个规模很大的“管理人员训练中心”。首先，公司从 2 万名管理人员和工程师中，选择 5000 人作为基层领导（工长、车间主任等）的人；对这些人，鼓励他们自学管理知识，并分批组织其参加 40 小时的训练，再从中选拔需要的基层领导人员。其次，从基层领导中选拔 1100 人参加“管理工作基础”的训练和考核，从中挑选出 600 人分别再给予专业训练，使他们承担专业经理的职务（如销售经理、供应经理等）。最后，再从这些专业经理中选拔 300 人进行训练，以补充市场经理的空缺岗位（包括各公司的总经理、副总经理等）。

3. IBM 的终身教育

IBM 的教育特征在于，不论是现职人员，还是临近退休的员工，甚至连已经离开公司的人员也都作为教育对象。对于临近退休的员工或是已离开公司的员工，所进行的教育是一般修养方面的教育，而不是人事管理或加强销售方面的教育。这样做，目的是为了提高这些作为 IBM 的员工或作为曾在 IBM 工作过的员工所必须具备的教养和知识。IBM 希望这些离了休的员工或者离职了的员工，无论走到哪儿，都能以他们出色的风采、才能、气质得到这样的评价：“此人不愧曾是 IBM 的人，各方面都很能干。”

4. 微软的试错法

允许新雇员犯错，训练他们从错误中学习，积累经验，在实践中迅速成长为技术骨干。微软采取这种“试错法”的方式对新人进行培训。关于如何教育和引导加入微软的雇员这个问题，随着公司产品的多样性和复杂性变得越来越棘手。微软试图聘用能自学业务的人员，而不愿在培训项目、正规条例和流程，或详细的产品记录上大量投资。微软也不在脱产培训上大量投资，他们提倡以边干边学和言传身教的方式培训新雇员，而新雇员则通过观察有经验员工的工作和“试错法”来学习。

人们通过交谈或边看代码边使用产品来交流产品设计知识。同时，微软还通过熟练员工来教育新雇员。这些熟练员工有组长、某些领域的专家以及正式指定的指导教师，他们除了本职工作外还要担负起教导新雇员的工作。这种方法使得大家觉得有权学习并自己决定学什么和不学什么，使得他们在公司里的作用灵活机动。例如，对于程序经理的培训：刚开始时，新雇员的任务可能是一个单纯的特性，并且在直到完成为止的这段时间内，都会有人对你进行密切的指导。随后，当这种工作已做得相当熟练之后，便会在更大的特性组中从事类似的工作，但指导会少得多。一段时期之后，受训者会拥有一个小项目或一个大项目的一部分。同时，程序经理还可以受到一些正规的培训，包括一个供选修的为期 3 周的培训项目。

当然在这个过程中，你可以犯错误。当你从事完一项新的工作之后，就会有最好的专家来检查，并告诉你怎样编是对的，怎样编会更好一些，这样你就会在边干边学和不断纠正错误的过程中受到良好的培训。

活动 3： 利用本章所学知识撰写一份提高企业员工素质的计划书。

考试链接

1. 如何提升员工素养？
2. 世界知名公司提升员工素养的方法。

案例分析

小洋人集团质量新举措赢得市场好风光

近年来，频发的食品安全事件，将我国食品生产企业推到了风口浪尖，小洋人集团的系列产品却逆势而上，得到了消费者的广泛认可。谈及其中的原因，该公司总经理戴秀芬女士认为：“消费者购买公司的产品是对企业的信任和厚爱，只有以质量回报信任，以爱回报爱，时刻把消费者放在心中，时刻把产品质量放在第一位，时刻将质量管理工作牢牢抓在手上，才能赢得消费者的继续信任，才能赢得市场。”

据了解，三聚氰胺事件发生后，国内乳品行业面临非常严峻的考验。为确保产品质量、促进产品提档升级、提高产品市场占有率，小洋人集团于今年开展了“食品安全诚信建设年”活动。记者了解到，从1994年建厂至今，小洋人公司始终倡导“以人为本，以德为根”的诚信理念。开展“食品安全诚信建设年”活动后，小洋人集团董事长陈世勇又提出了“道德就是生产力”的新理念。他认为，对于企业来说，道德中的“道”是指企业的发展策略要符合科学发展观，按照事物的发展规律来制定重大决策；道德中的“德”就是企业的诚信，它不仅是对社会、对合作伙伴的诚信，也包括对员工、对企业本身的诚信。一个没有道德、缺失诚信的企业也就失去了发展的动力。

按照“道德就是生产力”这一理念，小洋人集团今年制定了“质量全员责任制”管理体系。所谓“质量全员责任制”，一是强化质量责任落实，明确生产基地负责人为安全生产和食品安全第一责任人，成立“质量全员责任制”领导小组，由生产基地负责人任组长。董事长与各生产基地、生产基地与各车间、车间与各条生产线层层签订了安全生产责任状和质量安全责任状。二是让全体员工都成为质检员，开展质量领导小组突查突检、生产工序间的互查互检、质量品控部门的巡查巡检，建立起一个立体、系统、全方位的质量管理模式。三是在全集团开展“十佳杰出诚信团队”评选活动，使这一奖项成为企业最高荣誉；全面倡导“诚信者荣，失信者耻”的企业文化，打造一支重诚信、重质量、重责任的队伍。

以“质量全员责任制”为基础，小洋人进一步健全完善了质量品控标准，按照生产流程对每一个生产环节进行严格控制。首先，从源头上抓好奶源基地建设。据介绍，目前该集团已投资建成华茂、华旺等12个规模化奶牛养殖小区，实行“统一育种、统一饲料、统一集中榨乳、统一人员培训”的规模化、科学化管理。在华茂养殖小区，一到挤奶时间，奶牛便被统一赶到挤奶间，挤奶器将奶直接挤出，灌入密闭的直冷式储奶罐。小洋人集团奶源部有关负责人介绍说：“进入生产流程前，鲜奶不会暴露在空气中，杜绝了被掺假、被污染的可能。因此，只要奶源稳定，奶产品的质量就有了保证。”其次，采用国际先进的设备和工艺，对生产全过程进行全程质量控制。公司投资近亿元从意大利等国引进了全自动生产线，使产品生产实现了管道化、密闭化。戴秀芬总经理告诉记者，实施全程“零缺陷”控制的科学管理是产品质量的保证，他们为每一个生产环节设计了科学的程序和接口流程。首先，对出厂产品进行严格检测，不合格产品坚决不出企业大门。三聚氰胺事件发生后，小洋人集团第一时间购置了高压液相色谱仪对三聚氰胺进行严格检测，检测合格的鲜奶经检测中心出具检验合格报告单后，车间才开始使用。与此同时，进一步强化了产品质量关键控制点的把关，车间质检人员在原有的基础上增加了30%，专门负责产品质量检验、化验和控制，真正从源头确保了产品品质。

通过推行“质量全员责任制”，小洋人产品质量得到更有效的控制，品牌的市场认可度得到了进一步提升。今年以来，小洋人产品的销售量同比增长达20%。

资料来源：《小洋人集团质量新举措赢得市场好风光》，《中国食品安全报》，2009年第1710期。

问题讨论：

小洋人集团是怎样实施质量全员责任制的？

本章小结

员工对品牌的崇敬感，指的是员工对品牌的认可，从更深的角度来讲，是员工对企业文化的认同。只有每个员工都把自己的工作和行为看成是实现企业目标的一个组成部分，为自己作为企业的成员而感到自豪，对企业的成就产生荣誉感，把企业看成是自己利益的共同体和归属，才会对企业的品牌产生崇敬感，才会为实现企业的目标而努力奋斗，自觉地克服与实现企业目标不一致的行为。

员工素养是指员工的品质和道德。它包括员工的素质和修养。涵盖了员工的道德、情操、言行举止、文化底蕴、奉献精神、遵纪守法意识、社会公德意识和自我约束意识等。员工素养的高低受文化底蕴、社会文明程度、法制约束程度、环境影响程度、员工受教育程度、员工自尊自重程度、员工思想进化程度和企业管理制度规范程度等多种因素的影响。

人是企业生产经营的主体，只有将先进的机器设备等物的因素与人结合起来，它们才能产生无穷的效力。因此提高员工的素养对企业的发展具有积极的作用。

深入学习与考试预备知识

企业认同感

企业认同感又称"组织认同感",是指员工对企业各种目标的信任、赞同以及愿意为之奋斗的程度。企业认同感有三种类型:①情感认同。主要指员工对企业的支持和参与程度有多强;②依存认同。主要指员工在感觉上认为留在企业的必要程度;③规范认同。主要指员工对企业战略及其各种目标的责任感。企业认同感对企业具有重大价值,认同感能大大降低企业的监督成本,员工不是看上级的眼色去做事,而是听从自己内心的声音和指引,然后这些指引被同样的价值观统一起来,就能实现较高的工作效率。

知识拓展

企业文化

企业文化是企业个性意识及内涵的总称,它能以企业组织行为体现。具体指企业全体员工在企业运行过程中所培育形成的、与企业组织行为相关联的,并事实上成为全体员工主流意识而被共同遵守的最高目标、价值体系、基本信念及企业组织行为规范的总和。

企业文化具有以下作用:

(1)导向作用。即把企业员工个人的目标引导到企业所确定的目标上来。在激烈的市场竞争中,企业如果没有一个自上而下的统一的目标,很难参与市场角逐,更难在竞争中求得生存与发展。在一般的管理概念中,为了实现企业的既定目标,需要制定一系列的策略来引导员工,而如果有了一个适合的企业文化,员工就会在潜移默化中接受共同的价值理念,形成一股力量向既定的方向努力。

企业文化就是在企业具体的历史环境条件下,将人们的事业心和成功的欲望化成具体的目标、信条和行为准则,形成企业员工的精神支柱和精神动力,为企业共同的目标而努力,因此优秀的企业文化建立的实质是建立企业内部的动力机制。这一动力机制的建立,使广大员工了解了企业正在为崇高的目标而努力奋斗。这不但可以产生出具有创造性的策略,而且可以使员工勇于实现企业目标而做出个人牺牲。

(2) 约束作用。作为一个组织，企业常常不得不制定出许多规章制度来保证生产的正常运行，这当然是完全必要的。但是即使有了千万条规章制度，也很难规范每个员工的行为，而企业文化是用一种无形的文化上的约束力量，形成一种行为规范，制约员工的行为，以此来弥补规章制度的不足。它使信念在员工的心理深层形成一种定式，构造出一种响应机制，只要外部诱导信号发生，即可以得到积极的响应，并迅速转化为预期的行为。这就形成了有效的"软约束"，它可以减弱硬约束对员工心理的冲撞，缓解自治心理与被治理现实形成的冲突，削弱由其引起的一种心理抵抗力，从而使企业上下左右达成统一、和谐和默契。

(3) 凝聚作用。文化是一种极强的凝聚力量。企业文化是一种黏合剂，把各个方面、各个层次的人都团结在本企业文化的周围，对企业产生一种凝聚力和向心力，使员工个人思想和命运与企业的安危紧密联系起来，使他们感到个人的工作、学习、生活等任何事情都离不开企业这个集体，将企业视为自己最为神圣的东西，与企业同甘苦、共命运。

(4) 激励作用。企业文化的核心是要创造出共同的价值观念。优秀的企业文化就是要创造出一种人人受重视、受尊重的文化氛围。良好的文化氛围，往往能产生一种激励机制，使每个成员作出的贡献都会及时得到员工及领导的赞赏和奖励，由此激励员工为实现自我价值和企业发展而勇于献身，不断进取。

(5) 辐射作用。企业文化塑造了企业的形象。优良的企业形象是企业成功的标志，包括两个方面：内部形象，它可以激发企业员工对本企业的自豪感，责任感和崇尚心理；外部形象，它能够更深刻地反映出该企业文化的特点及内涵。企业形象除了对本企业有很大的影响之外，还会对本地区乃至国内外的其他一些企业产生一定的影响，因此，企业文化有着巨大的辐射作用。

资料来源：刘冀生：《企业经营战略》，清华大学出版社，1995 年。

答 案

第一节：

高素质的员工是增强企业竞争力的有效途径；高素质的员工的思想素质是企业文化形成的基础；高素质员工的业务技术素养是企业文化发展的前提；高素质员工的职业道德素养是企业文化广泛传播的保证。

第二节：

星巴克是通过改善企业与员工之间的关系来提升员工素养的。第一，每个员工都是股东。公司慷慨地为每位员工提供医疗健康保险和股票期权福利，连兼职员工也不例外，让所有员工享有更多照顾和拥有感。第二，星巴克为员工提供全面的培训。第三，星巴克鼓励内部员工晋升。70%的店经理均做过侍应生，60%的地区经理以前是店长。因为有上述“笼络”员工的政策和文化，星巴克员工满意度一直保持在80%~90%，远远高于行业水平。

第三节：

略（本道题目是开放性答案，学生可以自行调研得出结论，证据充足，言之有理即可）。

案例分析：

一是强化质量责任落实，明确生产基地负责人为安全生产和食品安全第一责任人，成立“质量全员责任制”领导小组，由生产基地负责人任组长。董事长与各生产基地、生产基地与各车间、车间与各条生产线层层签订了安全生产责任状和质量安全责任状。二是让全体员工都成为质检员，开展质量领导小组突察突检、生产工序间的互查互检、质量品控部门的巡查巡检，建立起一个立体、系统、全方位的质量管理模式。三是在全集团开展“十佳杰出诚信团队”评选活动，使这一奖项成为企业最高荣誉；全面倡导“诚信者荣，失信者耻”的企业文化，打造一支重诚信、重质量、重责任的队伍。

1. 张世贤：《现代品牌战略》，经济管理出版社，2007 年。

2. 白光：《品牌经营的故事》，中国经济出版社，2005 年。

3. 陈放：《品牌策划》，蓝天出版社，2005 年。

4. 韦明：《品牌营销：中国人的品牌课堂》，中国致公出版社，2008 年。

5. 姜慧德、刘爱芹：《全美企业管理经典案例集·经营战略》，科学技术文献出版社，2007 年。

6. 陈放：《品牌学》，时事出版社，2002 年。

7. 陈祝平：《品牌管理》，中国发展出版社，2005 年。

8. 汪秀英：《品牌学》，首都经济贸易大学出版社，2007 年。

9. 陈春花、曹洲涛、刘晓英：《品牌战略管理》，华南理工大学出版社，2008 年。

10. 李和平：《品牌经营与管理》，暨南大学出版社，2007 年。

11. 庞守林：《品牌管理》，清华大学出版社，2011 年。

12. 段淳林：《基于信誉的企业品牌塑造》，《经济问题》，2006 年第 6 期。

13. 于长江、吴金河、张志强：《透视海尔的售后服务》，《中国中小企业》，2003 年第 7 期。

14. 李文、杨静：《壳牌：企业社会责任实践的领跑者》，《WTO 经济导刊》，2007 年 10 月。

15.《康佳：诚信打造国际品牌》，中国家电在线，2003 年 3 月。http：//www.eaonline.com.cn/news/27703.html。

16.《海尔：从“中国制造”到“中国创造”》，新华网，2005 年 6 月。http：//news.xinhuanet.com/newscenter/2005-06/12/content_3073799.html。

17.《案例一：丰田汽车召回门》，新华网，2010 年 12 月。http：//www.gd.xinhuanet.com/zt11/yq201012/node_85983.html。

18.《2006 年，国际笔记本品牌之中国危机年?》，中国营销传播网，2006

年 7 月。http：//www.emkt.com.cn/article/272/27215-3.html。

19.《中国汽车召回制度的第一个“吃螃蟹者”》，网易汽车，2008 年 10 月。http：//auto.163.com/08/1012/18/402TU7P00008300L.html。

20.《中国企业社会责任百家优秀企业：吉利集团》，凤凰网汽车，2009 年 10 月。http：//auto.ifeng.com/culture/culcomposite/20091005/118798.html。

21. 董伟：《九成企业社会责任报告对负面信息只字不提》，中国新闻网，2010 年 12 月。http：//www.chinanews.com/cj/2010/12-20/2731789.html。

22.《打造企业信誉管理体系基石——八论工商行政管理走进网络经济》，国家工商总局门户网站，2003 年 1 月。http：//www.saic.gov.cn/gsld/jgjl/200301/t20030106_56764.html。

23.《2010 年世界品牌五百强名单揭晓，中国 17 品牌入选》，新东风，2010 年 12 月。http：//www.51value.com/News_Showmess_e9ae68d2-28e4-4496-8786-6c3ae3d45420.html。